Donau-Fietspad

Van Passau naar Wenen

Een *bikeline*-fietstochtenboek

Esterbauer

bikeline®-Fietstochtenboek Donaufietspad, Passau - Wenen

A-3751 Rodingersdorf, Hauptstrasse 31
Tel: +43/2983/28982-0,
Fax: +43/2983/28982-500
E-Mail: bikeline@esterbauer.com
www.esterbauer.com

Editie 2008

ISBN 978-3-85000-077-2

Het *bikeline*-team: Birgit Albrecht, Heidi Authried, Beatrix Bauer, Michael Bernhard, Michael Binder, Veronika Bock, Karin Brunner, Nadine Dittmann, Sandra Eisner, Roland Esterbauer, Angela Frischauf, Dagmar Güldenpfennig, Carmen Hager, Karl Heinzel, Heidi Huber, Martina Kreindl, Sonja Landauer, Niki Nowak, Julia Pelikan, Petra Riss, Erik Schmidt, Gaby Sipöcz, Matthias Thal, Martina Winkler, Wolfgang Zangerl, Elise Willems, Gideon Willems.
Foto's: Archiv: cover, 13, 16, 18, 22, 30, 32, 50, 54, 58, 64, 66, 68, 70, 78, 88, 92, 94, 99, 101, 102, 103, 104, 106, 110, 112, 120, 126, 128, 130, 136, 140, 142, 144; Donauregion: 26, 60; Passau Tourismus e.V.: 34; Tourismusverband Linz, Röbl: 46; FV Zentrale Linz: 48; FVV Mitterb.: 60; TV St. Florian: 76; Roland Esterbauer: 72

Inhoud

Wat is bikeline?

Wij zijn een jong team van actieve fietsers, die in 1987 zijn begonnen met de productie van fietskaarten en boeken. De hieruit ontstane uitgeverij voert tegenwoordig een bloeiend bestaan.

Om onze boeken up-to-date te kunnen houden hebben we ook uw hulp nodig. Schrijf ons, als u fouten of wijzigingen heeft ontdekt, of vertel ons gewoon over uw ervaringen en/of indrukken onderweg.

We verheugen ons op uw reacties,

Het bikeline-team

Voorwoord

Het Donau-fietspad tussen Passau en Wenen is niet zonder reden één van de bekendste en meest geliefde fietsroutes van Europa: bijna geen ander gedeelte van de Donau heeft een breder spectrum aan landschappen, culturen en historische bezienswaardigheden te bieden. Stille natuurrijke dalen, agrarische vlaktes en steile wijngaardterrassen wisselen elkaar af waarin vele fraaie boerderijen naast statige kloosters staan. De Schlögener Donaulus, Stift Melk, en de Wachau zijn de paradepaardjes van deze 330 km lange fietsroute.

In dit fietstochtenboek vindt u alle benodigdheden voor uw fietsvakantie: exacte kaarten, zorgvuldige routebeschrijvingen, bezienswaardigheden, overnachtingsmogelijkheden en wetenswaardigheden over land en cultuur – alleen geen goed fietsweer, dat kunnen wij u slechts toewensen.

Legenda

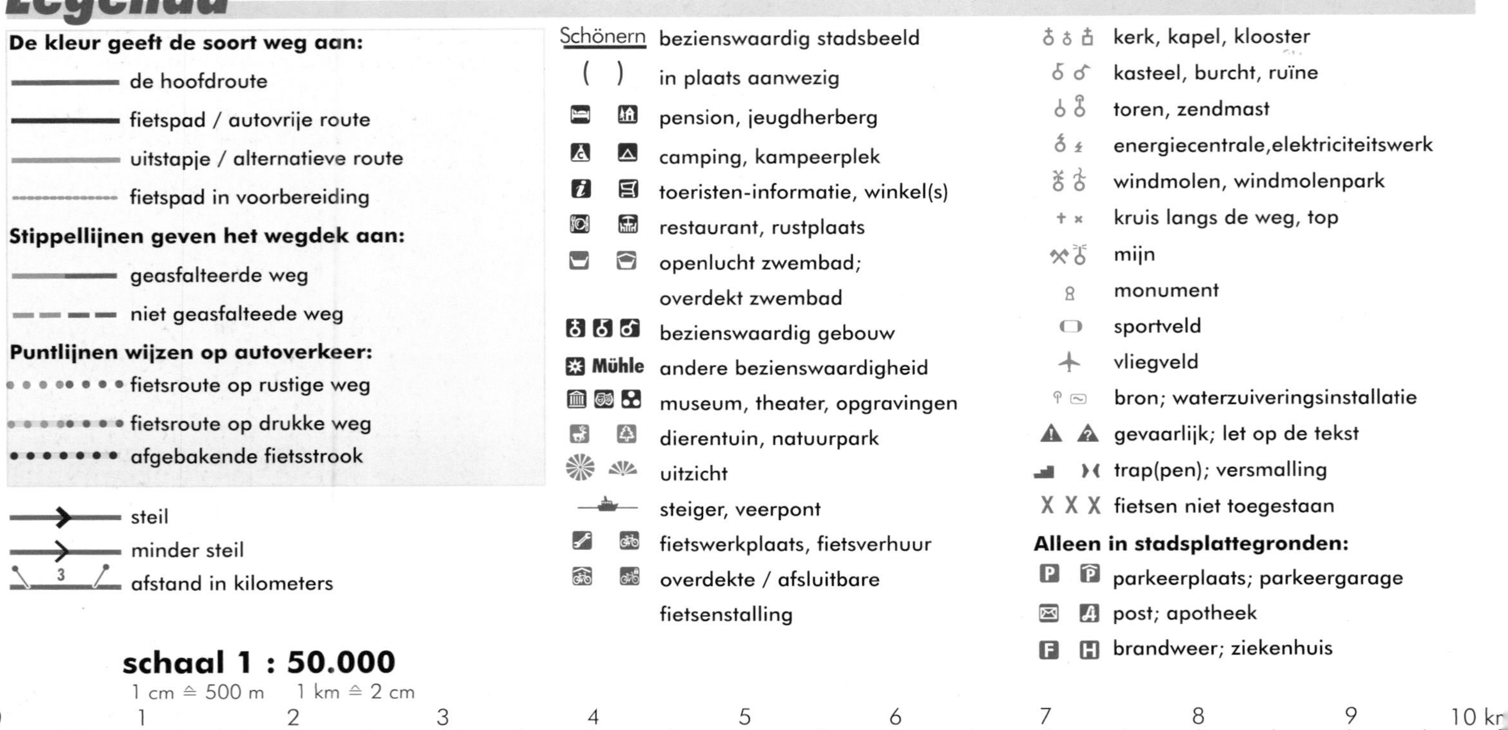
De kleur geeft de soort weg aan:
de hoofdroute
fietspad / autovrije route
uitstapje / alternatieve route
fietspad in voorbereiding
Stippellijnen geven het wegdek aan:
geasfalteerde weg
niet geasfalteede weg
Puntlijnen wijzen op autoverkeer:
fietsroute op rustige weg
fietsroute op drukke weg
afgebakende fietsstrook
steil
minder steil
3
afstand in kilometers
Schönern
bezienswaardig stadsbeeld
( )
in plaats aanwezig
pension, jeugdherberg
camping, kampeerplek
toeristen-informatie, winkel(s)
restaurant, rustplaats
openlucht zwembad;
overdekt zwembad
bezienswaardig gebouw
Mühle
andere bezienswaardigheid
museum, theater, opgravingen
dierentuin, natuurpark
uitzicht
steiger, veerpont
fietswerkplaats, fietsverhuur
overdekte / afsluitbare
fietsenstalling
kerk, kapel, klooster
kasteel, burcht, ruïne
toren, zendmast
energiecentrale,elektriciteitswerk
windmolen, windmolenpark
kruis langs de weg, top
mijn
monument
sportveld
vliegveld
bron; waterzuiveringsinstallatie
gevaarlijk; let op de tekst
trap(pen); versmalling
X X X
fietsen niet toegestaan
Alleen in stadsplattegronden:
P
parkeerplaats; parkeergarage
post; apotheek
F
H
brandweer; ziekenhuis
schaal 1 : 50.000
1 cm ≙ 500 m
1 km ≙ 2 cm
0
1
2
3
4
5
6
7
8
9
10 km

staatsgrens
grensovergang
landsgrens
bos
rots
drassig land
wijngaard
kerkhof
wadland
duinen
weide, grasland
dam, dijk
stuwdam, golfbreker
snelweg
hoofdstraat
secundaire weg
rijweg
voor voetgangers
weg in uitvoering
spoorweg met station
smalspoor
tunnel; brug

Het Donau-fietspad

De laatste tien jaar is het Donau-fietspad tot een van de belangrijkste lange afstandsfietsroutes in Europa gaan behoren. De voornaamste reden is zeker de landschappelijke schoonheid en de cultuurhistorische rijkdom die het Donaudal te bieden heeft.
Zonder behoorlijke infrastructuur zijn de vele bezoekers niet te verwerken. In het geval van het Donau-fietspad betekent dit goed verzorgde en bewegwijzerde fietspaden en een dienstverleningssector die zich naar de behoeften van fietstoeristen richt. In het nu volgende gedeelte zijn enige praktische aanwijzingen over het gebruik van dit boek en de juiste reisvoorbereiding opgesomd.

Route-kenmerken

Afstand

De afstand van het Donau-fietspad met vertrek in Passau en aankomst in Wenen bedraagt 326 km. Uitstapjes en varianten zijn hierbij niet meegerekend.

Wegenkwaliteit & verkeer

De fietsroute langs de Donau is zeer goed verzorgd. Praktisch overal is er voor geasfalteerde fietspaden en verkeersarme straten gekozen; zo dicht mogelijk aan weerszijden van de Donau.

Bewegwijzering

De oriëntatie bij het volgen van de Donau-route wordt vergemakkelijkt door speciale wegwijzers. Hier en daar kan echter een bord ontbreken of zijn verdraaid. In Opper- en Neder-Oostenrijk zijn fietspaden aangegeven door groene, rechthoekige borden. Het Donau-fietspad is meestal aangegeven door borden met „Donauradweg". Diverse regionale routes komen bij het Donau-fietspad uit. Van deze regionale routes wordt deels gebruik gemaakt voor de uitstapjes en varianten. In de tekst wordt dit uitdrukkelijk vermeld.

Reisindeling

De 326 km lange Donau-route is in dit boekje in de stroomrichting beschreven, d.w.z. van west naar oost. Zo profiteert u het meest van de heersende windrichting en het – geringe – verval van de Donau.
De route verloopt grotendeels over beide oevers en wordt aan beide zijden van de rivier met „Donauradweg" aangegeven. Wij willen u er op attent maken dat het – gezien de zonnestand in het voorjaar en in de herfst – het aan de zuidoever van de Donau schaduwrijker is dan aan de noordoever.
In deze gids worden de routes aan beide Donauzijden beschreven. Eerst steeds de route op de noordoever – aan de linkerkant en daarna de route op de zuidoever – aan de rechterkant. De route is in drie delen opgesplitst: Passau-Linz, Linz-Melk en Melk-Wenen.
De aanduidingen „linker-» en „rechteroever» zijn

steeds in stroomrichting bedoeld. In tegenstelling tot andere grote rivieren, worden bij de Donau de kilometers stroomopwaarts geteld. Om de oriëntatie te vergemakkelijken zijn achter de plaatsnamen de rivierkilometers geschreven (bijv. km 2226 of Wenen km 1929) en de Donauoever (L of R).
De indeling in drieën is bedoeld om de grootschalige oriëntatie te vergemakkelijken en niet als aanbevolen dagetappes. Als u ook museumbezoek en zwemstops heeft gepland, dan moet u voor de hele toer minstens een week rekenen. In deze gids heeft u de keus uit diverse kortere en langere uitstapjes door het omringende landschap, zodat u naar lust en interesse kunt variëren.
In geval van nood kunt u tijdens het eerste gedeelte overstappen op fietstaxi's. De telefoonnummers van zulke bedrijven vindt u in daze gids bij de plaatsbeschrijvingen. Spoorlijnen begeleiden grote delen van het Donau-fietspad, zodat u ook een gedeelte met de trein kunt reizen.

Belangrijke adressen

Verdere informatie kunt u bij de regionale VVV's verkrijgen:
Oberösterreich Touristik GmbH, 4040 Linz, 0732/7277-200, Fax. 0732/7227-220, E-mail: info@touristik.at, www.touristik.at
Tourismusbüro Oberes Donautal, Engellhartszell, 07717/805511
Oberösterreich Tourismus Information, 4020 Linz, 0732/221022
Werbegemeinschaft Donau Oberösterreich, Lindeng 9, 4041 Linz
0732/7277800, Fax. 0732/7277804, E-mail: info@donauradweg.at, www.donauradweg.at
Tourismusverein Donauland-Strudengau, Grein, 07268/26857
Donau Niederösterreich Tourismus GmbH, Schlossgasse 3, 3260 Spitz/Donau
02713/3003016, E-mail: info@donau.incoming.at, www.donau.incoming.at
Tourismusverband Tullner Donauraum, Tulln, 02272/65836
Niederösterreich Werbung, 1010 Wien, 01/536106200
Tourist Information Wien, Albertinerplatz, 1010 Wien, 01/24555
E-mail: wienhotels@wien.info, www.wieninfo.at

Internationale toegangsnummers

Duitsland: 0049
Oostenrijk: 0043

Aankomst & Vertrek

Per trein:
Belangrijke nummers:

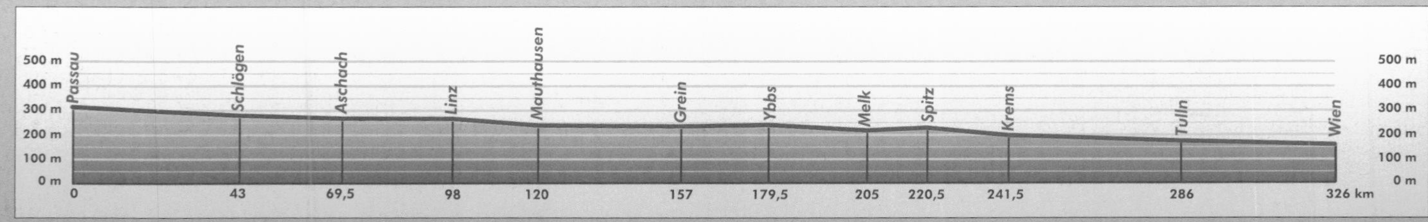

Oostenrijkse Spoorwegen: 051717, www.oebb.at
Duitse Spoorwegen: www.bahn.de, Radfahrer Hotline 01805/151415 (€0.12/min.) Öz: dagelijks 08.00-20.00uur inlichtingen voor reisverbindingen over fietsvervoer (zelf meenemen) fietsverzending en fietsverhuur. Reis Service 11861 (€0.03/sek.) doorschakelen naar reisservice €0.39/min. dagelijks 0-24uur Inlichtingen over treinverbindingen, ritprijzen, kaartjes en reserveringen. DB (Duitse Spoorwegen) reisinformatie (gratis) 0800/ 1507090, www.bahn.de
Op het Centraal Station van Passau stoppen alle treinen die tussen Wenen en Frankfurt rijden, dus is de heenreis per trein gemakkelijk te realiseren. Langs de route lopen intercitytrajecten tussen Linz en Melk en tussen Tulln en Wenen. Er is alleen geen opstapmogelijkheid tussen Passau en Linz, in het Donau tal.
De terugreis vanuit Wenen is volledig probleemloos. Er zijn uitstekende verbindingen in alle grotere steden.
Voor de terugreis naar Duitsland of Zwitserland vertrekken de treinen vanaf
Wenen/West-bahnhof bijna elk uur.
Let er op dat u de plaatsen voor uw fietsen van tevoren moet reserveren.
Informatie hierover op www.oebb.at of Tel. 051717.

Met het vliegtuig

Een directe vlucht naar Passau is helaas niet mogelijk. Voor de terugreis vanuit Wenen zijn er goede verbindingen.Er zijn verscheidene lijndiensten, die van Wenen-Schwechat vertrekken. Er zijn veelal gunstig geprijsde tickets te krijgen. Om vliegveld Wenen-Schwechat te bereiken moet u de CAT (City Airport Train) vanaf Wenen-Mitte nemen.
Belangrijk: voor het transport van fietsen in het vliegtuig gelden reserverings- en vepakkingsverpl ichtingen!

Aanreisvariant Inn

Als alternatief om vanuit Passau te starten kunt u ook uw tocht aan de Inn-Route laten beginnen. Hiervoor hoeft u niet de hele 380km vanuit Landeck te fietsen. Het 15km verderop van de monding gelegen barokke stadje Schärding is ook goed geschikt als startpunt. Natuurlijk is er ook een BikeLine boekje voor de Inn-Radweg leverbaar. Wanneer u per auto komt kunt u uw auto bij het Hotel in Schärding laten staan en later per trein vanuit Wenen terugreizen.

Bike & Ride

Op alle belangrijke knooppunten – vooral bij metrostations – zijn ruim voldoende fietsenstallingen aanwezig, die u de gelegenheid bieden over te stappen op overige vervoersmiddelen. Het stallen van uw fiets is gratis. Extra beveiliging is aan te bevelen.

Fietstransport

Fiets mee in de trein: Het direct meenemen van de fiets is in alle treinen van de Deutsche Bahn mogelijk waar het fietssymbool is aangegeven. Voorwaarden voor het meenemen van de fiets zijn wel een extra vervoersbewijs voor de fiets en voldoende plaats in de trein.
Op de lange-afstandstrajecten (IC, EC, NZ, EN, D, CNL) is het reserveren van een fietsplek noodzakelijk. Deze reservering is kostenloos. U kunt aan het loket boeken of via de Radfahrer-Hotline.
In Oostenrijk kunt u de fiets meenemen in treinen met het z.g. fietssymbool staat aangegeven. Wel wordt er verlangt dit van te voren te reserveren. Wanneer u met een klein groepje reist is het aan te raden een "1-Plus Freizeitticket" te kopen, hiermee kunt u uw fiets kostenloos meenemen, anders betaalt u een aparte fietsdagkaart à €2.90
De fietskaart is in heel Duitsland geldig en kost in de "Intercitytreinen" €8.00 Kortingskaarthouders betalen €6.00 In de stoptreinen kost het €3.00 en

kunnen er ook prijsafwijkingen mogelijk zijn.
Fietstaxi: Streinesberger, 4133 Niederkappel 9, tel 07286/8516, Fax 8516-4 Mobil: 0664/ 2832808www.streinesberger.at
(retour) transport tot 14 personen incl. fietsen.
Bus-Shuttleservice Klosterneuburg-Passau. Vanaf: 9.30uur op het Happyland-Parkplatz vanaf mei tot begin oktober. Donderdag-zondag + vrijdag Aanmeldingen: 02243/32038

Fietsverzending

Wanneer u vanuit Duitsland uw fiets vooruit als Pakket wilt versturen wordt dit door Hermes Versand afgehandeld, tel. 0900/1311211 (€0,60min.)
In combinatie met de aanschaf van een treinkaartje is het verzenden van uw fiets goedkoper. Bij het kopen van uw treinkaartje bestelt u een „KurierGepäckTicket" voor uw fiets. Deze bedraagt in Duitsland voor de eerste en tweede fiets € 24,10, voor de derde en vierde fiets betaalt u € 18,10.
Het valt wat duurder uit wanneer u alleen uw fiets met Hermes Versand verstuurt en u zelf bijv. met het vliegtuig of de auto reist. In dat geval moet u zich als particulier tot Hermes Versand wenden. Het fietstransport bedraagt dan € 39,90. Er bestaat een z.g. verpakkingsplicht voor de fiets, na bestelling (2 werkdagen vooraf) krijgt u de doos geleverd; kosten: €5.90 Het fietstransport geschiedt van deur-tot-deur, u dient zowel een privé ophaal als afleveradres op te geven. Heeft u dat niet, dan kunt u proberen een fietswinkel of fietsverhuurder als adres op te geven, dit natuurlijk na overleg met de betrokkenen. De precieze richtlijnen kunt u vinden onder: www.hermes-logistik-gruppe.de, onder: Paketservice.
Een andere mogelijkheid biedt de firma Bike Packers. U kunt hier uw fiets en/of bagage van uw start/eindpunt laten vervoeren. Deze service is niet goedkoop. Tot nu toe bekend bieden zij deze service tussen Duitsland en de volgende landen: Frankrijk, Groot-Britannië, Ierland, Italië, Oostenrijk, Portugal, Spanje en Hongarije. Gedetailleerde en actuele informatie krijgt u bij: Bike Packers in München, tel. +49 89 273735-0, www.bikepackers.com
Voor het fiets/bagagetransport in Oostenrijk heeft de ÖBB de z.g. „Haus-Haus-Gepäck PLUS Service" gecreëerd. Deze service kunt u op alle grotere stations, bij reisbureaus met kaartverkoop en telefonisch boeken; onder 051717. Let er a.j.b. op dat de fiets bij het ophalen al ingepakt dient te staan. Prijzen en verdere info onder 051717

Fiets & Spoor langs de route

Langs het Donau-fietspad kunt u bijna overal naar de trein uitwijken. Bovendien bieden de Oostenrijkse Spoorwegen (ÖBB) een combinatieaanbieding met bijvoorbeeld fiets, cultuur, schip en spoorwegen. Verdere informatie hierover kunt u verkrijgen onder 051717 of direct aan het loket op de grotere stations.

Fiets & Schip langs de route

Het reizen per boot is een aantrekkelijke mogelijkheid om de fietstour mee af te wisselen. Het passagiervervoer tussen Passau en Wenen wordt door verschillende maatschappijen verzorgd. Het gedeelte Passau-Linz door de lijnschepen van de firma Wurm+Köck. Wurm+Köck, Höllg. 26, 0851/929292, Fax. 35518, E-mail: info@donauschiffahrt en www.donauschiffahrt.de
Binnen de Wachau varen de boten van de Brandner Schiffahrt GmbH, Ufer 50, 3313 Wallsee, tel. 07433-2590, schiffahrt@brandner.at, www.brandner.at
Voor de route Krems (Dürnstein) – Wenen bestaan helaas geen lijndiensten. **De Blue Danube Schiffahrt GmbH** legt aan bij Wenen/ Rijksbrug om 08:35u, vanaf Dürnstein om 16: 40u. Informatie: 01/58880 en, www.ddsg-blue-danube.at
Verdere informatie over Donaureizen per boot en

plaatselijke ondernemingen kunt u terugvinden in bijgevoegd informatieblok.

Fiets & info

Speciaal voor fietstoeristen zijn langs het Donau-fietspad infopunten ingericht, waar informatie wordt gegeven over de toeristische mogelijkheden in een streek en bemiddelen ook verblijf. In de volgende plaatsen zijn zulke infopunten te vinden: Passau (Centraal Station), Engelhartszell (marktplein), „Haus am Strom" in Jochenstein, Aschach, Ottensheim, Mauthausen, Mitter-Kirchen en Persenbeug.

Bovendien staan er naast de gebruikelijke welkomstborden voor toeristen ook steeds vaker elektronische informatiezuilen met de mogelijkheid tot het reserveren van kamers ter beschikking.

Overnachting

Door het levendige (fiets-)toerisme in de Donauregio kan plaatselijk alles volgeboekt zijn. Dit geldt vooral voor het relatief dunbevolkte Donaudal tussen Passau en Aschbach. Daarom halen – hier en in de Nibelungenau tussen Ybbs en Melk – sommige verder weggelegen hotels en pensions de fietstoeristen bij het fietspad op. Soms is het ook lastig tussen Tulln en Wenen om overnachting te regelen, hier dien u zeker vooraf te reserveren.

Over het algemeen is het zinvol de slaapplaats voor de volgende etappe 1 à 2 dagen telefonisch van te voren te reserveren. Op de laatste bladzijden van dit boek vindt u een uitgebreide lijst met hotels, pensions, „Gästhäuser", privé-onderkomens en boerderijen, maar ook jeugdherbergen en campings die u bij het zoeken naar een onderkomen kan helpen.

Reisperiode

Vanwege de grote populariteit van het Donau-fietspad moet u tijdens het hoogseizoen in de zomer vooral op de hoofdroute rekening houden met druk fietsverkeer.

Klimatologisch gezien staat het Donaudal meestal onder Atlantische invloed. Door de west-oostligging van het dal kan de wind nog worden versterkt. Voor u betekent dit meestal prettige rugwind – dagen aanhoudende oostenwind is echter niet uit te sluiten. Verder naar het oosten heerst meer een landklimaat, wat vaker voor stabiele periodes met mooi weer zorgt.

Met kinderen onderweg

Het Donau-fietspad onderscheidt zich onder andere door zijn vrijwel doorgaand geasfalteerde wegen en door het vrijwel geheel ontbreken van stijgingen. Bovendien voert de in dese gids beschreven route over fietspaden of verkeersarme landwegen. De hoofdroute is dus zonder meer aan te bevelen voor kinderen vanaf acht jaar. Voor kinderen onder de acht jaar zijn de volgende gedeeltes slechts beperkt geschikt: Strudengau, tussen Wallsee en Ardagger-Markt (Landstrasse), Wachau (smal tweerichtingsfietspad langs de rijksweg). Het is belangrijk het uithoudingsvermogen van het kind niet te overschatten; bouw de mogelijkheid in een gedeelte per schip of trein te reizen. Conditioneel kunnen kinderen makkelijk etappes van 30 tot 50 km afleggen, maar urenlange concentratie op het verkeer maakt echter moe. Fietspaden en verkeersarme wegen hebben voorrang bij de routeplanning. Om onnodige problemen te vermijden, moet de fiets van uw kinderen minstens zo goed verzorgd en uitgerust zijn als uw eigen fiets.

De fiets voor de reis

Het Donau-fietspad is met vrijwel iedere rijdende fiets te doen; er zijn geen stijgingen en de wegen zijn over het algemeen geasfalteerd. Een fiets met versnellingen heeft u slechts nodig voor sommige uitstapjes, zoals bijv. naar het Mühlviertel of naar Klam. Het comfortabelst zijn in ieder geval reisfietsen en trekkingbikes die bij lange, rechte etappes de beste verhouding tussen robuustheid en snelheid bieden.

Extra aandacht verdient het zadel. Wanneer u na een wat langere rit pijn begint te krijgen dan heeft u waarschijnlijk een voor u verkeerd zadel. Een ergonomisch gevormd lederen zadel valt dan te overwegen. Ook een kaarthouder of een stuurtas is iets wat tijdens de tour goed van pas kan komen. Achterfietstassen met hoofd- en voorvak èn met een makkelijk los te koppelen bevestigingssysteem kunnen bij langere ritten ook erg handig zijn.

Omdat u zelfs met de beste fietsen pech kunt krijgen is het aanbevolen een basisuitrusting met gereedschap en toebehoren mee te nemen op reis.

Fietsen in Wenen

Fietspaden in Wenen hebben, zo zult u zien, zo hun eigenaardigheden, daarom vermelden we hier de belangrijkste regels:

Bij het einde van een fietspad, of andere voorzieningen voor fietsers zoals fietsstroken en fietskruisingen, multifunctionele streepmarkeringen, hebben fietsers geen voorrang! Op speciale fietsoversteekplaatsen (blokmarkering op de weg) hebben fietsers voorrang, maar mogen niet sneller dan 10 km p.u. fietsen. Fietsen tegen de rijrichting in mag slechts dan wanneer het uitdrukkelijk vermeld is. In voetgangerszones mag je in Wenen niet fietsen.

Fietsvervoer in openbaar vervoer:

Metro: ma-vrij 9.00-15.00u en vanaf 18.30u, zat/zon en feestdagen de gehele dag. In de U6 mogen fietsen slechts in de onderste balkons meegenomen worden. Instappen slechts toegestaan bij de deuren waar het fietssymbool staat. Prijs is een halfpersoonskaartje, € 0,80

Sneltram: In trams waarbij op de kaart een fietssymbool staat afgebeeld is het meenemen van een fiets altijd mogelijk. Fietsdagkaart kost € 2,90 (met voordeelkaart goedkoper)

Fietsreizen-organisaties

Austria Radreisen, 4780 Schärding, 07712/55110, www.austria-radreisen.at

Eurobike, 5162 Obertum, 06219/7444, www.eurobike.at

Pedalo, 4710 Grieskirchen, 07248/635840, www.pedalo.com

Rad & Reisen, 1220 Wenen, 01/40538730, www.fahrradreisen.at

Velociped Fahrradreisen, D-35039 Marburg, 06421/886890, www.velociped.de

Velotours Touristik, D-78467 Konstanz, 07531/98280, www.velotours.de

In dit boek

Deze routegids bevat alle informatie die u voor deze fietsvakantie nodig heeft: gedetailleerde kaarten en routebeschrijvingen en een uitgebreid overnachtingregister, stadsplattegronden en de belangrijkste informatie over toeristische attracties en bezienswaardigheden. Dit alles met de ‚bikeline-garantie'; iedere meter is door een van onze plaatselijke redacteuren op fietsvriendelijkheid getest.

De Kaarten

Een overzichtskaart van de route treft u op de binnenzijde van de omslag aan, tevens staan hier de bladnummers van de gedetailleerde routekaarten genoemd.
Deze detailkaarten zijn op een schaal van 1: 50 000. Dit houdt in dat 2 centimeter op de kaart in werkelijkheid 1 kilometer op de weg betekent. Behalve de ingetekende route wordt ook aangegeven of de route verhard of onverhard is, of er stijgingen zijn, licht of sterk, de trajectafstand wordt vermeld en tevens vindt u vermeldingen van culturele of gastronomische aard.
Zelfs de meest nauwkeurige kaarten kunnen een routebeschrijving niet vervangen. Door afrondingen tot halve kilometers in de beschrijvingen, kunnen afwijkingen ontstaan in de daadwerkelijk afgelegde kilometers. Gecompliceerde stukjes in de route worden verhelderd door dit symbool hetzelfde symbool treft u ter verheldering in de tekst. De hoofdroute wordt altijd in rood of violet aangegeven, varianten en uitstapjes in oranje. De precieze betekenis van de symbolen wordt in de legenda op blz. 4 en 5 beschreven.

Hoogte en routeprofiel

Het hoogte- en routeprofiel geeft u een grafische indruk van het verloop van de route met de hoogteverschillen en de belangrijkste plaatsen per dagroute. Hoewel het globale verloop in hoogte wordt weergegeven, zijn niet alle stijgingen vermeld. Op de kaarten treft u natuurlijk wel alle stijgingen aan die met > in de verschillende hellingpercentages zijn afgebeeld.

De tekst

Het tekstgedeelte bestaat in hoofdzaak uit een gedetailleerde beschrijving van de te fietsen hoofdroute. Korte aanvullende tekst (met trefwoorden) wordt aangegeven met ~. De tekst kan onderbroken worden door tekst in oranje waarin varianten en uitstapjes beschreven worden.
Verder zijn alle belangrijke plaatsen in vet weergegeven. Zijn er interessante bezienswaardigheden in een plaats, dan vindt u dat in tekstblokken over een plaats met de bijbehorende adres-en telefoongegevens en openingstijden.
De beschrijving van plaatsen evenals historische, culturele, of natuurkundige feiten die interessant zijn dragen bij aan een complete reiservaring. Deze tekstblokken zijn cursief gedrukt en onderscheiden zich optisch t.o.v. de routebeschrijving.
Tekstgedeelten in violet maken u er attent op waar u wijzigingen van de route kunt plannen, keuze van varianten of waar de routebeschrijving afwijkt van de bewegwijzering.
Tevens staan tips als uitstapjes, interessante bezienswaardigheden of andere activiteiten net buiten de route, aangegeven in violet.

Overnachtingindex

Achterin de gids treft u de plaatsindex aan waarin bijna alle plaatsen die u langs de route tegenkomt opgenomen zijn met opsomming van een groot aantal overnachtingsmogelijkhe den als hotels en pensions, variërend van een camping of eenvoudig pension tot aan een 5-sterren Hotel.

Van Passau naar Linz (Noordoever) 98 km

Uitgaande van de 3-rivierenstad Passau stroomt de Donau door dichtbeboste hellingen van het nauwe dal tussen het Beierse woud en Sauwald naar Schlögen. Een bijzonder schouwspel ligt hier op u te wachten: de Donau stroomt hier quasi terug, want het harde graniet dwingt de rivier tot het maken van een lus. Ter hoogte van Aschach wordt het dal breder en stroomt de Donau dan in het vruchtbare Eferdinger bekken. Doel van de etappe is de staalstad Linz, die in tegenstelling tot haar reputatie over een rijk cultureel aanbod beschikt.

Tussen Passau en Linz is de linkeroever bijna voortdurend bewegwijzerd. De route loopt deels over fietspaden en deels over B-wegen. Hoogteverschillen van belang zijn er niet. Vanaf Schlögen loopt de route naar Inzell slechts over de rechteroever.

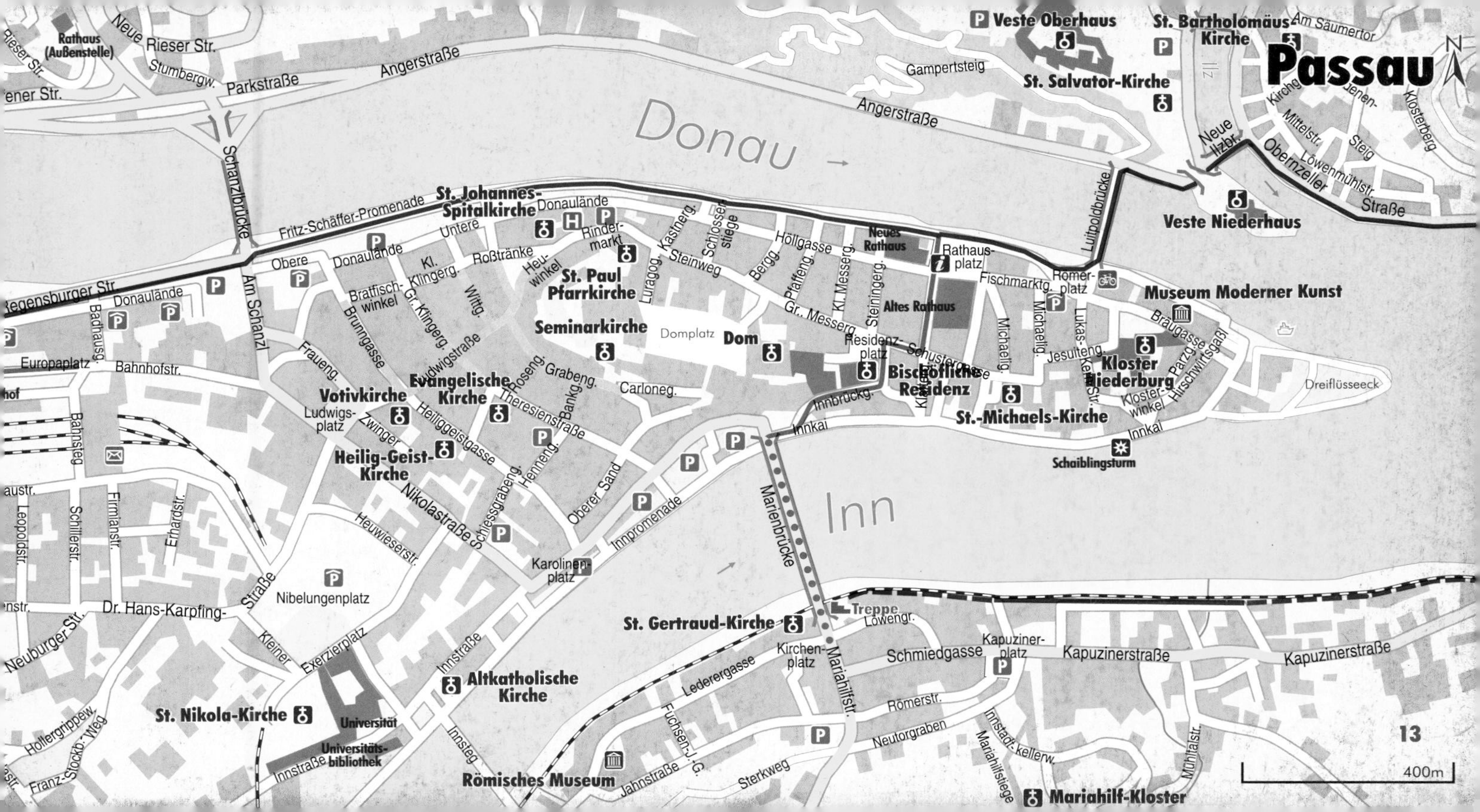
Passau
Veste Oberhaus
St. Bartholomäus-Kirche
St. Salvator-Kirche
Veste Niederhaus
Donau
Inn
St. Johannes-Spitalkirche
St. Paul Pfarrkirche
Seminarkirche
Domplatz
Dom
Neues Rathaus
Rathausplatz
Altes Rathaus
Museum Moderner Kunst
Kloster Niederburg
Dreiflüsseeck
Bischöfliche Residenz
St.-Michaels-Kirche
Schaiblingsturm
Evangelische Kirche
Votivkirche
Heilig-Geist-Kirche
Nibelungenplatz
St. Gertraud-Kirche
Treppe
Altkatholische Kirche
St. Nikola-Kirche
Universität
Universitätsbibliothek
Römisches Museum
Mariahilf-Kloster
Rathaus (Außenstelle)
Neue Rieser Str.
Parkstraße
Angerstraße
Gampertsteig
Am Säumertor
Schanzlbrücke
Fritz-Schäffer-Promenade
Donaulände
Regensburger Str.
Am Schanzl
Europaplatz
Bahnhofstr.
Ludwigsplatz
Nikolastraße
Innpromenade
Karolinenplatz
Dr. Hans-Karpfing-Straße
Exerzierplatz
Innstraße
Innsteg
Marienbrücke
Mariahilfstr.
Innkai
Luitpoldbrücke
Obernzeller Straße
Schmiedgasse
Kapuzinerplatz
Kapuzinerstraße
Lederergasse
Kirchenplatz
Römerstr.
Neutorgraben
Jahnstraße
Sterkweg
Mühltalstr.
Theresienstraße
Heiliggeistgasse
Ludwigstraße
Steinweg
Höllgasse
Schustergasse
Fischmarktg.
Römerplatz
Bräugasse
Innbrückg.
400m

De tocht begint bij het centraal station van Passau, waar zich ook de Fietsinfo voor Passau en Opper-Oostenrijk bevindt. Hiervandaan is de weg naar het Donaufietspad makkelijk te vinden: vóór het station houdt u rechts om dan onmiddellijk linksaf de **Park- of Badhausgasse** in te slaan. Bij de Donau aangekomen slaat u rechtsaf, tot u bij een parkeerplaats 50 meter verderop de straat voor het fietspad kunt verruilen. Stroomopwaarts is het opvallende mannetje van Rotel Inn al te zien.

Steeds aan de Donauoever blijvend, fietst u richting binnenstad, die al snel wordt aangekondigd door souvenirwinkeltjes en uitnodigende caféterrassen. Vóór het **Renaissance-raadhuis** splitst de stadbezichtigings-en zuidroute zich af. Hier op de hoek is de **VVV**. De **noordoevervariant** verloopt rechtdoor tot de Luitpoldbrug en gaat dan de Donau over.

Passau ≈km 2226 R

postcode: D-94032; netnummer: 0851

Tourist-Information, Rathauspl. 3, ✆ 955980.

Tourist-Information, Bahnhofstr. 36, ✆ 955980

Donauschiffahrt Wurm + Köck, Höllg. 26, ✆ 929292. Drierivierenrondvaarten van maart tot oktober ma-zo. In stadgebied van Passau. Dagelijkse tochten mogelijk in bovenoostenrijkse Donaudal naar Engelhartszell, Schlögen und Linz (april-oktober)

Inn-Schiffahrt Schärding ✆ 07712/3231 Korte tochtjes op de Inn april-oktober ma.-zon. Naar Wernstein-Neuburg Ingling en Schärding

Museum in de veste Oberhaus, ✆ 396-312, open: maart-okt. mo-vr 9-17uur, za/ zo 10-18 uur. Historisch stedelijk museum met stukken van de stedelijke geschiedenis, Böhmerwaldmuseum en Nieuwe Stadsgalerie. Uitkijktoren. Pendelbus vanaf het stadhuis, april-okt. 10.00-17.00uur, zat.zon/feestdagen 10.00-18.00uur ieder half uur.

Domschat- en diocesemuseum, toegang door de dom, ✆ 393374 open: mei-okt., ma-za 10-16. Geschiedenis van het eens grootste bisdom in het Heilige Romeinse Rijk.

Römermuseum Kastell Boiotro, Innstadt - Ledererg. 43, ✆ 34769, open: mrt.-nov. di-zo 10-12 en 15-17, juni-aug 14-17. Naast blootgelegde kasteelfundamenten zijn archeologische vondsten uit Passau en omgeving te zien.

Glasmuseum Passau, in Hotel „Wilder Mann", Rathausplatz., ✆ 35071, gehele jaar geopend dagelijks 13.00-17.00uur, met meer dan 30.000 glazen objecten wordt een uitgebreid overzicht gegeven van het Europese glas van 1650 tot 1950.

Passau

Museum Moderner Kunst, Bräug. 17, ✆ 3838790, open: di-zo 10-18. do. tot 20.00uur Wisselende internationale exposities van 20e-eeuwse kunst in één der mooiste huizen van de binnenstad.

Dom St. Stephan. De eerste dom werd in 977 verwoest, de huidige basiliek - met langschip naar renaissancevoorbeeld uit Salzburg - is in 1677 voltooid. Het is het grootste sacrale barokbouwwerk ten noorden van de Alpen. Bijzonder bezienswaardig zijn het stucwerk, de fresco's, het grootste orgel ter wereld en de machtige marmeraltaren. Iedere werkdag orgelconcerten van mei-okt. 12.00.

Rathaus, Rathauspl., open (Rathaussaal): pasen-15 mei 10-16, 16 mei-30 sept. 10-17, 1 okt.-31 okt. 10-16. Bijzonder bezienswaardig o.a. de Grote Zaal (ca. 1405) met kolossaalschil-

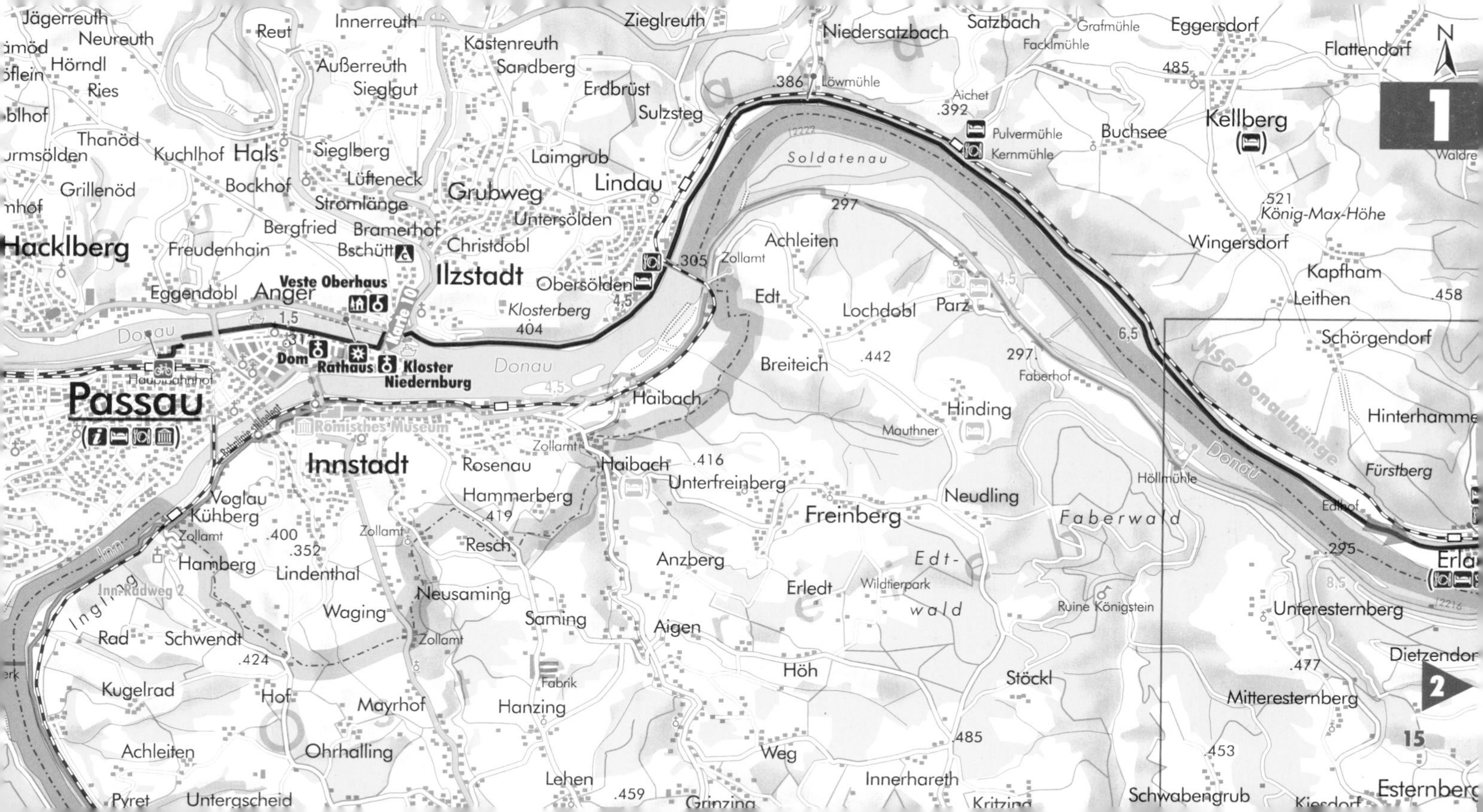

Jägerreuth
Neureuth
Hörndl
Ries
Reut
Innerreuth
Außerreuth
Sieglgut
Kastenreuth
Sandberg
Erdbrüst
Zieglreuth
Sulzsteg
Niedersatzbach
Löwmühle
Satzbach
Grafmühle
Facklmühle
Eggersdorf
Flattendorf
485
Aichet
.392
Pulvermühle
Kernmühle
Buchsee
Kellberg
1
Thanöd
Kuchlhof
Hals
Sieglberg
Laimgrub
Lindau
Grillenöd
Bockhof
Lüfteneck
Stromlänge
Grubweg
Soldatenau
297
.521
König-Max-Höhe
Hacklberg
Freudenhain
Bergfried
Bramerhof
Bschütt
Christdobl
Untersölden
Achleiten
Wingersdorf
Zollamt
305
Ilzstadt
Obersölden
Edt
Lochdobl
Parz
Kapfham
Leithen
.458
Eggendobl
Anger
Veste Oberhaus
Klosterberg
404
4,5
Donau
1,5
Dom
Rathaus
Kloster
Niedernburg
Breiteich
.442
297.
Faberhof
6,5
Schörgendorf
NSG Donauhänge
Passau
Hauptbahnhof
Haibach
Hinding
Mauthner
Hinterhamme
Römisches Museum
Innstadt
Rosenau
Zollamt
Haibach
.416
Unterfreinberg
Höllmühle
Fürstberg
Voglau
Kühberg
Zollamt
Hammerberg
.419
Freinberg
Neudling
Faberwald
Edthof
.400
.352
Zollamt
Resch
.295
Erla
Inn
Hamberg
Lindenthal
Anzberg
Edt-
Erledt
Wildtierpark
wald
Inn-Radweg 2
Neusaming
8,5
Ingling
Waging
Saming
Aigen
Ruine Königstein
Unteresternberg
Rad
Schwendt
Zollamt
.424
Höh
Stöckl
Dietzendor
.477
Kugelrad
Hof
Fabrik
Mayrhof
Hanzing
2
Mitteresternberg
.485
15
Achleiten
Ohrhalling
Weg
.453
Lehen
Innerhareth
Pyret
Untergscheid
.459
Grinzing
Kritzing
Schwabengrub
Kiesdorf
Esternberg

derijen van de historieschilder Ferdinand Wagner (19e eeuw). Carillon van de raadhuistoren dag. 10.30, 14.00 en 19.25, za ook 15.30)

Neue Residenz, Residenzplatz. Gebouwd op de plaats van het vroegmiddeleeuwse koningshof, in de 18e eeuw aan de representatieve behoeften van de bisschop-vorsten aangepast. De snorkelloze gevel is een belangrijke vertegenwoordiger van het Weense vroeg-classicisme.

Nibelungenhalle, Kleiner Exerzierplatz. Gebouwd in 1935, traditionele schouwplaats van de „Europese Weken", een demonstratie van westerse avendlandkultuur sinds 1952. Tot de politieke omwenteling gericht tegen het IJzeren Gordijn, tegenwoordig met een bruggfunctie tussen Oost en West.

Stadttheater, Innbrücke. De gewezen vorst-bisschoppelijke opera uit 1783 is het enig bewaard gebleven vroeg-classicistische theaterbouwwerk in Beieren.

Veste Oberhaus, Georgsberg, open: ma-vr 9-17 en za, zo 10-18. Naast de dom en de bedevaartskerk Mariahilf de derde stedebouwkundige blikvanger van de stad. De machtige bouw ontwikkelde zich van een bisschoppelijke vesting tegen de opstandige burgerij in 1219 tot landsvesting in de 19e eeuw.

Veste Niederhaus, bovenaan de Ilzmonding. Voor het Oberhaus gelegen en vermoedelijk in de 14e eeuw gesticht. In de 17e eeuw gevangenis, later arbeidshuis, tegenwoordig in privébezit.

St. Severin, bij de Innsteg. De geschiedenis van deze kerk, met de cel van St. Severin, gaat waarschijnlijk terug tot de 5e eeuw.

Kloster Niedernburg, Ortsspitze. Niedernburg behoort tot de oudste bewoonde kloosters van Beieren en werd waarschijnlijk al rond het jaar 750 door Tassilo III (stichter van Kremsmünster) opgericht.

Bedevaartskerk Mariahilf, Mariahilfberg. Met de bouw van de kerk werd begonnen in 1627. Na de overwinning tegen de Turken in 1683, toen keizer Leopold I vanwege de belegering van Wenen naar Passau was gevlucht, werd het genadebeeld van de kerk tot Habsburgs „staatsgenadebeeld".

Fahrradklinik Passau, Bräug. 10, ✆ 33411

Fahrradladen Passau, Roßtränke 12 (ingang Donaulände), 72226

Denk Bike + Outdoor, Ludwigstr. 22, 31450

De drierivierenstad ***Passau*** *werd al vroeg beschreven als één van de mooiste steden in Duitsland. De unieke ligging aan de samenloop van Donau en Inn, die vanuit het noorden nog versterking kregen van de Ilz, schiep daarvoor het juiste kader. De roemrijke geschiedenis van de stad als bisdom en katholiek machtscentrum maakte het mogelijk, dit geschenk van de natuur met cultuur te „vullen". Rond het jaar 460 liet St. Severin hier een klooster stichten, dat 3 eeuwen later tot bisschopszetel werd. Pilgrim von Pöchlarn, de eerste grote bisschop van Passau, liet hier vermoedelijk het Nibelungenlied opschrijven. Ook bij zijn zendingswerk in het Donaugebied had hij veel succes, de invloed reikte tot Hongarije. Zelfs de Weense Stephansdom is een stichting van het bisdom Passau.*

Tot op de dag van vandaag weerspiegelt de stad nog het belang van het bisdom, hoewel door de grote brand van 1622 vele gebouwen

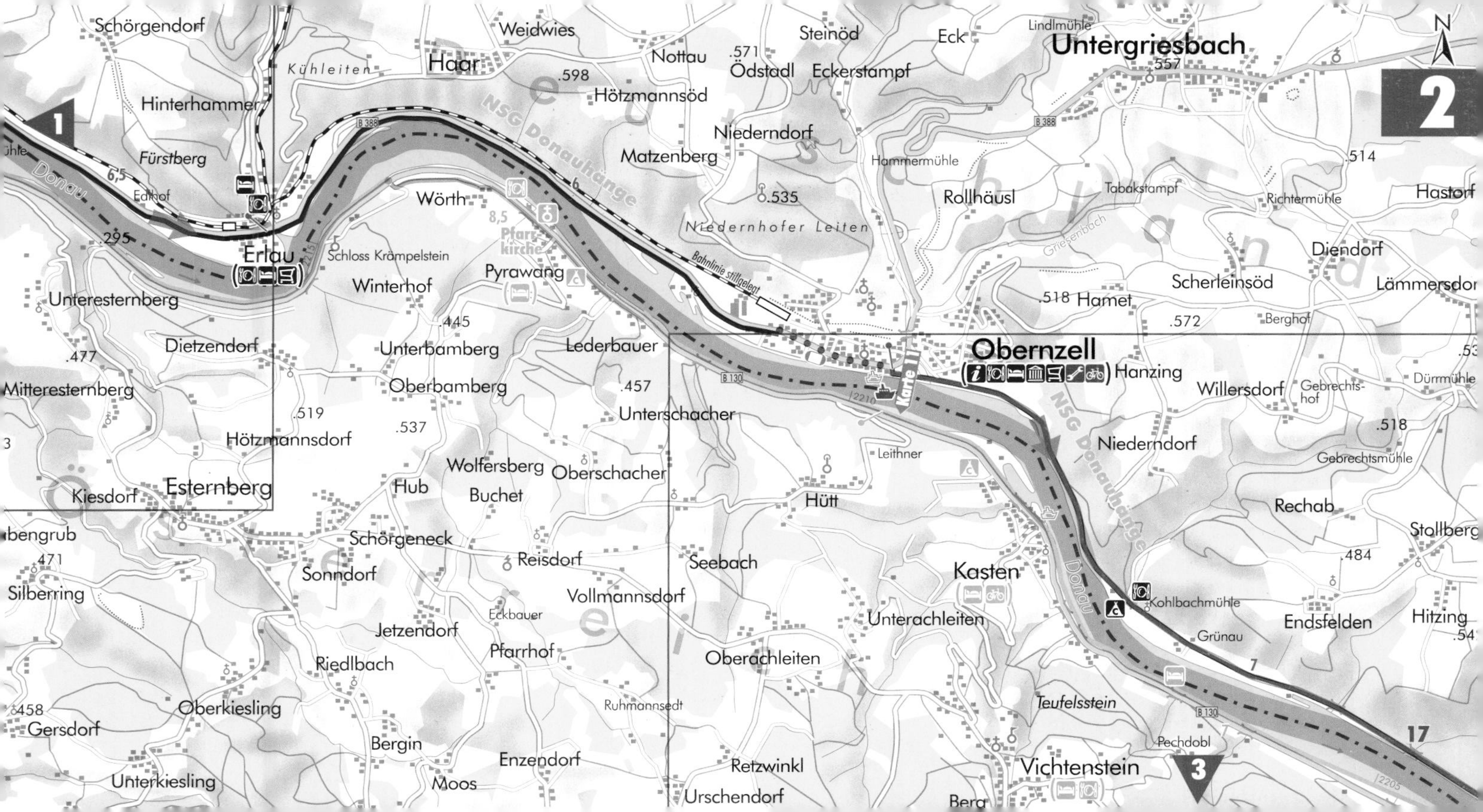

2
1
3
Untergriesbach
Obernzell
Erlau
Esternberg
Kasten
Vichtenstein
Haar
Donau
NSG Donauhänge
Bahnlinie stillgelegt
Karte 11
Schörgendorf
Weidwies
Nottau
Steinöd
Eck
Lindlmühle
Kühleiten
Ödstadl
Eckerstampf
Hötzmannsöd
Hinterhammer
Fürstberg
Edlhof
Niederndorf
Matzenberg
Hammermühle
Wörth
Pfarrkirche
Schloss Krämpelstein
Niedernhofer Leiten
Rollhäusl
Tabakstampf
Richtermühle
Hastorf
Diendorf
Griesenbach
Pyrawang
Winterhof
Unteresternberg
Scherleinsöd
Hamet
Lämmersdorf
Berghof
Dietzendorf
Unterbamberg
Lederbauer
Oberbamberg
Mitteresternberg
Hanzing
Willersdorf
Gebrechtshof
Dürrmühle
Unterschacher
Leithner
Niederndorf
Gebrechtsmühle
Hötzmannsdorf
Wolfersberg
Oberschacher
Hub
Buchet
Kiesdorf
Hütt
Rechab
Stollberg
Schörgeneck
Reisdorf
Seebach
Sonndorf
Silberring
Vollmannsdorf
Kohlbachmühle
Eckbauer
Jetzendorf
Unterachleiten
Grünau
Endsfelden
Hitzing
Riedlbach
Pfarrhof
Oberachleiten
Teufelsstein
Oberkiesling
Ruhmannsedt
Gersdorf
Bergin
Pechdobl
Enzendorf
Retzwinkl
Unterkiesling
Moos
Urschendorf
Berg
B 388
B 130
.557
.598
.571
.535
.514
.295
.445
.477
.518
.572
.457
.519
.537
.484
.471
.458
6,5
6
8,5
7
17
2215
2210
2205

verloren zijn gegaan. Op de gotische ruïnes werd een nieuwe stad in Italiaanse barokstijl gebouwd, die meer dan ooit macht en autoriteit representeerde.

Op het eerste gedeelte van het Donaufietspad tot Engelhartszell heeft u de keus uit 2 oevervarianten: de noordroute aan de Duitse kant en de Oostenrijkse route aan de zuidoever. Tussen Passau en Obernzell is het fietspad nu definitief af. Voor het bezoek aan het op de zuidoever gelegen Engelhartszell staan de overtocht bij de stuw Jochenstein (6.00-22.00) of verder stroomafwaarts, het veer ter beschikking. De route aan de zuidoever verloopt deels over fietspaden en goederentransportwegen, deels echter nog altijd over de rijksweg. Beide varianten zijn bewegwijzerd.

Over de noordoever Van Passau naar Engelhartszell 26,5 km

Tegenover de veste Oberhaus, bij de Luitpoldbrücke, gaat de **Noordoevervariant** de Donau over. Over de brug rechtsaf, door de tunnel en de brug over het riviertje de Ilz,

In Niederkappel

dat hier in de Donau mondt, oversteken. Linksaf en dan bij de volgende brug weer de Ilz over gaat het - linksom bergop - naar de veste Oberhaus.

Om de Donauroute verder te volgen houdt u echter rechts en rijdt over het fiets- en wandelpad langs de rijksweg richting Obernzell. Al snel lossen steile, beboste hellingen en stille landschappen de stad af. De reis door het prachtige Donaudal begint. U fietst onder de **spoorbrug** bij Lindau door, langs de Löwmühle en de **Kernmühle** en zo verder naar Erlau.

Erlau

Het natuureservaat Donauleiten strekt zich op de linkeroever van de Donau uit van Passau tot aan de grensovergang Jochenstein. De zes delen (o.a. Fuchsberg, Fürstberg, Jochenstein...) omvatten tezamen 405 hectare. De steile Leiten (dalwanden) vormen de zuidelijke rand van het Beierse Woud. Tot 300 meter diep heeft de Donau zich hier in het harde steen van het Middengebergte, dat zich aan de Oostenrijkse zijde voortzet in het Sauwald, gekerfd. Voor het grootste gedeelte zijn de hellingen hier bedekt met loof- en mengbossen, alleen in de steilste gedeeltes komt het gesteente in de vorm van bizarre formaties naar buiten.

De vele zonuren aan de zuidelijke Leiten zijn een gunstige levensvoorwaarde voor vele warmtelievende plant- en diersoorten. Naast bewoners van zuidelijk en oostelijk gelegen andere warme en droge gebieden zoals bijvoet en graslelie, vindt men hier ook vertegenwoordigers van de voor- en oostalpine flora, zoals de Europese cyclaam.

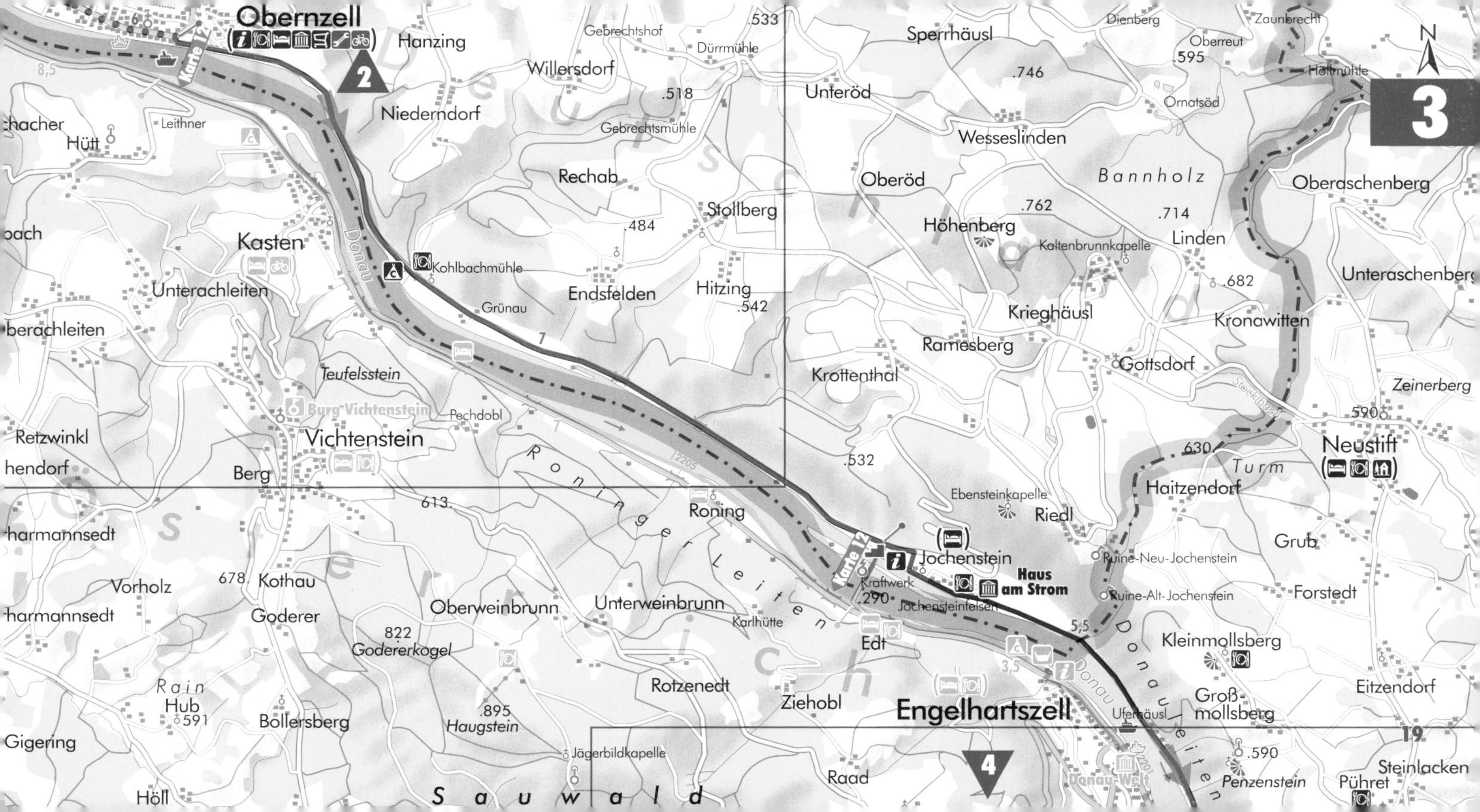
Obernzell
Hanzing
Willersdorf
Gebrechtshof
Dürrmühle
.533
Sperrhäusl
Dienberg
Zaunbrecht
Oberreut
.595
Höllmühle
3
2
Karte 12
8,5
Niederndorf
.518
Unteröd
.746
Ornatsöd
Leithner
Hütt
Gebrechtsmühle
Wesseslinden
Rechab
Oberöd
Bannholz
Oberaschenberg
Stollberg
.484
.762
Höhenberg
.714
Linden
Kasten
Donau
Kohlbachmühle
Kaltenbrunnkapelle
Unteraschenberg
Unterachleiten
Endsfelden
Hitzing
.542
.682
Grünau
Krieghäusl
Kronawitten
7
Ramesberg
Teufelsstein
Krottenthal
Gottsdorf
Zeinerberg
Stocklbach
Burg Vichtenstein
Pechdobl
590
Retzwinkl
Vichtenstein
630
Neustift
Turm
Berg
.532
Haitzendorf
Roninger Leiten
2205
613.
Ebensteinkapelle
Riedl
Roning
Grub
Jochenstein
Ruine-Neu-Jochenstein
678.
Kothau
Vorholz
Kraftwerk
Haus am Strom
.290
Ruine-Alt-Jochenstein
Forstedt
Oberweinbrunn
Unterweinbrunn
Jochensteinfelsen
Goderer
Karlhütte
5,5
822
Edt
Kleinmollsberg
Godererkogel
3,5
Rain
Rotzenedt
Donauleiten
Eitzendorf
Hub
591
Ziehobl
Groß-mollsberg
.895
Haugstein
Bollersberg
Engelhartszell
Uferhäusl
Gigering
4
2201
.590
Jägerbildkapelle
Steinlacken
Raad
Donau-Welt
Penzenstein
Pühret
Höll
Sauwald

Ook de dierenwereld in de Donauleiten wordt gekenschetst door het gemeenschappelijk bestaan van karakteristieke bergbewoners en warmtelievende „zuiderlingen“. Voor Duitsland uniek is de reptielenfauna in deze streek: van de negen inheemse hagedissen- en slangensoorten komen er hier zeven voor. Bovendien hebben twee zeldzame, uit Zuid-Europa stammende soorten, de smaragdhagedis en de esculaapslang, zich hier gevestigd.

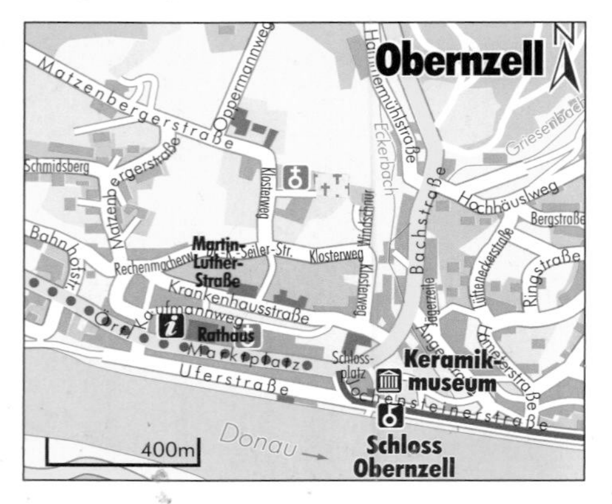

In het plaatsje **Erlau** fietst u over de gelijknamige beek. Daarna gaat het dicht langs de helling op rivierniveau verder. Aan de overkant staat het kerkje van Pyrawang, waar enige jaren geleden vroeg-gotieke fresco's zijn opgegraven. Voor Obernzell wordt het dal breder en al gauw rolt u over het langgerekte marktplein van het dorp, wiens huizen nog aan de bonte Inn-Salzachstijl doen denken.

Obernzell ≈km 2210,5 L

postcode: D-94130; netnummer: 08591

- **Verkeersbureau**, Marktplatz 42, ✆ 9116119 Gratis rondleidingen door Oberzell in het zomerseizoen, iedere vrijdag om 10.00uur, duur 11/2 uur trefpunt: voor het kasteel
- **Veer naar Kasten**: eind april-begin okt., ma-vr 6.15-18.15, za, zo, fstd. 7.30-18.15.
- **Scheepvaart** van Obernzell naar de Schlögener Donaulus, 9116111 Rederij: Wurm & Köck.
- **Keramiekmuseum**, Schloss Obernzell, ✆ 9116119, open: apr.-jan., di-zo 10.00-17.00. Filiaal van het Beiers Nationaalmuseum. Keramiek van de vroege steentijd tot heden, daaronder aardewerk, zwartgoed, steengoed, faience en porselein.
- **Kasteel**. Hoofdattractie in de vroegere nevenresidentie van de bisschoppen van Passau (16e eeuw) is de feestzaal, een stijlvoorbeeld van Passaus Renaissance.
- **Gasthof zur Post**, Marktpl. 1. Tussen 1805 en 1810 onstaan gebouw, bezienswaardige puttoreliëfs, die vrolijke wijnproef- en wijnmaakscènes tonen. Ze herinneren aan Obernzells verleden als wijnplaats.
- **Parochiekerk**, Marktplatz. Gebouwd in rococostijl.
- **Freibad**, Am Hafen1, ✆ 912263
- **Radsport Müller**, Örtl.14, ✆ 2890

Lange tijd heette de plaats Hafnerzell, vanwege de talrijke Hafner (=pottenbakkers) die hier hun werkplaats hadden. Het goed gevulde keramiekmuseum in het kasteel haakt in op deze traditie.

Na Obernzell draait u voor het kasteel naar rechts richting rivier. Zo laat u het autoverkeer een poosje achter u. Na het veer en de grensovergang belooft het komende Donaudal het tot dusver geziene nog in landschappelijke schoonheid te overtreffen. Drie kilometer verderop delen Gasthaus „Kohlbachmühle“ en de bijbehorende camping een smalle reep land aan de rivier. Aan de overkant van de Donau verrijst **Burg Vichtenstein**, een machtige bouw uit de

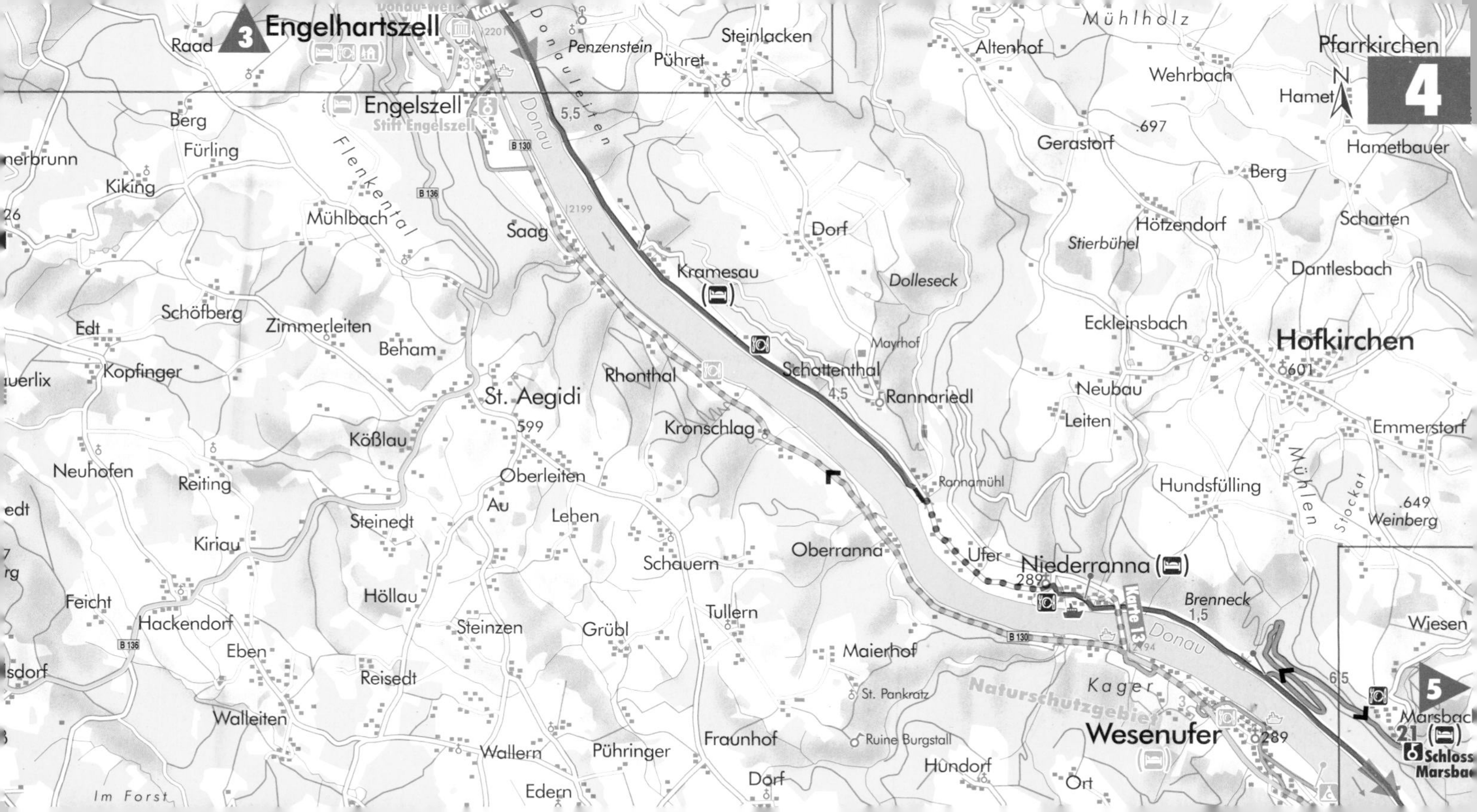

Engelhartszell
3
Raad
Penzenstein
Steinlacken
Pühret
Mühlholz
Altenhof
Pfarrkirchen
4
Wehrbach
Hamet
Engelszell
Stift Engelszell
Donauleiten
Donau
5,5
B 130
Berg
Fürling
Flenkental
Gerastorf
.697
Hametbauer
Berg
Kiking
B 136
Mühlbach
Saag
Dorf
Hötzendorf
Scharten
Stierbühel
Kramesau
Dolleseck
Dantlesbach
Schöfberg
Edt
Zimmerleiten
Beham
Eckleinsbach
Hofkirchen
Mayrhof
Schattenthal
Kopfinger
Rhonthal
601
St. Aegidi
4,5
Rannariedl
Neubau
Leiten
599
Kronschlag
Emmerstorf
Kößlau
Neuhofen
Reiting
Oberleiten
Rannamühl
Hundsfülling
Mühlen
Stockat
.649
Weinberg
Au
Lehen
Steinedt
Kiriau
Schauern
Oberranna
Ufer
Niederranna
289
Brenneck
1,5
Karte 13
Feicht
Höllau
Tullern
Hackendorf
Steinzen
Grübl
Wiesen
B 136
Eben
Maierhof
Kager
6,5
5
Reisedt
St. Pankratz
Naturschutzgebiet
Marsbach
21
Schloss Marsbach
Walleiten
Fraunhof
Wesenufer
289
Ruine Burgstall
Wallern
Pühringer
Hundorf
Dorf
Ort
Im Forst
Edern

12e eeuw. Erachter ligt de Haugstein, met zijn 895 meter de hoogste berg van het Alpenvoorland.

Na nog eens 4 km is de **stuw Jochenstein** bereikt.

Jochenstein (D)- ≈km 2203 L

postcode: D-94107; netnummer: 08591

- **Tourist-Information Untergriesbach**, Marktpl. 24, ✆ 08593/1066
- **Donaubelevenisroute** van Jochenstein-Engelhartszell met stukken uit de landstentoonstelling.
- **Informationszentrum Jochenstein**, open: apr.-okt., dag. 9-18, nov.-mrt, za, zo und fstd. 9-16. Thema's: waterkracht en waterbouw, techniek voor mens en natuur.
- **Kunst im Ländlichen**, bij de fiets- en wandelparkeerplaats naast de stuw, vanaf 1997 staat een eigen kaart ter beschikking. Thema's: werk van houtsnijders uit de hele wereld.
- **Haus am Strom**, Am Kreftwerk 4, ✆ 912890, open: ma-zo 9-17. Thema: het water in al zijn facetten.

Nog steeds de noordelijke oever volgend, slaat u na het trafostation rechtsaf, het weggetje **„Am Jochenstein"** in. Voortdurend dicht langs de oever fietsend, rijdt u door het plaatsje **Jochenstein** en volgt dan

Fietsveer bij Schlögen

een met betonplaten verharde weg, die naar de grens leidt. Gemoedelijk gaat het nu verder door fruitgaarden en kleine akkers. Voor u rijst de sagenomsponnen **Jochensteinfelsen** uit de Donau op, volgens de overlevering de woonplaats van de donaunimf Isa, een zus van Lorelei. Bij Dantlbach over de grens tussen Duitsland en Oostenrijk, dan weer in Oostenrijk wordt de route voortgezet op een jaagpad met als bewegwijzering: „Oberösterreichischen Landesradwanderweges" Zo'n 700 meter verder worden de fietsers op de andere oever naar Engelhartszell geleid.

De Donaumarkt met het enige Trappistenklooster van het land is zeker een bezoek waard.

Engelhartszell

Tip: Voor de verdere rit naar Schlögen (15 km) is het de moeite waard naar de linkeroever terug te keren, omdat dit een rustige weg is tot aan Schlögen; de route op de zuidoever is een drukke provinciale weg.

Van Engelhartszell naar Niederranna 10 km

Vanaf de **Engelhartszeller** fietspont gaat de route verder over de rustige noordoever. Het goed verzorgde en verbrede jaagpad, waar vroeger paarden de lange schepen stroomopwaarts trokken, volgt u nu verder.

Vóór de Ranna in de Donau mondt, komt u langs een b-weg, die u links laat liggen. Boven het dal ligt het slot **Rannariedl**. U bereikt het plaatsje **Niederranna** en slaat na de kerk rechtsaf. Bij de volgende kruising loopt de route rechtdoor; richting aanlegplaats en restaurant gaat u rechtsaf.

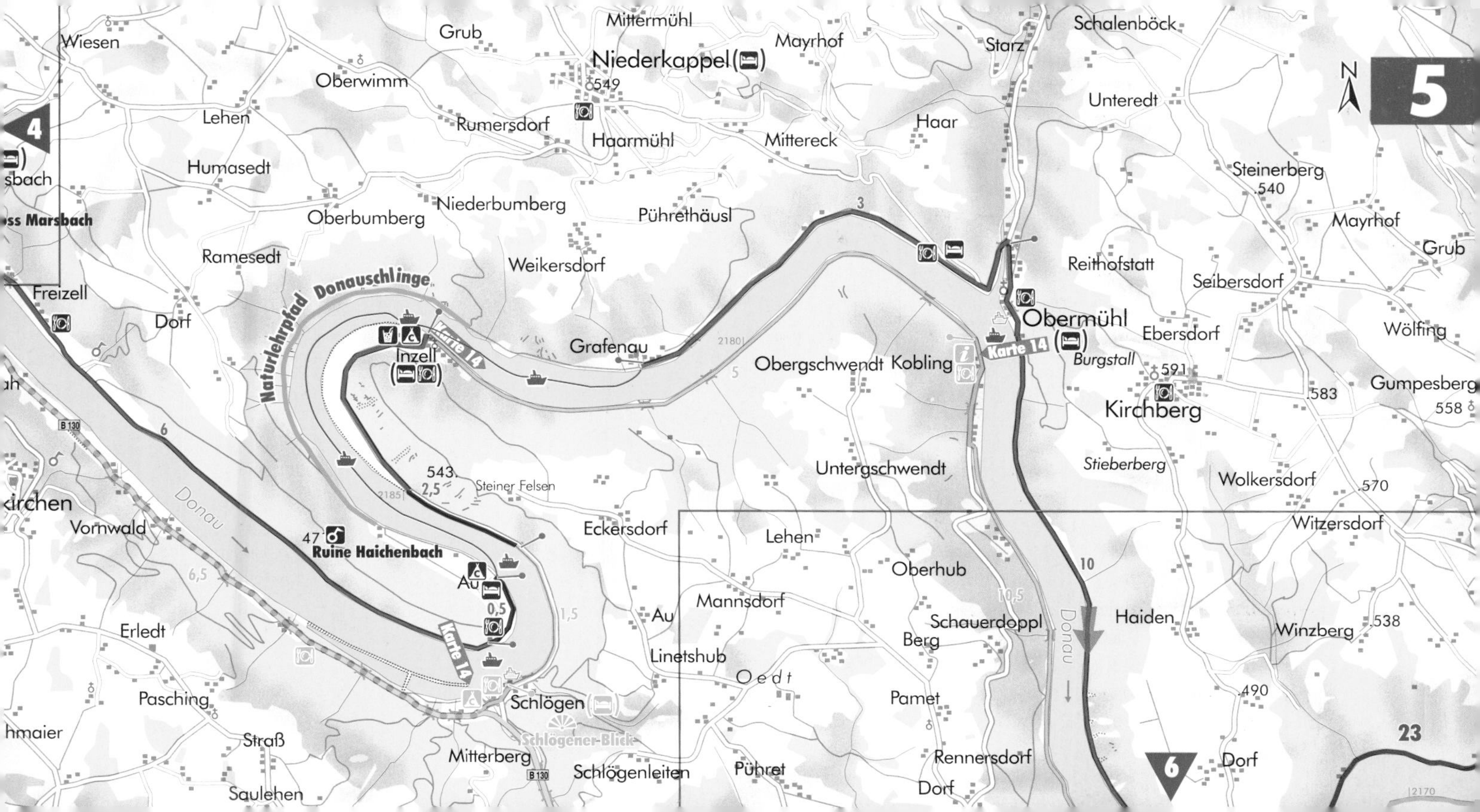

5
4
6
23
Karte 14
Karte 14
Karte 14
Naturlehrpfad Donauschlinge
Donau
Donau
Niederkappel
Obermühl
Kirchberg
Schlögen
Inzell
Au
Ruine Haichenbach
Schlögener Blick
Steiner Felsen
Burgstall
Mittermühl
Grub
Wiesen
Mayrhof
Starz
Schalenböck
Oberwimm
Lehen
Rumersdorf
Haarmühl
Mittereck
Haar
Unteredt
Humasedt
Niederbumberg
Oberbumberg
Pührethäusl
Steinerberg
Mayrhof
Grub
Ramesedt
Weikersdorf
Reithofstatt
Seibersdorf
Freizell
Dorf
Grafenau
Ebersdorf
Wölfing
Obergschwendt
Kobling
Gumpesberg
Untergschwendt
Stieberberg
Wolkersdorf
Vornwald
Eckersdorf
Witzersdorf
Lehen
Oberhub
Mannsdorf
Haiden
Erledt
Au
Schauerdoppl
Winzberg
Berg
Linetshub
Oedt
Pasching
Pamet
Straß
Mitterberg
Schlögenleiten
Pühret
Rennersdorf
Dorf
Dorf
Saulehen
Freizell
549
540
591
583
558
570
538
490
543
47
3
5
6
6,5
2,5
1,5
0,5
10
10,5
2180
2185
2170
B 130
B 130

Niederranna ≈km 2194,5 L

postcode: 4085; netnummer: 07285

🛈 **Gemeentehuis Hofkirchen**, 7011

🛈 Haus am Strom, ✆ 0049/8591-912880, open: mei-sept.

Schloss Rannariedl. Tot 1357/58 in het bezit van de Falkensteiners, daarna behoorde het met onderbrekingen de bisschopsvorsten van Passau. De woonvleugel met pergola stamt uit de 16e eeuw, de hoge rondtoren is nog middeleeuws.

Tip: De verkeersarme route gaat weliswaar op de linkeroever verder, maar op de rechteroever is een bezoek in het „Naturschutzgebiet- Tal des kleinen Klössbaches" bij Wesenufer aan te raden. U kunt in Niederrana van de noordoever over de brug naar Wesenufer fietsen. Voor het vervolg is het aan te raden terug te keren naar de noordoever of u kunt natuurlijk door fietsen via de provinciale weg naar Schlögen.

Van Niederranna naar Obermühl *14,5 km*

Aan het einde van Niederrana zwenkt de weg naar rechts onder de Donaubrug door. De route loopt via een smalle weg langs de rivier en na 6km is Au/Schögen bereikt. De route voert nu direct door de beroemde Schlögener Schlinge, een paar honderd meter na de landtong stroomt de Donau reeds 'terug'! Het naamgevende dorp Schlögen groet u vanaf de andere oever met een groot hotelcomplex.

Tip: Hier treft u op 700 meter 3 vaarmogelijkheden: AU-**Schlögen ✆ 07279/8241** dag. 25 maart-april en 1-26 Okt.10-.00-17.00uur, mei-sept. 9.00-19.00uur. **Au-Inzell ✆ 0664/2801144** (maart-april 7.30-19, mei-aug. 7-20). De tweede pont in Au biedt niet alleen de mogelijkheid, de Donau over te steken, maar ook om 5 km stroomafwaarts aan de linker Donauoever in Grafenau aan te leggen en daarvandaan naar Obermühl verder te fietsen. ✆ 0664/2801144 mei-2 okt. Dag. 09.00-18.00uur. Wilt u in het verdere verloop besparen op de veerkosten, dan dient u vanaf Inzell aan de rechteroever te blijven.

Obermühl ≈km 2178 L

postcode: 4131; netnummer: 07286

🛈 **Tourist-Information Obermühl-Kirchberg, Gasthof Aumüller 07286/7216**

Veerdienst Rathmayr ✆ 07277/27201 of 0664/3408926 dag. April-okt. 08.00-17.00uur mei-aug. 08.00-19.00uur sept. 08.00-18.00uur zon/feestd. Vanaf 09.00uur.

Graansilo, aan de oostelijke dorpsrand. Gebouwd met zijn opvallende 16 meter hoge dakstoel in 1618; diende als douanepost. Dit belangrijke renaissancebedrijfsgebouw, waarvan de dakstoel is gerenoveerd, kon met moeite worden gered voor de gevolgen van de bouw van de stuw.

De „Schlögener Schlinge"

Tussen Passau en Aschach slijpt de Donau diepe, duidelijke meanders in het Boheemse Granietmassief. Ze volgt hier dus niet de geologische grenslijn tussen de Böhmische Masse en de gesteentes van het Alpenvoorland, maar vormt een bijzonderheid. Niet geheel vrijwillig, want in de zachte lagen van het Tertiair zocht de Donau haar kronkelige bed nog vrij. Door de latere verheffing van het land bleef de Donau niets anders over, dan zich 200 meter diep in te graven. Zo ontstond het tegenwoordig bewonderde, smalle dal. In de Schlögener Schlinge bleek het graniet echter sterker en dwong de Donau tot een draai van 180 graden. Hoe dit nu precies mogelijk was, daarover discussiëren de geologen tegenwoordig nog.

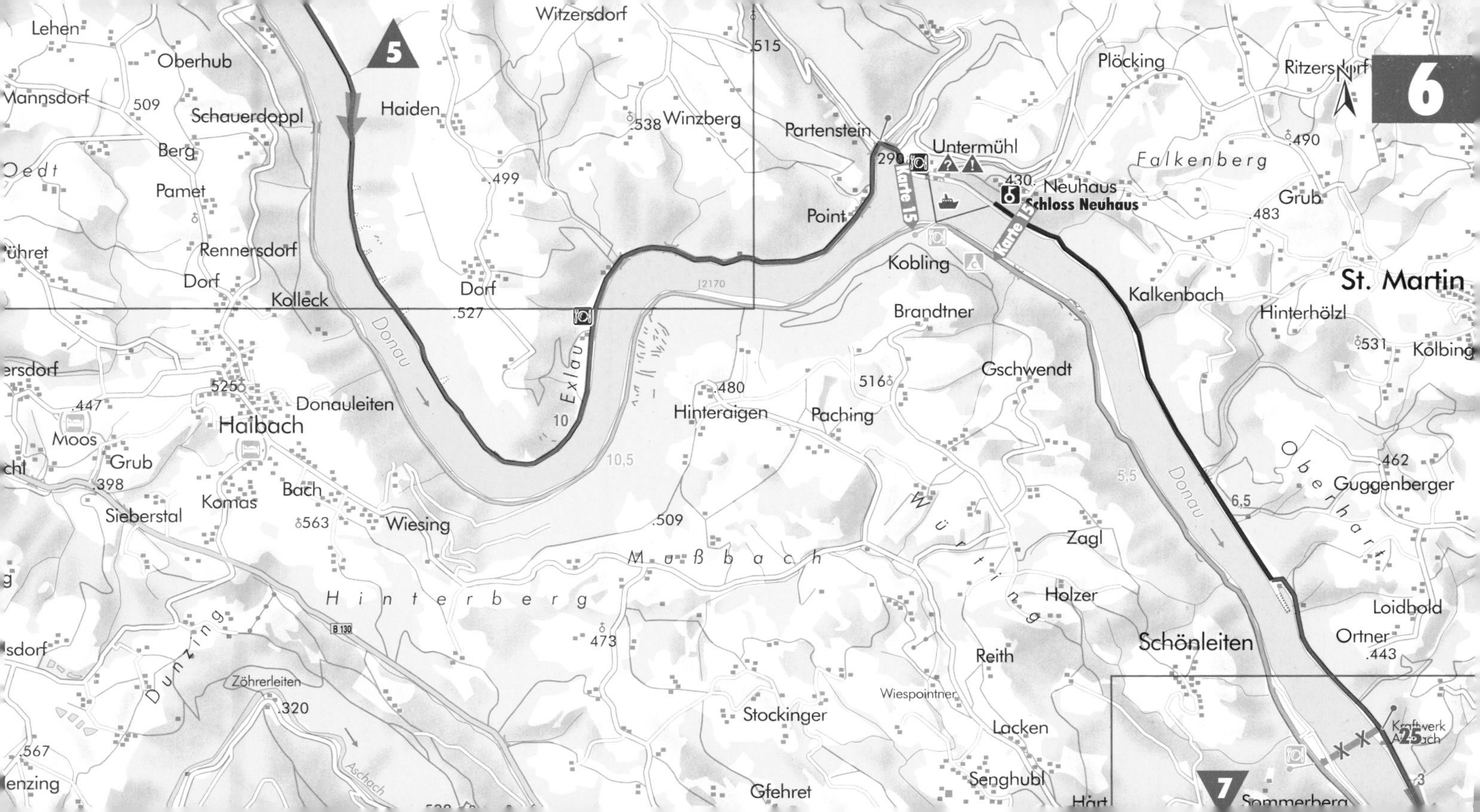
6
5
7
Witzersdorf
Lehen
Oberhub
Mannsdorf
509
Schauerdoppl
Haiden
.538 Winzberg
.515
Partenstein
Untermühl
290
430.
Neuhaus
Schloss Neuhaus
Plöcking
Ritzersdorf
Falkenberg
490
Grub
.483
Berg
Oedt
Pamet
.499
Point
Karte 15
Kobling
Rennersdorf
Dorf
Kolleck
Dorf
.527
2170
Brandtner
Kalkenbach
St. Martin
Hinterhölzl
531
Kolbing
Donau
Exlau
10
10,5
525
.447
Moos
Haibach
Donauleiten
Grub
.398
Siebersta
Komas
Bach
563
Wiesing
.480
Hinteraigen
516
Paching
Gschwendt
.462
Oberhart
Guggenberger
5,5
6,5
Donau
.509
Mußbach
Würting
Zagl
Hinterberg
B 130
473
Holzer
Loidhold
Ortner
.443
Schönleiten
Reith
Dunzing
Zöhrerleiten
.320
Wiespointner
Stockinger
Lacken
Kraftwerk Aschach
25
.567
Aschach
Senghubl
Gfehret
Sommerberg
Hart
3

De slechte toegankelijkheid van de beboste hellingen zorgt ook voor een natuurlijke vegetatie en grote soortenrijkdom. Vooral de lente en de herfst hebben een breed kleurenspectrum te bieden; de uitgestrekte bossen verlenen het dal iets oorspronkelijks. Slechts de kleine weilanden en boerderijen aan de rivieroever herinneren eraan, dat dit oude cultuurgrond is.

Het **Donaufietspad** verloopt tussen Schlögen en Obermühl alleen over de rechteroever. Een idyllisch traject onder schaduwrijke bossen voert u door de andere helft van de Schlögener Schlinge. Slechts een paar auto's eisen op de smalle en bochtige weg eisen steeds weer uw concentratie. De toren van de **ruïne Haichenbach** completeert de fraaie panorama's. Na 3,5 km rustig trappen passeert u het oude Donaudorp **Inzell**.

Van Obermühl naar Aschach — *19,5 km*

In Obermühl fietst u langs de historische silo en de pont, om pas 7 km verderop bij de volgende bebouwing te komen: **Gasthof**

in de Exlau. Daarvandaan gaat het over een smalle strook asfalt verder door de Hinteraigner Donauschlinge.

Vóór de Große Mühl in de Donau mondt, fietst u onder de brug door om de beek over te steken.

Tip: In het plaatsje Untermühl heeft u 2 mogelijkheden: u kunt hier de pont nemen naar de rechteroever of u neemt het veer welke u 800meter stroomafwaarts weer aan land zet. De weg tussen Untermühl en Neuhaus loopt door een beschermd natuurgebied „Schlossberg-Neuhaus". Het begrip „Rotsroute" geeft zeer duidelijk de aard van de route weer. Er wordt ook aangegeven dat de fietsroute eindigt en over het water voortgezet dient te worden. Veerdienst Leblhuber ✆ 07273/6221

Untermühl — **≈km 2168 L**

- **Veerdienst Knogler**, ✆ 07273/6221, mei-aug 9.00-19.00uur sept.-2.okt. 9.00-18.00uur.
- **Schlößchen Partenstein**, aan de Gumpenbach in de buurt van de Donaumonding. De burcht ontstond op een rots bij de Mühl-Knie als een vesting van Passau en wordt voor het eerst genoemd in 1262. Heemkundige collectie.

Via het bergpad tegen de stijle Donauhelling op loopt het via het jaagpad verder.Voor de **stuw Aschach** moet u een kleine haven voorbij fietsen. De oversteek via de stuw is hier niet mogelijk.

Van Aschach naar Ottensheim — *18 km*

Op de linkeroever slaat u bij de eerste gelegenheid rechtsaf. Onder aan de kruising met een boerderij op de hoek houdt u links. Na ong. 300 meter, in **Unterlandshaag**, volgt u rechtdoor de Donaufietspadborden. Akkers, fruitgaarden en oude vierkanthoven omzomen de rustige weg met haar vele

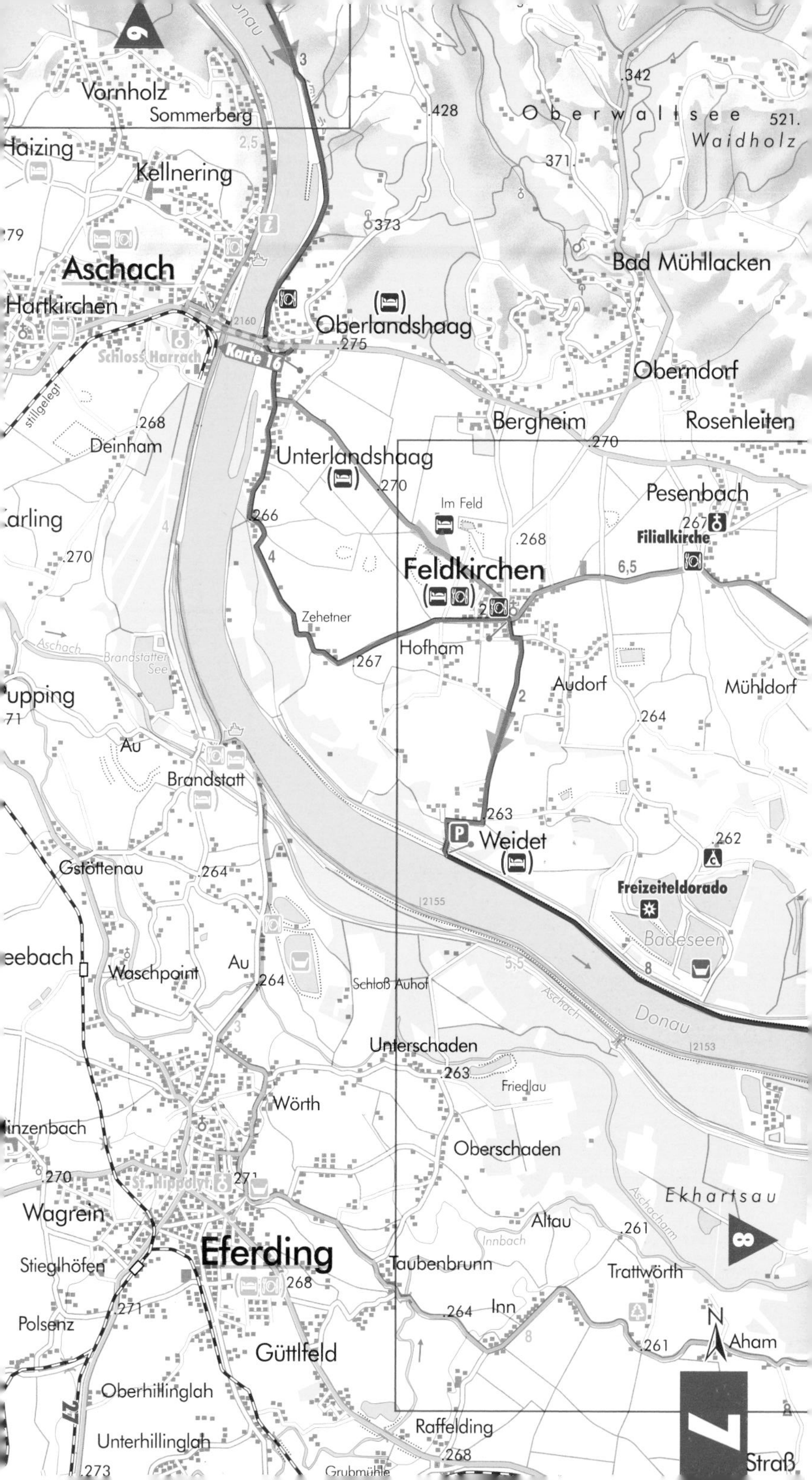

6
Vornholz
Sommerberg
Haizing
Kellnering
Aschach
Hartkirchen
Schloss Harrach
stillgelegt
Karte 16
Oberwallsee
Waidholz
Bad Mühllacken
Oberlandshaag
Oberndorf
Bergheim
Rosenleiten
Deinham
Unterlandshaag
Pesenbach
Filialkirche
Im Feld
Feldkirchen
Zehetner
Hofham
Audorf
Mühldorf
Aschach
Brandstätter See
Au
Brandstatt
Weidet
Freizeiteldorado
Badeseen
Gstöttenau
Waschpoint
Au
Schloß Auhof
Donau
Unterschaden
Friedlau
Wörth
Oberschaden
St. Hippolyt
Ekhartsau
Aschacharm
Altau
Innbach
8
Wagrein
Eferding
Stieglhöfen
Taubenbrunn
Trattwörth
Polsenz
Inn
Aham
Güttlfeld
Oberhillinglah
Unterhillinglah
Raffelding
Grubmühle
Straß
7
27

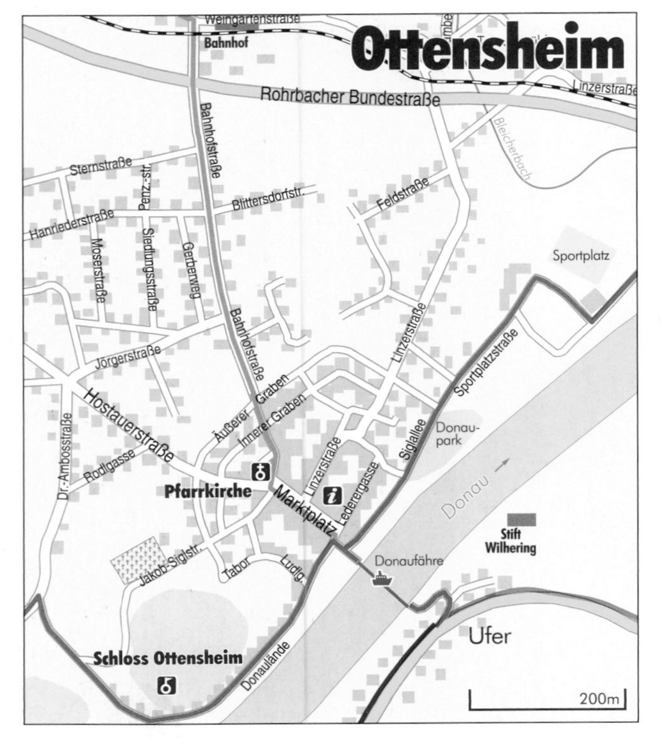

scherpe bochten. In Feldkirchen bij de eerste grote kruising rechtsaf weer richting Donau.

Feldkirchen an der Donau

postcode: 4101; netnummer: 07233

- **Tourist-Information Hauptstrasse 1**, ✆ 7190
- **Parochiekerk**. Gotische trappenkerk met kruisribbengewelf , ca. 1510.
- Kuren in het traditionele en gemoderniseerte **Kurhaus Bad Mühllacken**
- **Feldkirchner Freizeiteldorado**. Vlakbij de Donau bij de Feldkirchner meren met een waterskilift, camping, golfbaan, buffetten, vruchtewijnboeren en een ontspanningsrondrit door een uniek rivierlandschap, ✆ 6727. Mei-okt.
- **Modelspoorbaan**, Goldwörth (5 km ZO). Grootste modelspoorbaan van Oostenrijk (1:8).
- **Beschermd natuurgebied Pesenbachtal**

Tip: Vanuit Feldkirchen kunt u een bezoek brengen aan de dierentuin in Walding. De route is in oranje weergegeven.

De hoofdroute op de linkeroever gaat van Feldkirchen weer via Weidet terug naar de Donau. Bij het dorpje Weidet is er een scherpe knik van 300m bij een houtkapelletje links af weer via het jaagpad langs de dam waarna het weer goed geasfalteerd is nog 12km naar Ottensheim.

Tip: Na 1.5km passeert u de Feldkirchner Badeseen. Hier kunt u met een waterski-kabelbaan op een andere manier kennis maken met vervoer over water. Het meer bereikt u langs een smal weggetje wat overgaat in een voetpad.

De route langs de dam vergt weinig oriënteringskunsten want de energie-centrale van Ottensheim is telkens goed in zicht.

Tip: Wanneer u nog van een mooi uitzicht wilt genieten dan kunt u naar het vroegere goudzoekersdorpje Goldwörth. 3km van de Freizeiteldorado.

U fietst nog ongeveer 3 km over de dijk tot aan de aanlegplaats voor

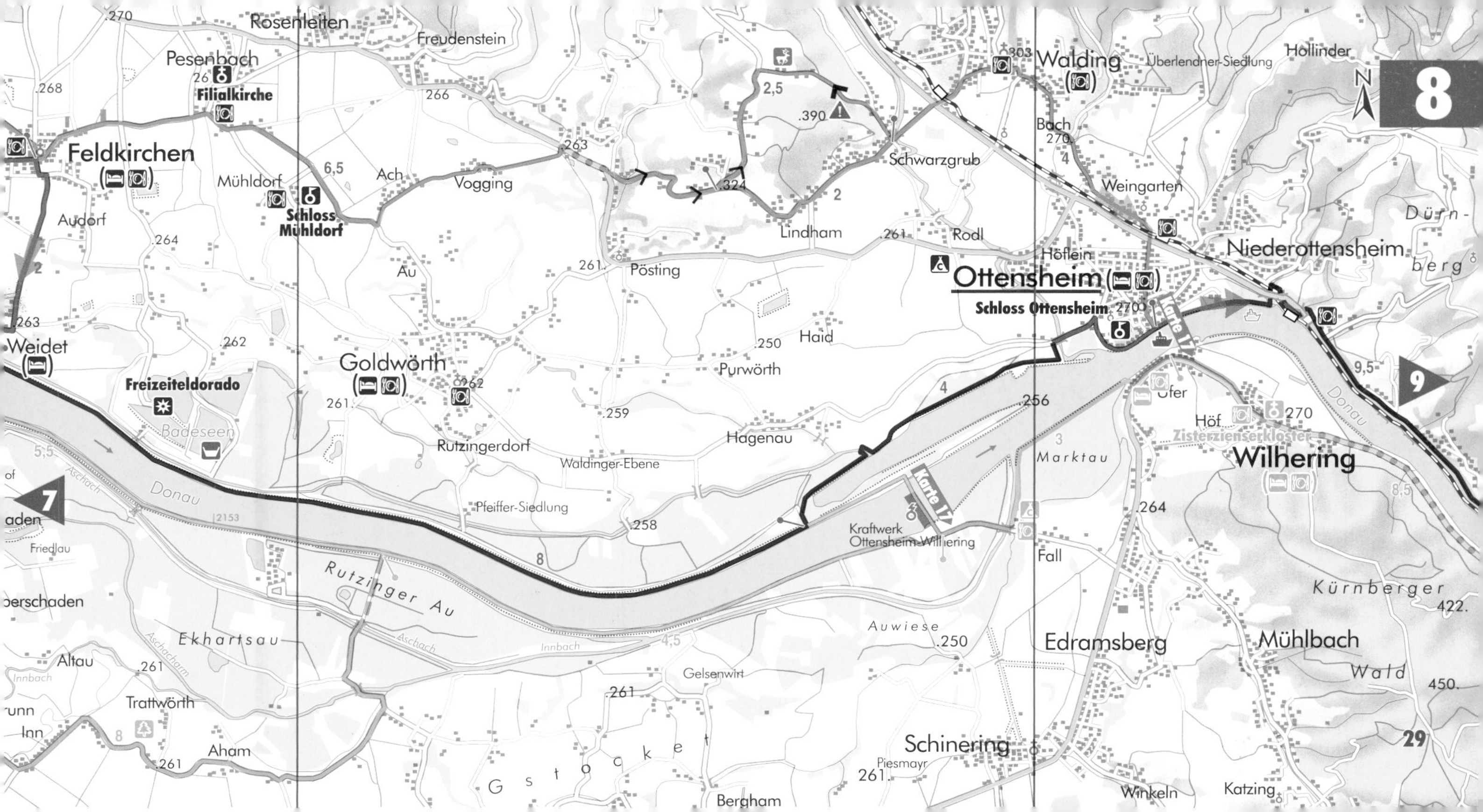

Rosenleiten
Freudenstein
Pesenbach
Filialkirche
Feldkirchen
Mühldorf
Schloss Mühldorf
Ach
Vogging
Audorf
Au
Pösting
Lindham
Schwarzgrub
Walding
Überlendner-Siedlung
Hollinder
8
Bach
Weingarten
Rodl
Höflein
Dürnberg
Niederottensheim
Ottensheim
Schloss Ottensheim
Karte 17
Weidet
Freizeiteldorado
Badeseen
Goldwörth
Rutzingerdorf
Waldinger-Ebene
Pfeiffer-Siedlung
Haid
Purwörth
Hagenau
Ufer
Höf
Zisterzienserkloster
Wilhering
Marktau
Kraftwerk Ottensheim-Wilhering
Fall
Donau
7
9
Friedlau
Rutzinger Au
Ekhartsau
Altau
Trattwörth
Aham
Inn
Innbach
Aschach
Gelsenwirt
Auwiese
Edramsberg
Mühlbach
Kürnberger Wald
Schinering
Piesmayr
Gstocket
Bergham
Winkeln
Katzing
29

motorboten kort voor de **stuw Ottensheim** waar de weg naar Ottensheim haaks afslaat, dan de weg in een rechte hoek die afbuigt naar Ottensheim volgen.

Na een lange bocht naar rechts verloopt de hoofdroute langs een zijarm van de Donau, die duidelijk als roeiparcours dient. Om een beek over te steken draait de weg kort het rivierbos in en gaat dan verder langs de oever.

U blijft op de oeverweg tot deze moet wijken voor het riviertje de Rödl en landinwaarts verder loopt. De route gaat dan naar rechts over de brug. Wie naar de **Camping Rodlhof** wil, fietst hier rechtdoor en volgt de loop van de Rodl.

Voor de bebouwde kom van Ottensheim slaat het fietspad rechtsaf en komt weer bij de Donauoever.

De promenade maakt een rondje om het opvallende slot, dat op een lichte verheffing boven een huizenrij troont. Bij het centrum vindt u ook het rolveer, dat uitsluitend door stroomkracht - zeer ecologisch! - en hangend

aan een staalkabel tussen beide oevers heen en weer pendelt.

Op één van de huismuren ziet u hoogwaterstanden, de laatste ernstige overstroming in deze streek dateert van 1954. Links houdend komt u bij het mooie marktpleintje.

Ottensheim **≈km 2144 L**

postcode: 4100; netnummer: 07234

Tourismusinformation, Donaulände 4, 83622

Veer Ottensheim-Wilhering: 07234/ 85174, ma-za 6.30-19.15, zo, fstd. 8-19.15.

Slot. Van de oorspronkelijk Babenbergse voorpost uit de middeleeuwen zijn het machtige belfort en de noord- en oostvleugel met ronde toren bewaard gebleven. Niet openbaar toegankelijk.

Historisch centrum. Ondanks herhaaldelijke branden zijn er nog een paar bezienswaardige huizen, bijv.het „Kindlhaus", dat met een Ottensheimer stichtingslegende in verbinding wordt gebracht.

Parochiekerk, Marktplatz Gebouwd 1450-1520, eind 19e eeuw uitgebreid met de Nepomukkapel. Oudste deel van het complex is de grafkelder met skeletdelen van het oude kerkhof en het gemummificeerde lijk van een (edel)vrouw.

Van Ottensheim naar Linz *9,5 km*

Vanaf Ottensheim verloopt de **hoofdroute** over de **linkeroever** omdat er op de zuidoever geen fietspad is.

Tip: De kloosterkerk van het cisterciënzerklooster in Wilhering is echter een tochtje waard. Voor wie niet bang is voor auto's, staat vanaf Wilhering dan de normale weg naar Linz ter beschikking. Het fietspad over de noordoever tot **Puchenau** is landschappelijk niet zo opwindend.

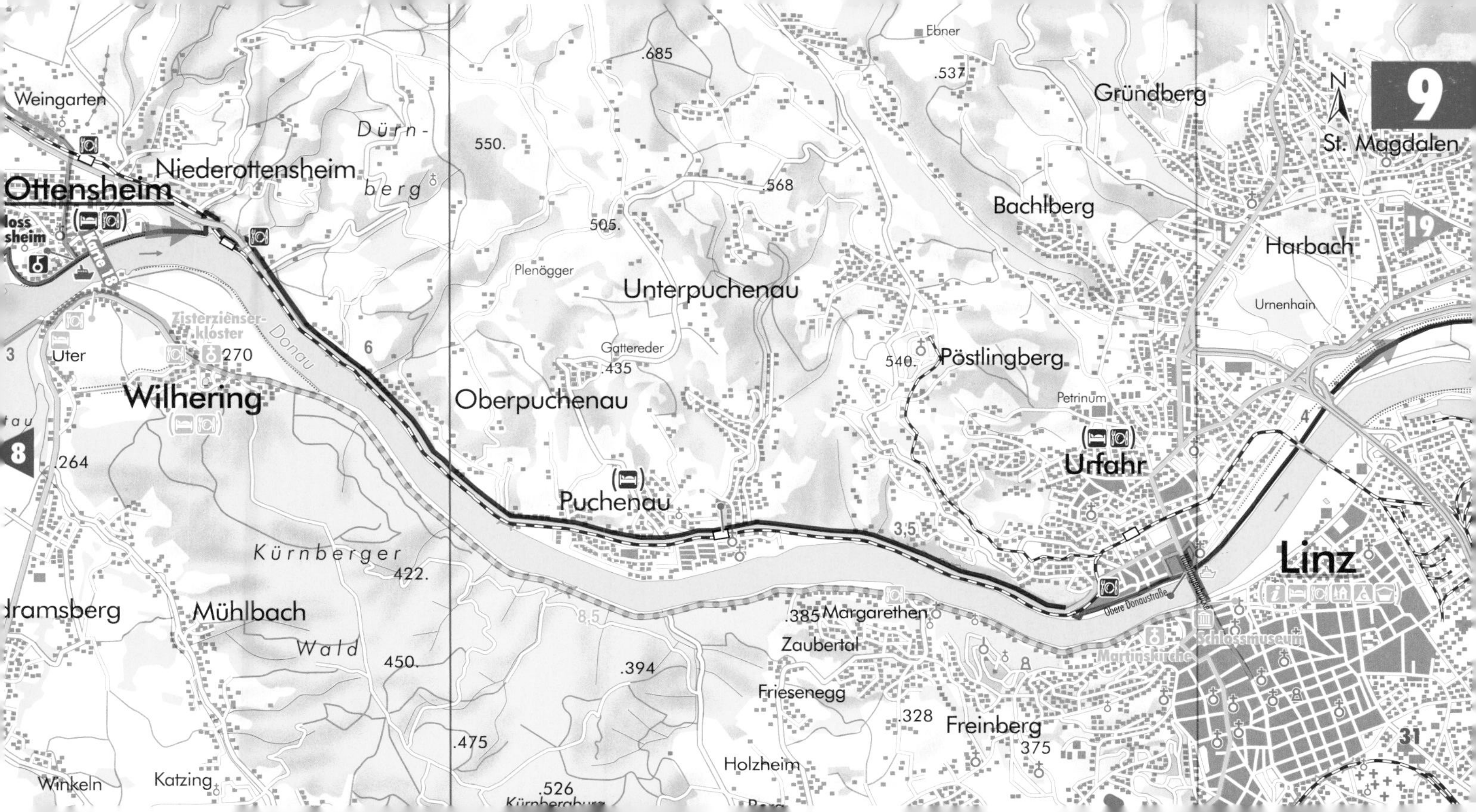

9
Weingarten
Dürnberg
Niederottensheim
Ottensheim
Karte 18
Zisterzienser-kloster
Donau
Uter
270
Wilhering
8
.264
Kürnberger Wald
422.
450.
Mühlbach
Winkeln
Katzing
.526
.475
550.
505.
.685
.568
Plenögger
Unterpuchenau
Gattereder
.435
Oberpuchenau
Puchenau
.394
Friesenegg
Zaubertal
.385 Margarethen
.328
Freinberg
375
Holzheim
Ebner
.537
Gründberg
St. Magdalen
Bachlberg
Harbach
19
Urnenhain
540.
Pöstlingberg
Petrinum
Urfahr
Obere Donaustraße
Linz
Schlossmuseum
Martinskirche
31
6
3,5
8,5
4

Vanaf het **veerstation in Ottensheim** (aan de noordoever) fietst u over een fiets- en voetpad langs de rivier verder. Na het **sportcomplex** verlaat de weg de oever en voert over een houten bruggetje. Dan onder de straat door en over een onbewaakte spoorwegovergang. Daar volgt u het groene bord naar rechts richting Linz.

Linz

Vóór de rijksweg in de tunnel verdwijnt, fietst u opnieuw onder de straat door.

Tip: Op het door kastanjebomen beschutte terras van Gasthaus Dürnberg kan men nog van het uitzicht op het plaatsje Ottensheim met een schilderachtige Donau op de voorgrond genieten.

Tip: Tot Linz heeft u nog een weinig aantrekkelijk, maar veilig stuk langs een druk bereden weg voor de boeg. Wie dit liever met de trein wil doen, kan in **Dürnberg** opstappen.

Na het stationsgebouw draait u naar links en gaat voor de derde keer onder de straat door. Aan de andere kant volgt u dan het fietspad langs de rijksweg. Na ruim 4 km bereikt u de bebouwde kom van Puchenau.

Puchenau **≈km 2139 L**

U passeert twee grotere kruisingen en blijft steeds links van de weg. U bereikt de stadsrand van Linz waar de route onder de straat door naar de Donauoever leidt. Aan de oever bij de Nibelungenbrücke nodigen twee terrassen uit tot een pauze, voor u het centrum bereikt. Het **Donaufietspad** gaat hierna rechtdoor verder.

Voor een bezoek aan Linz draait u echter vóór de brug naar rechts en fietst links om het nieuwe **Raadhuis**. Zo komt u bij de brug, waar u fietspaden in beide richtingen vindt. Rechtdoor, in het verlengde van de brug, ligt de **Hauptplatz.** Rondom de Hauptplatz ligt het historisch centrum. Het station bereikt u direct via de Landstraße. Het dalstation van de tandradbaan naar de Pöstlingberg bevindt zich echter aan de noordoever, bij het Mühlkreisbahnhof.

Linz **≈km blz. 46**

Van Passau naar Linz (Zuidoever) 98 km

In de bezienswaardige 3-rivierenstad Passau, direct bij het samenstromen van de beide rivieren Inn en Donau start de route op de rechteroever. Zeer snel komt u op Oostenrijks gebied en fietst u langs het Sauwald via Engelhartszell naar een van de grootste natuurschouwspelen van de regio; de rivierlus bij Schlögen. Bij Aschach stroomt de Donau het vruchtbare bekken van Eferding in. Temidden van de Noord-Oostenrijkse groentetuin staan indrukwekkende vierkantboerderijen. Eindbestemming van de etappe is de stad Linz met talrijke bezienswaardigheden.

Op de rechteroever verloopt de route slechts gedeeltelijk over fietspaden. Er zijn ook gedeelten met druk verkeer, vooral tussen Engelhartszell en Schlögen en kort voor Linz. Wisselen met de linkeroever is altijd nog mogelijk. Hellingen komen niet voor.

Over de zuidoever Van Passau naar Engelhartszell 26,5 km

De tocht over de zuidelijke Donauoever leidt eerst naar Passau's tweede rivier, de Inn. Op de Domplatz in het oude centrum slaat u, vanuit de Schustergasse komend, linksaf de smalle en kronkelige Innbrückgasse in. Deze voert naar de rivier, die de Donau tot een grote rivier maakt en die u bij de Marienbrücke oversteekt. Het voetpad op de brug biedt prettige fietsmogelijkheden.

Tip: De route Inn-opwaarts vindt u overigens beschreven in het *bikeline*-Fietstoerenboek „Inn-Radweg" (deel 1+2).

Op de Kirchenplatz aan de overkant aangekomen, gaat u linksaf de Löwengrube in.

Passau

Tip: Wie in alle rust het Römermuseum wil bekijken, gaat rechtdoor door de Lederergasse.

Via een brede trap komt u vanuit de Löwengrube naar de Inn, in de toekomst zal een oprit de toegang vereenvoudigen. Voor korte tijd over steenslag langs een rangeerstation fietsend komt u uit bij het station **Rosenau**. Vóór het stationsgebouw steekt u het spoor over en houdt dan links, de **Rosenauer Weg** in. Aan het einde van deze straat wordt de weg vervolgd over een met fijne steenslag bedekt fiets- en wandelpad, langs een volkstuintjescomplex. Tussen bomen en struiken ziet u de Donau reeds doorschemeren.

Na de volkstuintjes loopt het pad dichter naast het spoor en wordt nogal smal. U kunt echter met een gerust hart links van het spoor fietsen. Al gauw komt u achter een oud pakhuis bij een zijstraat uit. Daar houdt u rechts. Na het oversteken van de rijksweg gaat het dan over het begeleidende fietspad richting **Achleiten**. Daar begint het nieuwe fietspad aan de linkerkant van de straat.

Ongeveer 1km verder buigt een brede weg van de straat af. Ter hoogte van het **Gasthaus Faberhof** gaat het fietspad dan weer gelijk op met de rijksweg direct tot aan de Donau. Hier aan de Donau fietsend

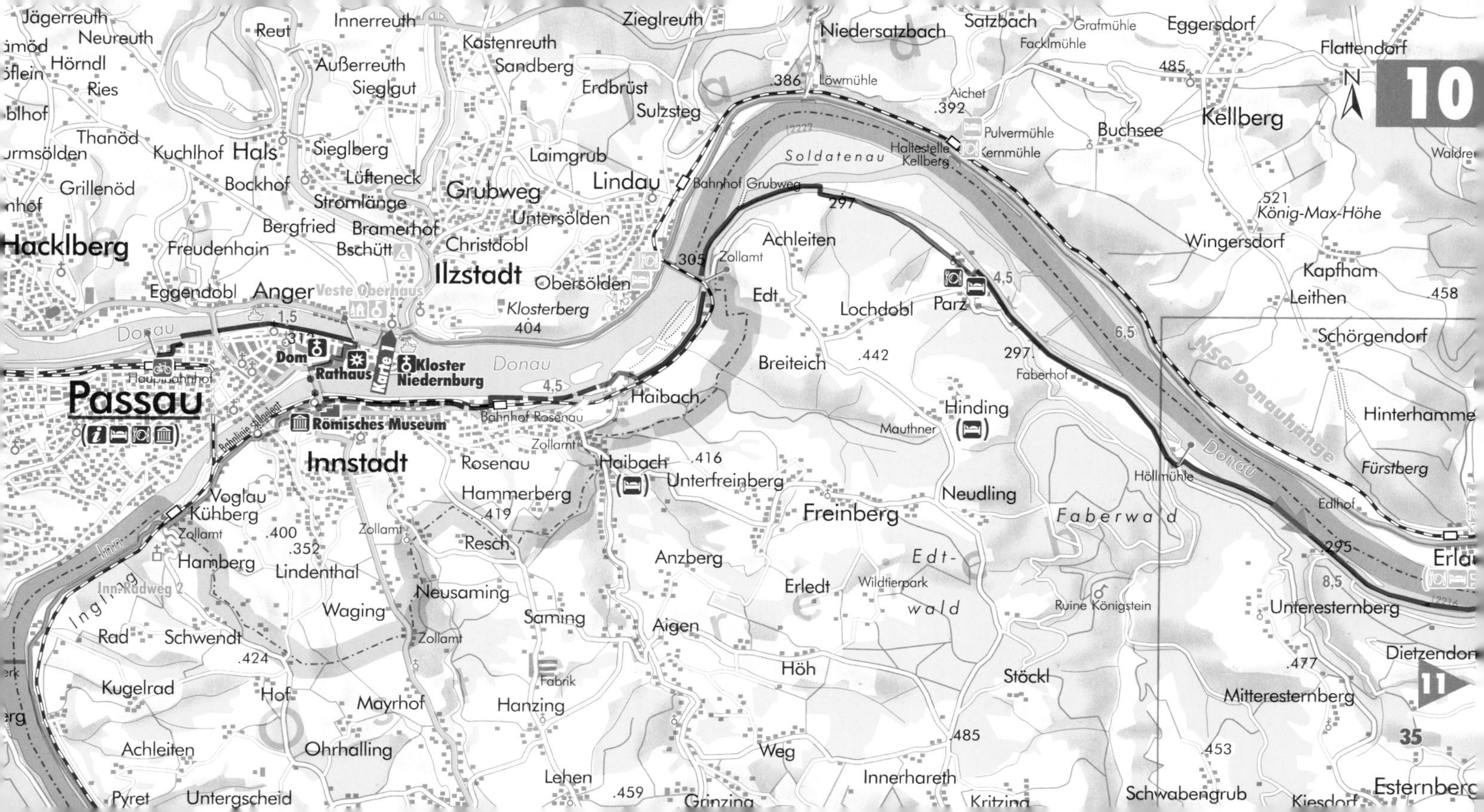
10
11
Passau
Hacklberg
Ilzstadt
Innstadt
Grubweg
Lindau
Hals
Anger
Freinberg
Kellberg
Dom
Rathaus
Kloster Niedernburg
Karte 1
Veste Oberhaus
Römisches Museum
Hauptbahnhof
Bahnlinie stillgelegt
Bahnhof Rosenau
Bahnhof Grubweg
Haltestelle Kellberg
Donau
Inn
Ilz
Soldatenau
NSG Donauhänge
Inn-Radweg 2
Faberwald
Edt-wald
Wildtierpark
Ruine Königstein
König-Max-Höhe
Jägerreuth
Neureuth
Hörndl
Ries
Thanöd
Grillenöd
Kuchlhof
Bockhof
Bergfried
Freudenhain
Eggendobl
Reut
Innerreuth
Außerreuth
Sieglgut
Sieglberg
Lüfteneck
Stromlänge
Bramerhof
Bschütt
Kastenreuth
Sandberg
Zieglreuth
Erdbrüst
Sulzsteg
Laimgrub
Untersölden
Christdobl
Obersölden
Klosterberg
Niedersatzbach
Löwmühle
Satzbach
Facklmühle
Grafmühle
Eggersdorf
Flattendorf
Aichet
Pulvermühle
Kernmühle
Buchsee
Waldreit
Wingersdorf
Kapfham
Leithen
Schörgendorf
Hinterhamme
Fürstberg
Edlhof
Erla
Achleiten
Zollamt
Edt
Lochdobl
Parz
Breiteich
Faberhof
Hinding
Mauthner
Haibach
Rosenau
Unterfreinberg
Hammerberg
Neudling
Höllmühle
Voglau
Kühberg
Hamberg
Lindenthal
Resch
Anzberg
Erledt
Ingling
Rad
Schwendt
Neusaming
Waging
Saming
Aigen
Unteresternberg
Dietzendorf
Kugelrad
Hof
Mayrhof
Fabrik
Hanzing
Höh
Stöckl
Mitteresternberg
Achleiten
Ohrhalling
Weg
Lehen
Innerhareth
Pyret
Untergscheid
Grinzing
Kritzing
Schwabengrub
Kiesdorf
Esternberg
.386
.392
485
.521
.458
.305
297
404
.442
297
.416
.419
.400
.352
.424
.295
.477
.485
.453
.459
1,5
4,5
4,5
4,5
6,5
8,5

langs kasteelruïne **Krämpelstein**, ongeveer 200 meter na de vroegere tolburcht van de bisschoppen van Passau loopt de route langs de paar groepjes huizen van **Wörth** naar Pyrawang. Daar komt het fietspad weer bij de straat en verloopt parallel met deze verder.

Tip: wanneer u de tijd heeft bezoek dan de kerk van Pyrawang:

Pyrawang ≈km **2213 R**

postcode: 4092; netnummer: 07714

- **Gemeentehuis** Esternberg, 665510
- **Parochiekerk**. De vroeggothische fresco's die de kerk heeft te bieden, werden pas in 1982 ontdekt.
- **Fietstaxi Johann Wallner**, Esternberg, 0664/9170321. Terugbrengservice naar Wenen en Linz en evt. leveringen en transporten.

Na de dorpsgrens op het nieuwe fietspad bereikt u na 3km de aanlegplaats van de Obernzeller pont. (1 mei-25 sept. ma-vr 06.15-18.15uur za/zon/feest. 7.30-18.15uur)

Tip: Het vroegere pottenbakkersstadje **Obernzell** lokt met een interessant keramiekmuseum aan de Beierse Donauoever.

bij de camping in Kasten zijn er santitaire voorzieningen voor fietsers.

De slingerende weg richting **Vichtenstein** splitst zich bij Kasten af. Deze weg is alleen voor bergfreaks aan te bevelen. De machtige burcht en de 895 meter hoge Haugstein, de hoogste heuvel van het Voralpenland, zien er ook van beneden prachtig uit.

Kasten ≈km **2209 R**

postcode: 4091; netnummer: 07714

- **Tourismusverband Vichtenstein**, ✆ 8055-0
- **Pont naar Obernzell**, ✆ 0049/8591/8243, dag april, Okt., 6.15-17.15uur , mei-aug., 6.15-18.45uur,tot midden sept. 6.15-18.15uur Middagpauze: 10.30-14.00uur.
- **Filiaalkerk St. Jakob**, kleine, gebarokkiseerde kerk met een kruisigingsreliëf uit 1548.
- **Schloss Vichtenstein**, tegen de helling van de Haugstein. De geschiedenis van deze machtige burcht gaat terug tot de 12e eeuw, het hoofdgebouw in zijn huidige vorm stamt uit de 16e eeuw. Goed bewaard gebleven zijn het Romaanse belfort, 2 woontorens en de slotkapel. Niet openbaar toegankelijk.
- **Fietsverhuur**: M.E.Pointner, Kasten 22, ✆ 63100

De versterkte residenties van de adel aan de Donau en in andere delen van Opper-Oostenrijk zijn grotendeels van de 11e tot de 13e eeuw ontstaan. De bouw van deze burchten begon, nadat aan de verwoestende Magyareninvallen door zeges aan de Unstrut in 993 en op het Lechfeld bij Augsburg in 955 definitief een einde was gemaakt en de Beierse Ostmark, waaruit het hertogdom Oostenrijk is ontstaan, weer in haar oorspronkelijke toestand was teruggebracht.

Verder langs de oever van de Donau naar het gehucht **Roning**.

Snel zijn op de zuidoever de camping en het buitenzwembad van Engelhartszell bereikt. Onderweg informeren bordjes over de Romeinse grensmarkeringen („Limes") in „Boven-Oostenrijk".

Vanaf de camping is de oeverweg uitsluitend voor voetgangers bestemd; u moet daarom van de rivier wegdraaien en de rijksweg oversteken. Parallel rechts daarvan ligt het fietspad naar Engelhartszell, vanwaar u over de ventweg verder fietst.

U kunt ter hoogte van de eerste kruising links de de weg nemen naar het fietspontje

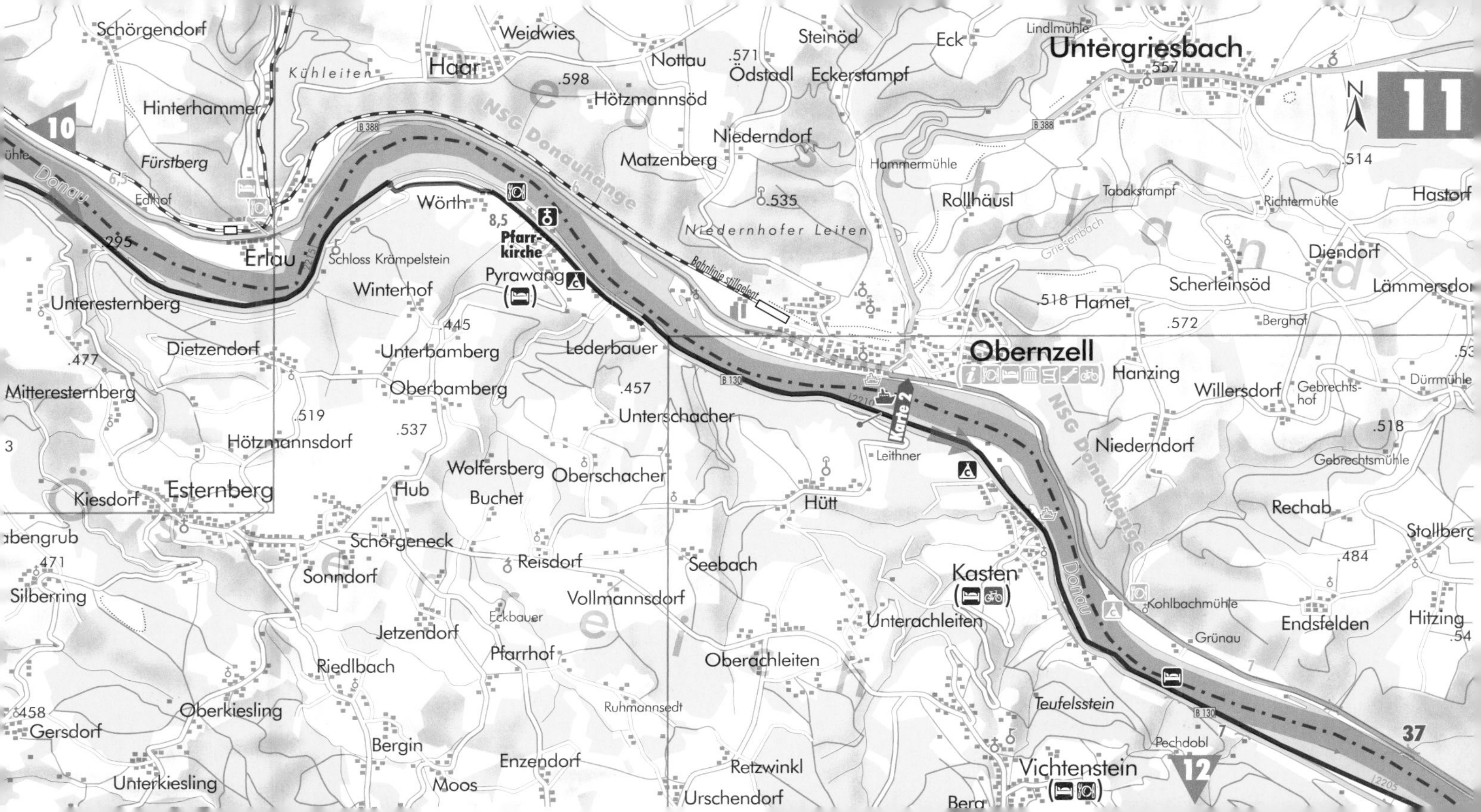
11
10
12
37
Schörgendorf
Weidwies
Haar
Kühleiten
Hinterhammer
Fürstberg
Edlhof
Erlau
Donau
Nottau
Steinöd
Ödstadl
Eckerstampf
Eck
Lindlmühle
Untergriesbach
Hötzmannsöd
Niederndorf
Matzenberg
Hammermühle
NSG Donauhänge
Wörth
Pfarrkirche
Pyrawang
Schloss Krämpelstein
Winterhof
Niedernhofer Leiten
Bahnlinie stillgelegt
Rollhäusl
Tabakstampf
Richtermühle
Hastorf
Diendorf
Scherleinsöd
Lämmersdorf
Hamet
Berghof
Obernzell
Hanzing
Willersdorf
Gebrechtshof
Dürrmühle
Unteresternberg
Dietzendorf
Unterbamberg
Lederbauer
Oberbamberg
Unterschacher
Mitteresternberg
Hötzmannsdorf
Leithner
Karte 2
Niederndorf
Gebrechtsmühle
Wolfersberg
Oberschacher
Hub
Buchet
Hütt
Kiesdorf
Esternberg
Rechab
Stollberg
Schörgeneck
Reisdorf
Seebach
Kasten
Sonndorf
Silberring
Vollmannsdorf
Kohlbachmühle
Unterachleiten
Endsfelden
Hitzing
Eckbauer
Jetzendorf
Grünau
Pfarrhof
Oberachleiten
Riedlbach
Teufelsstein
Gersdorf
Oberkiesling
Ruhmannsedt
Pechdobl
Bergin
Enzendorf
Retzwinkl
Vichtenstein
Unterkiesling
Moos
Urschendorf
Berg
Griesenbach
B 388
B 130

dat u naar **Jochenstein brengt aan de noordoever.** (tussen 09.00-18.00uur hoogseizoen: 08.30-19.00uur.)

Tip: Als u echter van de dorpskern iets wilt zien, sla dan bij de pont rechtsaf en wandel over de markt door het voetgangersgebied. Informatietafels geven u historische feiten. Daarna keert u via de eerste dwarsstraat terug naar de Hauptstraße.

Engelhartszell ≈km 2201 R

postcode: 4090; netnummer: 07717

- **Tourismusverband**, 8055-16
- **Tourismusbüro Oberes Donautal**, ✆ 8055-11
- **Veer**, ✆ 07714/6764, dag, voor-/naseizoen 10-17, mei, juni 9.00-19.00, juli, aug. 8.30-19.00, sept. 9.00-18.00
- **Donau-Schifffahrt**, ✆ 0851/929292, naar Passau en Linz.
- **Stift Engelszell**. Oostenrijks enige trappistenklooster ontstond in de 17e-18e eeuw.
- **Kloosterkerk**. De in 1764 gewijde kerk vormt het regionale hoogtepunt van stucplastische rococo. Een bijzonderheid is het fresco in het langschip.
- **Parochiekerk Maria Himmelfahrt**, dorpscentrum. Koor en langschip van de toendertijd gothische kerk ontstonden 1459-1503. Tijdens de barok werd de kerk ingrijpend gewijzigd: hoogaltaar en de toren met uivormige koepel werden toegevoegd.
- **Kaiserliches Mauthaus**. Oude hoogwatermarkeringen en een muurschildering over de geschiedenis van deze oude Donaumarktplaats sieren dit huis uit de 15e eeuw.
- **Donaukraftwerk Jochenstein**, oversteektijden: 6.00-22.00. Rondleiding: ✆ 0851-391/213 (DKJ Passau). Door de bouw van de stuw 1952-56 zijn over een lengte van 30 km 6 knelpunten voor de internationale scheepvaart verwijderd.
- **Zwembad** ✆ 0664/8708787
- **Fietsverhuur**, Donau-Radfreunde, ✆ 8182
- **Fietsverhuur**, Tankstelle Strassl, ✆ 8037

De geschiedenis van de Markt Engelhartszell, grens- en tolstation sinds de Middeleeuwen, is nauw met de ontwikkeling van het Stift Engelszell verbonden. Gesticht in 1293 als cisterciënzerklooster, diende het lang als herberg en als zomerresidentie voor de domheren van Passau. In het kader van de hervormingen onder keizer Josef II werd het klooster in 1786 opgeheven. Tot de vele verschillende eigenaars in de periode daarna behoorde ook Napoleon.

Pas in 1925 keerde religieus leven terug binnen de oude muren, toen uit de Elzas verdreven Duitse trappisten er een nieuw onderkomen vonden. De strenge regels van deze hervormde cisterciënzerorde - spreekverbod, vroeg opstaan, vegetarisch eten - omgeven haar ook in de huidige tijd nog met een aura van wereldvreemde ascese. De huiseigen landbouw, een verzorgingstehuis en niet in de laatste plaats de beroemde likeurproduktie getuigen echter van de alleszins wereldse bezigheden van de ongeveer 30 monniken.

Mocht u haast hebben, dan kunt u van Engelhartszell naar Schlögen over de drukke en geenszins vlakke rijksweg naar Schlögen fietsen. Daarvandaan verloopt de Donaufietsroute sowieso over de rechteroever. Een veel gemoedelijkere en mooiere tocht biedt echter de noordoever.

Kort na het verlaten van het dorp de afslag naar rechts nemen naar het klooster Engelszell het klooster voorbij; de kleine straat leidt weer terug naar de hoofdweg rechts afbuigen en op de drukke provinciale weg verder naar Wesenufer.

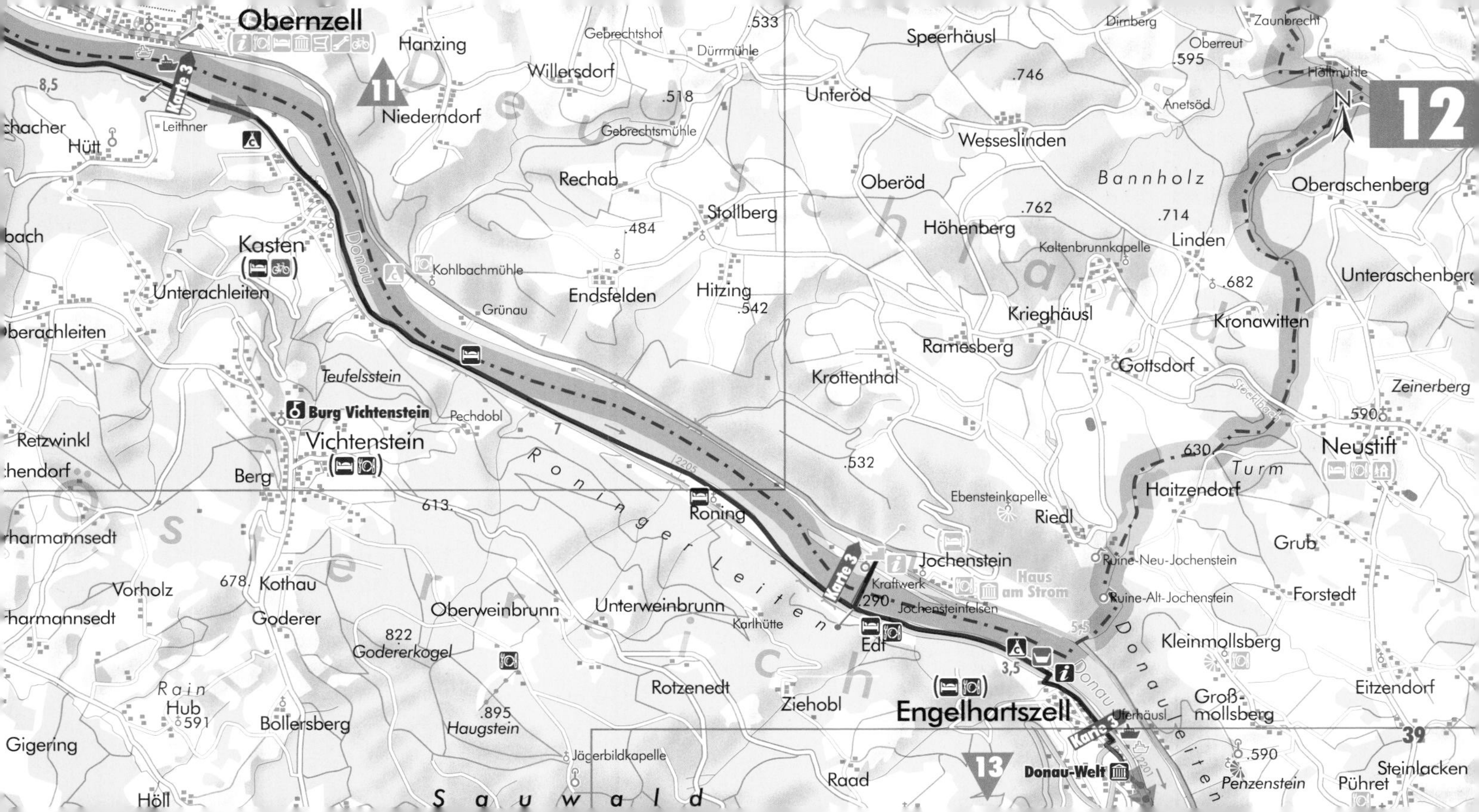
Obernzell
Hanzing
Gebrechtshof
.533
Dürrmühle
Speerhäusl
Dirnberg
Zaunbrecht
Oberreut
.595
Höllmühle
12
11
Karte 3
Willersdorf
.746
Unteröd
Anetsöd
8,5
Niederndorf
.518
Leithner
Gebrechtsmühle
Wesseslinden
Hütt
Rechab
Oberöd
Bannholz
Oberaschenberg
Stollberg
.762
.714
Kasten
.484
Höhenberg
Linden
Donau
Kaltenbrunnkapelle
Kohlbachmühle
.682
Unteraschenberg
Unterachleiten
Endsfelden
Hitzing
.542
Grünau
Krieghäusl
Kronawitten
Oberachleiten
Ramesberg
Gottsdorf
Teufelsstein
Krottenthal
Zeinerberg
Stockbach
Burg Vichtenstein
Pechdobl
590
Retzwinkl
Vichtenstein
630
Neustift
Turm
Roninger Leiten
.532
Berg
Haitzendorf
613.
Ebensteinkapelle
Roning
Riedl
Grub
Jochenstein
Ruine-Neu-Jochenstein
Haus am Strom
Kraftwerk
678.
Kothau
Vorholz
290
Jochensteinfelsen
Forstedt
Ruine-Alt-Jochenstein
Oberweinbrunn
Unterweinbrunn
Goderer
Karlhütte
5,5
822
Edt
Kleinmollsberg
Godererkogel
3,5
Rain
Rotzenedt
Eitzendorf
Hub
591
Ziehobl
Engelhartszell
Groß-mollsberg
Bollersberg
.895
Haugstein
Uferhäusl
Gigering
Jägerbildkapelle
.590
13
Donau-Welt
Steinlacken
Raad
Penzenstein
Pühret
Höll
Sauwald
Donauleiten

Wesenufer ≈km 2192R

Postcode: 4085; netnummer: 07718

Toerismusverband Waldkirchen/Wesenufer, ☎ 72550

Naturschutzgebiet „Tal des Kleinen Klössbaches".

De route loopt verder op de rechteroever via de B 130 naar de beroemde Schlögener Schlinge.

Haibach-Schlögen ≈km 2187R

postcode: 4083; netnummer: 07279

Tourismusverband Haibach-Schlögen, 8235

Pont naar Au ☎ 8241, dag. 25 mrt.-april en 1-26 okt. 10.00-17.00uur, mei-sept. 9.00-19.00uur, sept. 8-18 Uhr.

Opgravingsoverblijfselen van het **Romeinse kasteel Joviacum**. De westpoort is de nog einige zichtbare poort van een Romeinse legerstede in Oostenrijk.

Uitzichtpunt Schlögener Blick

Fietswinkel, Plöckinger, Haibach ☎ 8208

De „Schlögener Schlinge"

Tussen Passau en Aschach snijdt de Donau al meanderend diep door het Boheemse granietmassief. Ze volgt daarbij niet het verloop van de geologische grens tussen Bohemen en het gesteente van het Alpenvorland, maar maakt zo een eigen bijzonderheid. Niet geheel vrijwillig kan men stellen. Want in de zachtere lagen van het Tertiair zocht de Donau nog vrijelijk haar bochtenrijke bodem. Door de volgende stijging van het landschap restte haar niets anders dan zich 200m diep in te graven. Op die manier ontstond het tegenwoordig bekende Ental. In de Schlögener Schlinge heeft het graniet zich als de sterkste getoond en heeft hij de Donau gedwongen om richtingskoers van 180graden te veranderen. Hoe dat precies mogelijk was, daarover buigen zich de geologen tot op deze dag. De moeilijk bereikbare stijle wanden zorgden ook voor een natuurlijke vegetatie met veel variatie. Vooral in het voorjaar en herfst ziet men een groot kleurenspectrum; de bossen geven een sterk gevoel van oorspronkelijke begroeiing. Aan de andere kant tonen de weides en hoeven aan de oevers op onze gecultiveerde bodem.

De Donaufietsroute leidt tussen Schlögen en Grafenau ons via de rechteroever, waar een idyllisch stukje ons naar de andere helft van de Schlögener Donauschlinge voert. De ruïne van Haichenbach maakt met haar toren het fraaie landschapsplaatje compleet.

Na 3.5 km is Inzell bereikt.

Inzell ≈km 2183R

Postcode: 4083; netnummer: 07279

Tourismusverband Haibach-Schlögen ☎ 8235

Veerdienst: Schlögener Schlinge ☎ 0664/2801144 Tijden: dag. 2 mei-okt. 09.00-18.00uur.

St. Nikolaus-kerk het gerenoveerde kerkje zou volgens zeggen in 1155 door een graaf voor z'n ondergang uit de vloed gered zijn en opnieuw ingericht.

In het dorp keert de route weer naar de rivier terug, vanaf hier fietspad, bij de volgende rivierbocht is aan de overkant Obermühl te zien.

Kobling R

Postcode: 4083; Netnummer: 07279

Turismusverband Haibach-Schlögen ☎ 8235

Veerdienst: naar Obermühl, Rathmayr, ☎ 07277/27201 of 0699/1210004 Tijden: dag april+okt. 08.00-17.00uur mei+sept. 08.00-18.00uur juni-aug. 08.00-19.00uur zon/feest. Vanaf 09.00uur

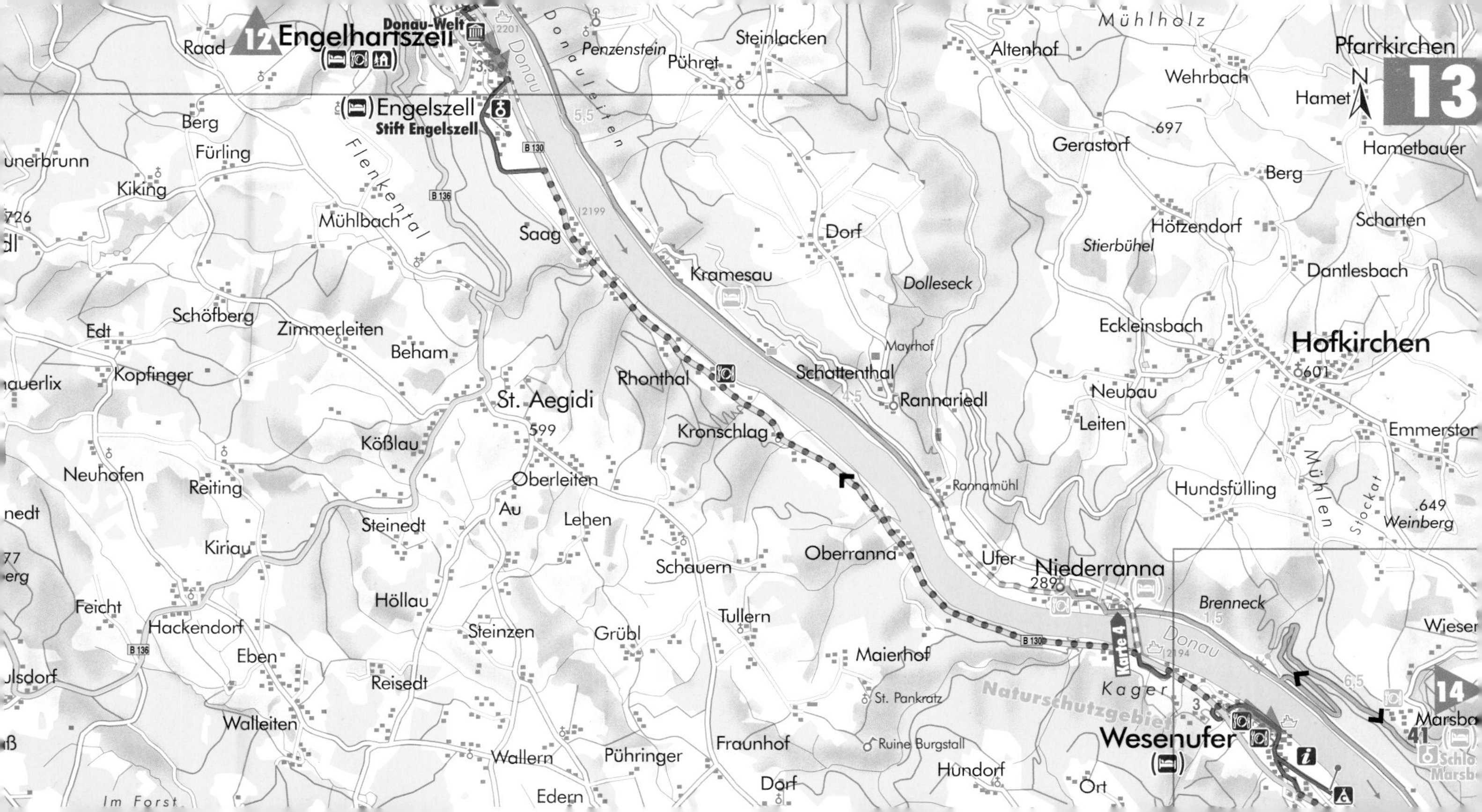

12
Engelhartszell
Donau-Welt
Engelszell
Stift Engelszell
13
Pfarrkirchen
Hofkirchen
St. Aegidi
Niederranna
Wesenufer
Donau
Donauleiten
Flenkental
Raad
Berg
Fürling
Kiking
Mühlbach
Saag
Penzenstein
Pühret
Steinlacken
Altenhof
Mühlholz
Wehrbach
Hamet
Gerastorf
Hametbauer
Kramesau
Dorf
Dolleseck
Hötzendorf
Stierbühel
Scharten
Dantlesbach
Schöfberg
Zimmerleiten
Edt
Beham
Kopfinger
Rhonthal
Schattenthal
Mayrhof
Rannariedl
Eckleinsbach
Neubau
Leiten
Kronschlag
Kößlau
Neuhofen
Reiting
Oberleiten
Au
Lehen
Steinedt
Rannamühl
Hundsfülling
Emmerstor
Mühlen
Stockat
Weinberg
Kiriau
Oberranna
Ufer
Schauern
Brenneck
Feicht
Hackendorf
Höllau
Tullern
Steinzen
Grübl
Eben
Maierhof
Kager
Reisedt
St. Pankratz
Naturschutzgebiet
Walleiten
Wallern
Pühringer
Fraunhof
Ruine Burgstall
Hundorf
Edern
Dorf
Ort
Im Forst
Karte 4
14
Wieser
Marsba
B 130
B 136
599
601
289
.697
.649

Van Kobling naar Aschach **18.5km**

Direct na het VVV in Kobling scheidt zich het Donaufietspad van de Sauwaldradweg; links door een jong bos weer naar de Donauoever.

Untermühl aan de overzijde ligt het fraaie Schloss Neuhaus, het is 1 van de grootste renaissance kastelen in het Donaugebied welke nu nog bewoond wordt.

Bij het Gasthaus Kaiserhof waar ook een grote camping is, is een mooi uitzichtpunt met rustbanken om te genieten. Aan de oever ligt het veer naar Untermühl tijden: mei-juni 09.00-19.00uur juli-aug. 09.00-20.00uur sept. 09.00-19.00uur

Vanaf de Kaiserhof op de weg voor bestemmingsverkeer langs de rivier, wanneer het stuw van Aschach in het zicht komt, bij de splitsing rechtsaan houden. Bij de krachtcentrale van Aschach is een oversteek per veer niet mogelijk. Kort daarna bereikt u Aschach.

Aschach ≈km 2160R

Postcode: 4082; netnummer: 07273

Tourismusverband, Kurzwernhartpl. 5, ☎ 0664/4082 200, www.aschach.at

Fietsinfo: Ortseinfahrt, ☎ 7000, geopend: mei-sept.

Schopper en Fischermuseum, tegenover het infopunt, ☎ 640212. Het museum presenteert op 2 etages vaten die met de hand zijn gemaakt. Tevens geschiedenis van de visserij en de sportvisserij.

Schloss Harrach, ten zuiden van de markt. Dit complex ontstond rond 1606 en is één der belangrijkste profane renaissancebouwwerken in Opper-Oostenrijk. In 1709 werd onder de supervisie van de architekt Lukas von Hildebrandt een ingrijpende ombouw doorgevoerd. Het slot is privé en derhalve niet toegankelijk voor bezoek.

Parochiekerk Gotisch gebouw uit 1490, uitgebreid in de 19e eeuw en vervolgens naar plannen van Clemens Holzmeister omgebouwd. Aan het hoogaltaar het vereerde „Donaukreuz", in 1693 in Aschach aangespoeld.

Zehnertrauner, Op het terrein van Schopper en Fischermuseum. Roeiboot gebouwd van 3 originele 3 „Schoppern", en was deel van de Landententoonstelling in 1994 te Engelhartszell.

Parochiekerk van Hartkirchen, (1,5 km westelijk). De sinds 898 in oorkonden genoemde kerk is de oudste in de (verre) omgeving. Rond 1750 werd ze gebarokkiseerd en van imposante fresco's, laatbarok illusionisme en rijk dekor voorzien.

Faustschlößl, Landshaag, linkeroever. Volgens de overlevering is Doctor Faust hier voorbijgekomen op een stroomafwaartse reis naar keizer Frederik III, om deze alchemie te onderwijzen. Hotelbedrijf in het kasteelachtige gebouw.

Tijdens de grote boerenoorlog van 1626 lag het oude tolplaatsje **Aschach** *in het centrum van het gebeuren en werd door oproerlingen regelmatig veroverd en geplunderd. Tot de ommekeer in de 20e eeuw bepaalden dan scheepsbouw en scheepvaart het gebeuren in de marktplaats. Tegenwoordig leven hier nog een paar oude „Schopper", de bouwers van de „Donauplätten", ca. 20 meter lange en tot 15 ton zware houten schepen.*

Om op de linkeroever te komen onmiddelijk voor de Aschacher brug naar rechts en na 400m de brug op de fietsen. Op de rechteroever op het fietspad langs de oever blijven en onder de brug doorgaan.

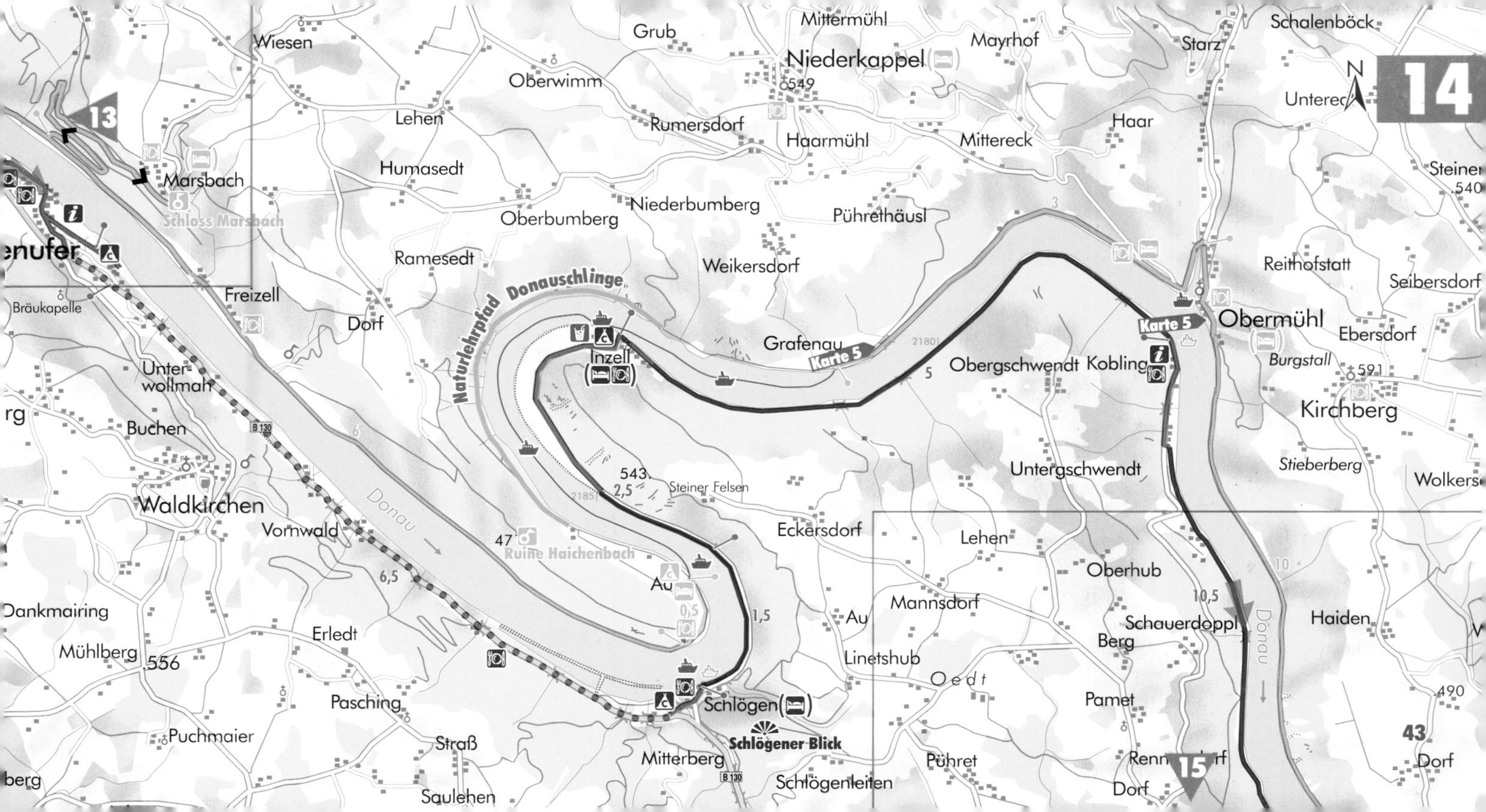
14
13
15
Karte 5
Niederkappel
Obermühl
Kirchberg
Waldkirchen
Schlögen
Schlögener Blick
Inzell
Naturlehrpfad Donauschlinge
Schloss Marsbach
Ruine Haichenbach
Donau
Marsbach
Wiesen
Grub
Mittermühl
Mayrhof
Schalenböck
Starz
Oberwimm
Lehen
Rumersdorf
Haarmühl
Mittereck
Haar
Unterec
Humasedt
Niederbumberg
Oberbumberg
Pührethäusl
Ramesedt
Weikersdorf
Reithofstatt
Seibersdorf
Freizell
Dorf
Grafenau
Obergschwendt
Kobling
Ebersdorf
Burgstall
Bräukapelle
Unter-
wollmah
Buchen
Steiner Felsen
Untergschwendt
Stieberberg
Wolkers
Vornwald
Eckersdorf
Oberhub
Au
Mannsdorf
Schauerdoppl
Haiden
Berg
Dankmairing
Mühlberg
Erledt
Linetshub
Oedt
Pasching
Pamet
Puchmaier
Straß
Mitterberg
Pühret
Schlögenleiten
Saulehen
Dorf
B 130
549
591
556
543
490
2180
2185
43

Over de rechter oever Van Aschach naar Wilhering/Ottensheim 17km

Deze route verloopt vanaf de **Donaubrug van Aschach** direkt aan de oever en de rand van een rivierbos. Na 3 kilometer steekt u bij **Brandstatt** rechtsom een zijrivier over en fietst langs het scheepsstation, weer naar de Donauoever.

Brandstatt

Tip: Terwijl de Donauradweg over de dijk verdergaat, komt na een paar honderd meter de afslag naar Eferding. Dit deels bewegwijzerde tochtje leidt over rustige weggetjes door aantrekkelijk boerenland en bereikt na ongeveer 5,5 rivierkilometers de Donau weer. De route op de kaart is in oranje weergegeven.

Vanuit Brandstatt de oever volgen tot aan de stuw Ottensheim-Wilhering. Op de zuidoever wisselt de route ter hoogte van de ingang van de centrale op een bedrijfsweg naar de Innbachbrücke en nog voor de camping met een scherpe bocht naar links, bij het riviertje de Innbach weer naar de Donau toe via een smal pad wat leidt naar het veer naar Ottensheim waar u eventueel kunt overstappen om de route op de noordoever te vervolgen. Het plaatsje Wilhering met de bezienswaardige „Zisterzienserstift" is nog maar 1km verwijderd en is via een vrijliggend fietspad langs de weg te bereiken.

Wilhering ≈km 2142 R

postcode: 4073; netnummer: 07226

14
15
16
Witzersdorf
Lehen
Oberhub
Haiden
Schauerdoppl
Berg
Pamet
Rennersdorf
Dorf
Kolleck
Dorf
Donau
Donauleiten
Haibach
Moos
Grub
Siebersta
Komas
Bach
Wiesing
Winzberg
Partenstein
Untermühl
Point
Neuhaus
Schloss Neuhaus
Karte 6
Karte 6
Kobling
Brandtner
Exlau
Hinteraigen
Paching
Gschwendt
Plöcking
Ritzersdorf
Falkenberg
Grub
St. Martin
Kalkenbach
Hinterhölzl
Kolbing
Oberhart
Guggenberger
Donau
Zagl
Holzer
Schönleiten
Loidhold
Ortner
Reith
Mußbach
Hinterberg
Würting
Dunzing
Zöhrerleiten
B 130
Aschach
Stockinger
Wiespointner
Lacken
Senghubl
Gfehret
Kraftwerk Aschach

Linz

Gemeentehuis, Linzer Str. 14, ✆ 2255.

Veerdienst Ottensheim-Wilhering, ✆ 07234/85174. hele jaar ma-zat. 6.30-19.15uur , zon/feest. 08.00-19.15uur.

Kloosterkerk Mareä Himmelfahrt. Door de bouw van de kerk 1733-51 werd één van de mooiste sacrale Rococobouwwerken geschapen. Vooral het interieur draagt hiertoe bij.

Kloostergebouw. Na de stichting rond 1200 volgde de eerste grote ombouw in het midden van de 18e eeuw in Rococostijl. Architektonisch gezien bleef het klooster echter - net als Göttweig - een „torso".

Kloostertuin. 1883 Ontstaan naar het voorbeeld van Engelse landschapstuinen (o.a. met een waarschijnlijk 800 jaar oude taxus) en heeft ook een orangerie in classicistische Biedermeier-stijl te bieden.

Visleerpad, aan de oeverweg tussen de stuw en het plaatsje Ufer. 84 Borden informeren over levende en uitgestorven inheemse vissoorten.

Hier verder via de Donauoeverweg naar Linz aan de „Nibelungenbrücke".

Tip: via de brug komt u eenvoudig in het centrum

Linz ≈km **2135R**

postcode: 4020; netnummer: 0732

Tourist-Information, Hauptpl. 1, ✆ 70701777

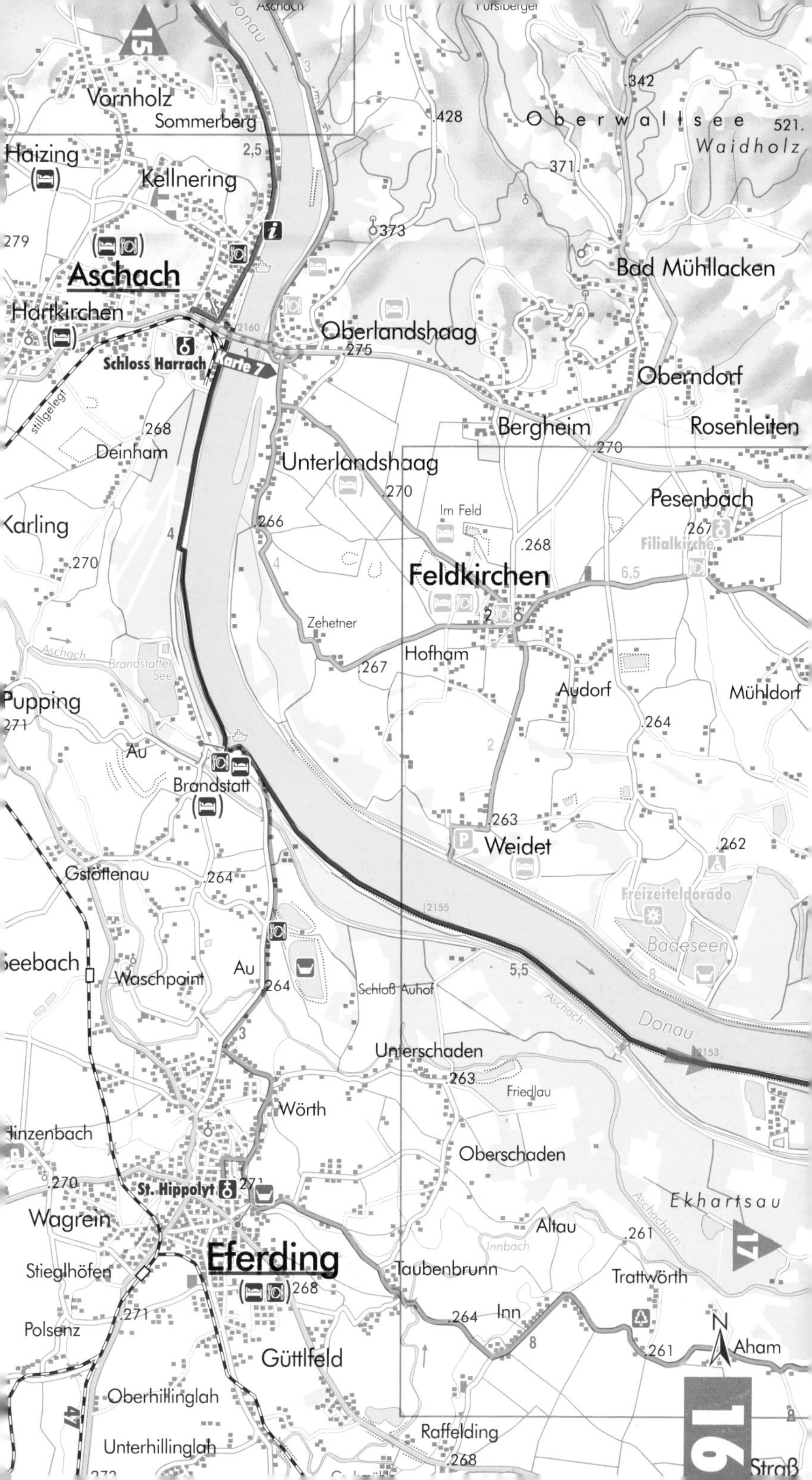

15
Vornholz
Sommerberg
Haizing
Kellnering
Aschach
Hartkirchen
Schloss Harrach
Karte 7
stillgelegt
Deinham
Karling
Pupping
Brandstätter See
Au
Brandstatt
Gstöttenau
Seebach
Waschpoint
Hinzenbach
St. Hippolyt
Wagrein
Eferding
Stieglhöfen
Polsenz
Güttlfeld
Oberhillinglah
Unterhillinglah
Raffelding
Donau
Oberwallsee
Waidholz
Bad Mühllacken
Oberlandshaag
Oberndorf
Bergheim
Rosenleiten
Unterlandshaag
Pesenbach
Filialkirche
Im Feld
Feldkirchen
Zehetner
Hofham
Audorf
Mühldorf
Weidet
Freizeiteldorado
Badeseen
Schloß Auhof
Unterschaden
Friedlau
Wörth
Oberschaden
Ekhartsau
Aschacharm
Altau
Innbach
Taubenbrunn
Trattwörth
Inn
Aham
17
16
Straß
47

⛴ **Donauschiffahrt Wurm + Köck**, Untere Donaulände 1, ✆ 783607, april-okt. dagelijks naar Passau, fiets meenemen gratis.

🏛 **Landes Galerie (Francisco Carolinum)**, Museumstr. 14, ✆ 7744820, open: di-vr 9-18, za, zo, fstd. 10-17. Museum moderne en hedendaagse kunst en speziale tentoonstellingen.

🏛 **Ars Electronica Center**, Hauptstr. 2, ✆ 72720, open: wo-don 09.00-17.00uur, vrij. 09.00-21.00uur, zat.-zon. 10.00-18.00uur Toekomstmuseum. Thema's: technologie en ideeën van de 21e eeuw.

🏛 **Schlossmuseum**, Tummelpl. 10, ✆ 774419, open: di-vr 9-18, za, zo, fstd. 10-17. Kunst- en kultuurhistorische verzamelingen van de vroege middeleeuwen tot Jugendstil, verder wapen-, muziekinstrumenten en meubelverzamelingen, kunsthandwerk en volkskundige stukken. Iedere 1e zon.v.d. mnd. Gratis voor gezinnen.

🏛 **Nordico – Museum der Stadt Linz**, Dametzstr. 23, ✆ 70701900, open: ma-vr 9-18, za, zo, fstd. 14-17. Grote speciale tentoonstellingen, info bij het VVV.

🏛 **Literatuurmuseum StifterHaus**, Adalbert-Stifter-Pl. 1, ✆ 7720-11294, open: di-zo-feestd. 10.00-15.00uur In dit huis leefde de schepper van de literaire werken „Nachsommer" en „Witiko" 20 jaar tot zijn dood in 1868. Tegenwoordig o.a. Stiftermonument en Opper-Oostenrijks literatuurmuseum.

Linz in de „Klangwolke"

Linzer Schloss, Tummelpl. 10. Voormalige Babenbergse grensvesting tegen Beieren, in maniëristische stijl verbouwd rond 1600 onder Rudolf II. Hier kwam de eerste Oostenrijkse rijksdag bijeen. Bezienswaardig zijn de feestzaal en de gereconstrueerde Weinberger slotapotheek uit 1700.

Martinskirche, Römerstr. Oudste in de oorspronkelijke vorm behouden gebleven kerk van Oostenrijk (bekend sinds 799). Bovenop Romeinse muren vond men hier fundamenten van de pijlerbogenhal van een Karolongische koningspaleis.

🏛 **Brucknerhaus**, Untere Donaulände 7. ✆ 76120, Modern concert- en congreshuis en centrum van het Brucknerfeest met een akoestiek die internationaal als voorbeeld geldt.

Neuer Dom, Baumbachstr. Grootste - 20.000 gelovigen vinden hier een plaats - Oostenrijkse kerkbouwwerk sinds de Barok, gebouwd 1862-1924. Opmerkelijk zijn de gebrandschilderde vensters met scènes uit Linz' geschiedenis.

Minoritenkirche, Klosterstr. Dit charmante barokbouwwerk ontstond tijdens de 2e helft van de 18e eeuw in een nevengebouw van het 1236 gestichte minorietenklooster.

StadtParochiekerk, Pfarrpl. In deze barokke nieuwbouw uit 1648 vindt u een graftafel voor hart en ingewanden van Keizer Frederik III.

Wallfahrtskirche Pöstlingberg. De bedevaart ontstond door de wondergenezing van vorst Gundomer von Starhemberg; de reeds van verre zichtbare kerk, kenmerk van Linz, is uit 1738-47.

Landhaus, Promenade. Opper-Oostenrijks provinciehuis; renaissancebouwwerk uit de 16e eeuw, met enige bezienswaardigheden, o.a. de bogengaanderij met de zgn. Planetenbrunnen.

Drievuldigheidszuil, Hauptpl. 20 Meter hoge barokzuil, uit dankbaarheid voor de redding van oorlogsgevaar, pest en branden rond 1700 gebouwd.

🏛 **Mozarthaus**, Altstadt 17. Mozart was in dit renaissancebouwwerk uit de 2e helft van de 16e eeuw te gast bij de graaf van Thun en componeerde hier zijn „Linzer Symphonie".

Grottenbahn am Pöstlingberg, open: 1. mrt-mei, sept.-2 nov. Dagelijks 10.00-18.00uur. Sprookjeswereld voor groot en klein,

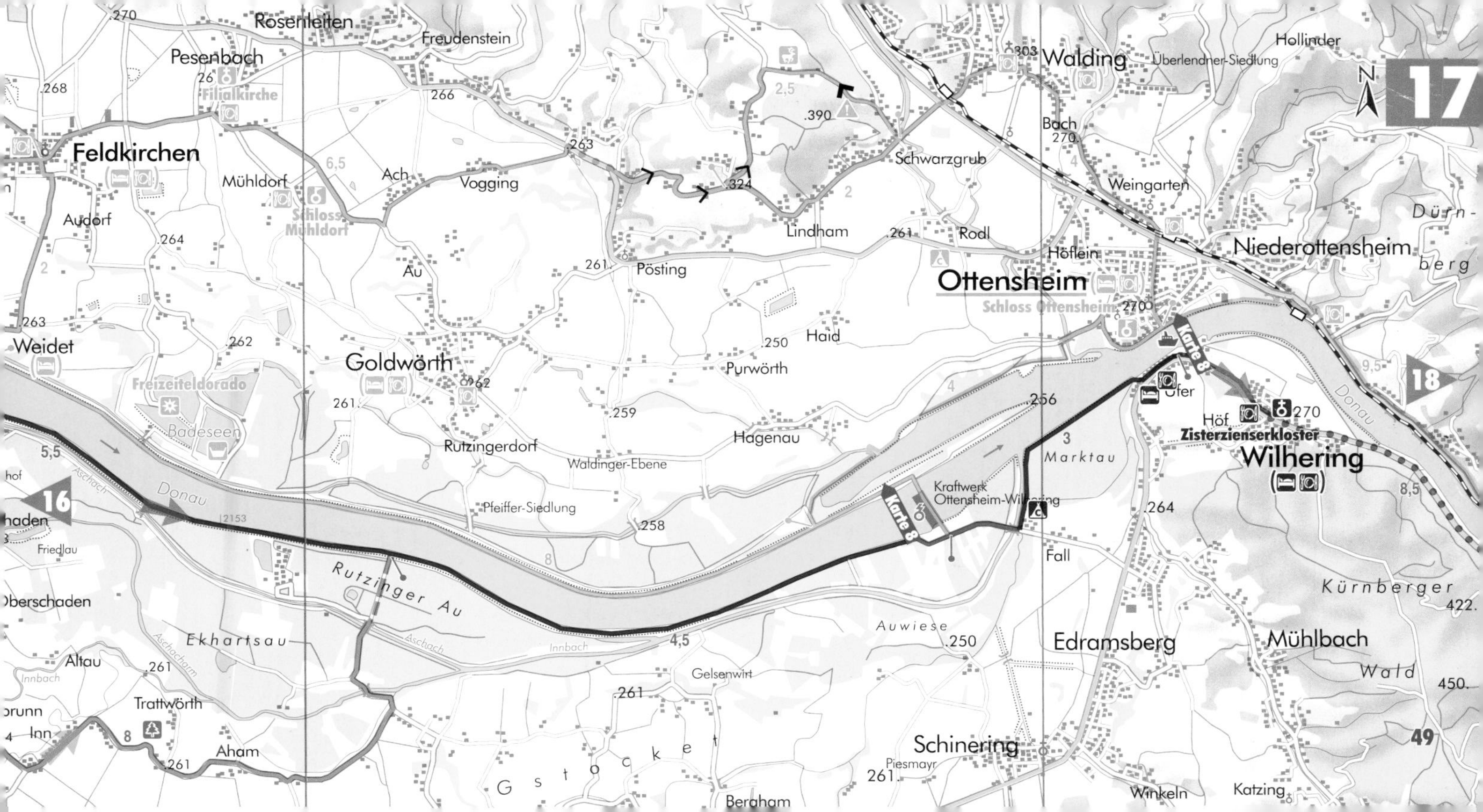
17
18
16
Rosenleiten
Freudenstein
Pesenbach
Filialkirche
Feldkirchen
Mühldorf
Schloss Mühldorf
Ach
Vogging
Audorf
Au
Pösting
Lindham
Rodl
Höflein
Walding
Überlendner-Siedlung
Hollinder
Bach
Schwarzgrub
Weingarten
Niederottensheim
Ottensheim
Schloss Ottensheim
Dürnberg
Weidet
Goldwörth
Freizeiteldorado
Badeseen
Haid
Purwörth
Hagenau
Rutzingerdorf
Waldinger-Ebene
Pfeiffer-Siedlung
Kraftwerk Ottensheim-Wilhering
Marktau
Ufer
Höf
Zisterzienserkloster
Wilhering
Karte 8
Donau
Aschach
Rutzinger Au
Ekhartsau
Innbach
Aschacharm
Friedlau
Oberschaden
Altau
Trattwörth
Inn
Aham
Auwiese
Gelsenwirt
Fall
Edramsberg
Mühlbach
Kürnberger Wald
Schinering
Piesmayr
Gstocket
Beraham
Winkeln
Katzing

Neuer Dom, Linz

vol verhalen over dwergen, reuzen en betoverde prinsen.

Botanischer Garten, Roseggerstr. 20-22, ✆ 70701860, open: dag. Bezienswaardig, 4,25 ha groot complex met meer dan 10.000 soorten, bekende cactusverzameling, rosarium, alpinum en tropenhuis.

Pöstlingbergbahn, dalstation in de wijk Urfahr. Stijlste adhesietreinspoor der wereld - sinds 1898 worden iedere dag 255 meter verval overbrugd -, loopt naar de bedevaartskerk en een bij de Linzers geliefd uitzichtspunt.

Etzlstorfer GmbH, Huemerstr. 12, ✆ 779085, open: ma-vr 8-12 en 13.30-18.

Brückl GmbH & Co KG, Herrenstr. 54, ✆ 777276, open: ma-vr 8-12.30 en 13.30-18, za 9-12.

Toen zout en ijzer de wereldmarkt nog bepaalden, werd de kleine Romeinse nederzetting Lentia uitgebreid met een enorm marktplein. Keizer Maximiliaans brugbrief van 1497 leidde een ontwikkeling in, die Linz en haar jaarmarkten in de 16e en 17e eeuw tot Europese roem verhielp. Economisch gezien beheerste het middeleeuwse marktplein nog het barokke en vroegindustriële Linz, tegenwoordig heeft de haven deze rol overgenomen. Haar industriële karrière begon de stad al vroeg; hier ontstond de eerste grote onderneming op het Europese continent.

In de laatste tijd is Linz echter minder door de slechte lucht in het nieuws, maar meer met nieuwe iniatieven op cultureel gebied. Zoals de Ars Elecronica, die sinds 1979 technisch en technologisch innovatief werk van gerenommeerde kunstenaars presenteert, Anton Brucknerfest of Linzer Klangwolke. Wat betreft computerkunst is Linz internationaal een begrip. Zo moet het imago van een provinciale industriestad langzaam plaatsmaken voor het flair van toekomstbepalend modernisme.

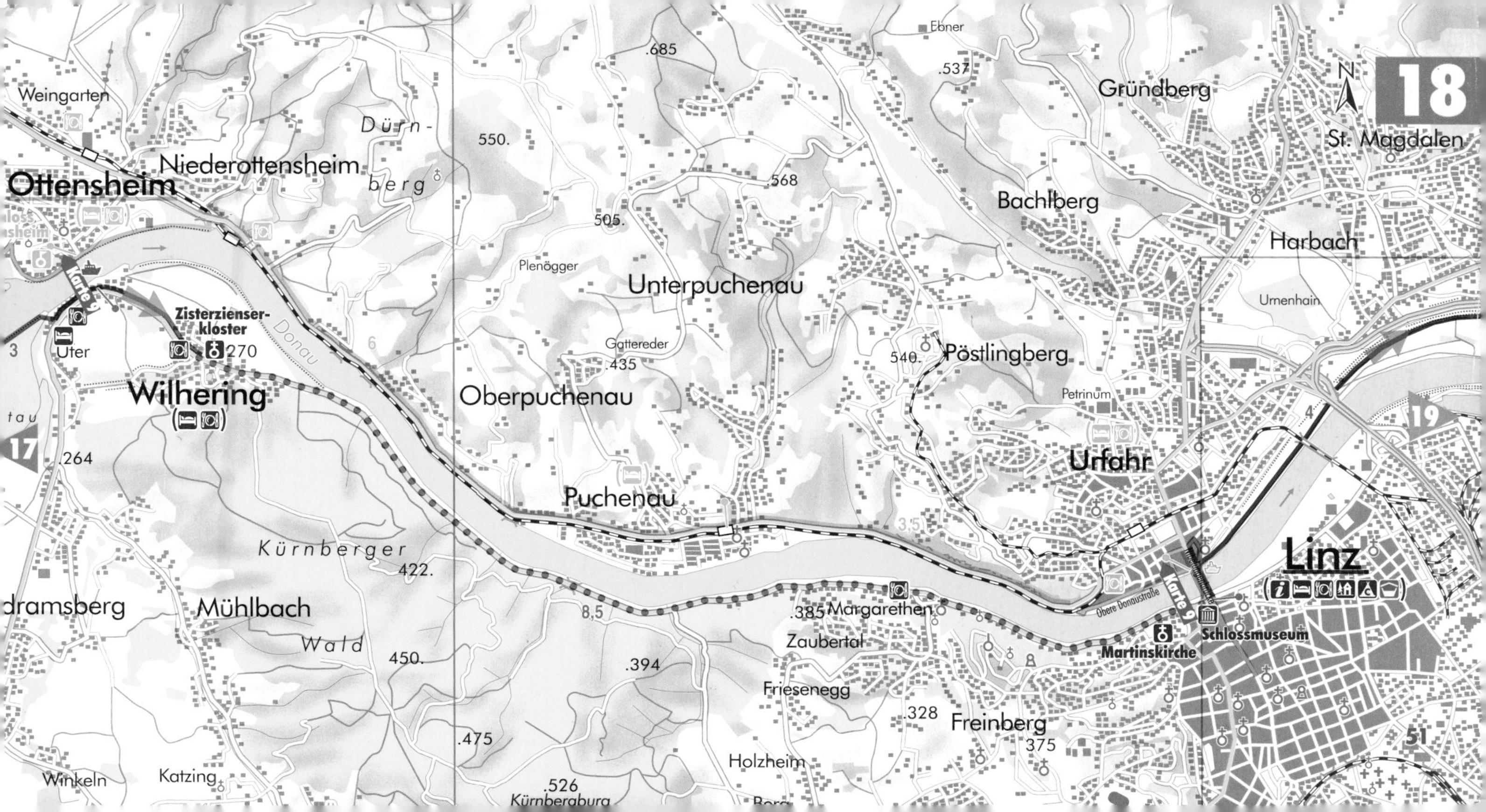
18
Weingarten
Ottensheim
Niederottensheim
Dürn-
berg
550.
.685
Ebner
.537
Gründberg
St. Magdalen
.568
505.
Bachlberg
Harbach
Plenögger
Unterpuchenau
Umenhain
Zisterzienser-
kloster
270
Uter
Donau
Karte 9
Gattereder
.435
540.
Pöstlingberg
Petrinum
Wilhering
Oberpuchenau
19
17
.264
Urfahr
Puchenau
Kürnberger
422.
Linz
dramsberg
Mühlbach
8,5
.385
Margarethen
Obere Donaustraße
Schlossmuseum
Martinskirche
Wald
450.
.394
Zaubertal
Friesenegg
.328
Freinberg
375
51
.475
Holzheim
Winkeln
Katzing
.526
Kürnbergburg

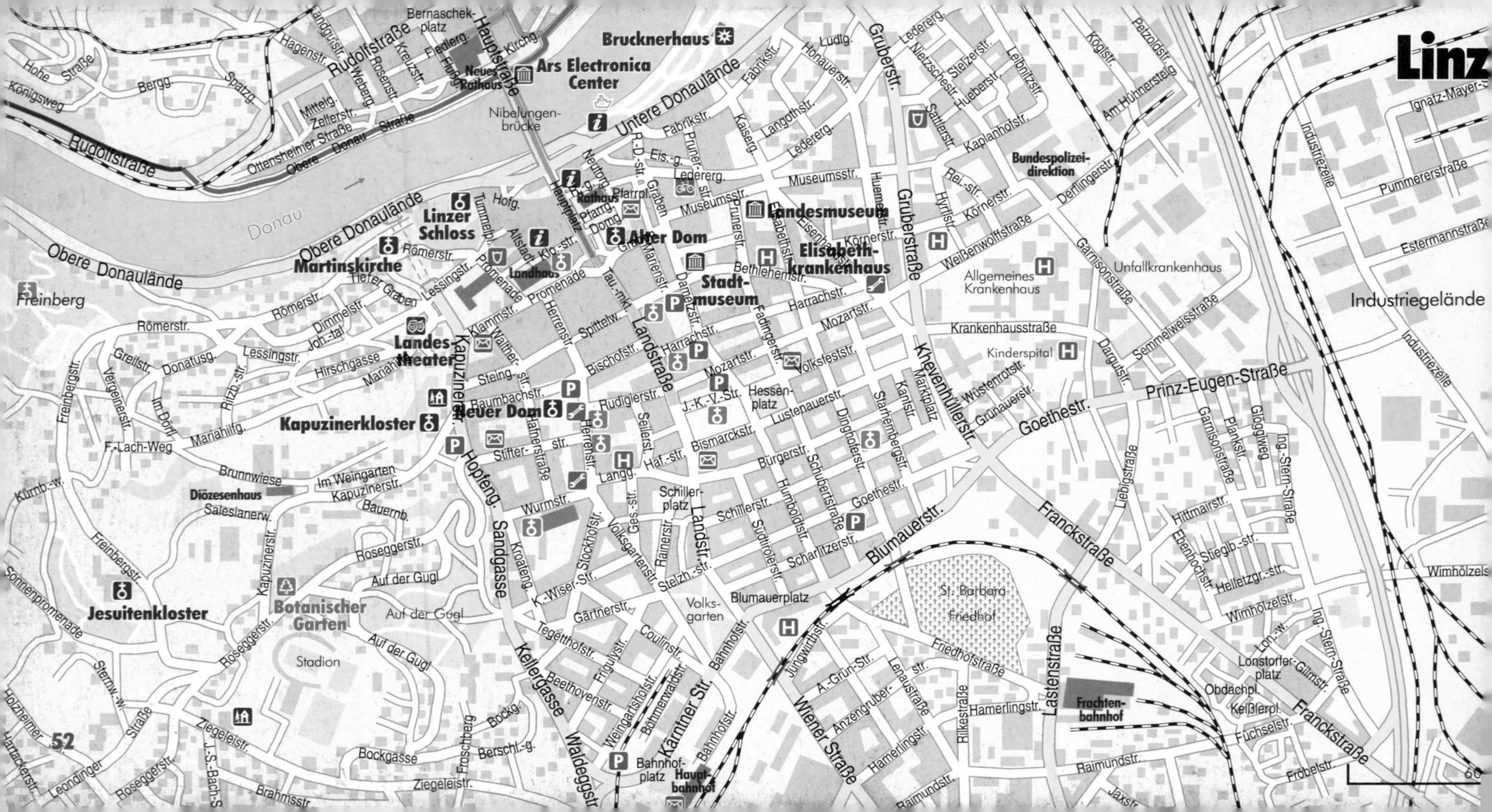

Linz
Bernaschek-platz
Hauptstraße
Rudolfstraße
Hagenstr.
Landgutstr.
Weberg.
Rosenstr.
Kreuzstr.
Fiedlerg.
Flußg.
Kirchg.
Neues Rathaus
Ars Electronica Center
Brucknerhaus
Nibelungen-brücke
Untere Donaulände
Hohe Straße
Königsweg
Bergg.
Spatzg.
Mittelg.
Zellerstr.
Ottensheimer Straße
Obere Donau Straße
Rudolfstraße
Donau
Obere Donaulände
Linzer Schloss
Martinskirche
Römerstr.
Tummelpl.
Hofg.
Altstadt
Klo.-str.
Landhaus
Promenade
Rathaus
Pfarrpl.
Pfarrg.
Domg.
Alter Dom
Graben
Neutorg.
Hauptplatz
R.-D.-str.
Eis.-g.
Fabrikstr.
Ledererg.
Pruner-str.
Museumsstr.
Landesmuseum
Elisabeth-krankenhaus
Stadt-museum
Kaiserg.
Langothstr.
Ludlg.
Honauerstr.
Gruberstr.
Gruberstraße
Huemerstr.
Elisabethstr.
Eisenhandstr.
Bethlehemstr.
Harrachstr.
Mozartstr.
Volksfeststr.
Fadingerstr.
Dametzstr.
Marienstr.
Landstraße
Nietzschestr.
Stelzerstr.
Leibnitzstr.
Hueberstr.
Sattlerstr.
Kaplanhofstr.
Am Hühnersteig
Köglstr.
Petzoldstr.
Bundespolizei-direktion
Derflingerstr.
Rei.-str.
Hyrtlstr.
Körnerstr.
Weißenwolffstraße
Garnisonstraße
Allgemeines Krankenhaus
Unfallkrankenhaus
Industriegelände
Industriezeile
Ignatz-Mayer-Str.
Pummererstraße
Estermannstraße
Krankenhausstraße
Kinderspital
Semmelweisstraße
Dargutstr.
Prinz-Eugen-Straße
Wüstenrotstr.
Grünauerstr.
Goethestr.
Khevenhüllerstr.
Marktplatz
Kantstr.
Starhembergstr.
Dinghoferstr.
Hessen-platz
J.-K.-V.-Str.
Lustenauerstr.
Rudigierstr.
Bischofstr.
Spittelw.
Herrenstr.
Klammstr.
Walther-str.
Steing.
Baumbachstr.
Neuer Dom
Freinberg
Römerstr.
Dimmelstr.
Joh.-tal
Tiefer Graben
Lessingstr.
Landes-theater
Kapuzinerstr.
Greilstr.
Donatusg.
Lessingstr.
Hirschgasse
Mariahilfg.
Freinbergstr.
Vergeinerstr.
Im Dorf
Ritzb.-str.
Kapuzinerkloster
F.-Lach-Weg
Brunnwiese
Im Weingarten
Kapuzinerstr.
Diözesenhaus
Salesianerw.
Bauernb.
Kürnb.-w.
Hafnerstraße
Stifter-str.
Hopfeng.
Herrenstr.
Langg.
Seilerst.
Haf.-str.
Bismarckstr.
Bürgerstr.
Humboldtstr.
Schubertstraße
Goethestr.
Schillerstr.
Schiller-platz
Südtirolerstr.
Scharlitzerstr.
Blumauerstr.
Wurmstr.
Sandgasse
Kroateng.
Stockhofstr.
Volksgartenstr.
Ges.-str.
Rainerstr.
Landstr.
Stelzh.-str.
K.-Wiser-Str.
Roseggerstr.
Auf der Gugl
Botanischer Garten
Jesuitenkloster
Sonnenpromenade
Freinbergstr.
Kapuzinerstr.
Gärtnerstr.
Tegetthoffstr.
Figulystr.
Coulinstr.
Volks-garten
Blumauerplatz
Bahnhofstr.
Stadion
Roseggerstr.
Sternw.-w.
Holzheimer Str.
Hartackerstr.
Leondinger Straße
Roseggerstr.
Ziegeleistr.
J.-S.-Bach-Str.
Brahmsstr.
Beethovenstr.
Kellergasse
Weingartshofstr.
Böhmerwaldstr.
Kärntner Str.
Bahnhofstr.
Waldeggstr.
Bahnhof-platz
Haupt-bahnhof
Bockgasse
Bockg.
Berschl.-g.
Froschberg
Ziegeleistr.
Jungwirthstr.
A.-Grün-Str.
Anzengruberstr.
Lenaustraße
Wiener Straße
Hamerlingstr.
Raimundstr.
Rilkestraße
Hamerlingstr.
St. Barbara Friedhof
Friedhofstraße
Lastenstraße
Frachten-bahnhof
Franckstraße
Liebigstraße
Garnisonstraße
Plankstr.
Glöcklweg
Ing.-Stern-Straße
Hittmairstr.
Ebenhochstr.
Stieglb.-str.
Helletzgr.-str.
Wimhölzelstr.
Wimhölzelstr.
Lon.-w.
Lonstorfer-platz
Obdachpl.
Keißlerpl.
Fuchselstr.
Gillmstr.
Raimundstr.
Fröbelstr.
Jaxstr.

Van Linz naar Melk via de noordoever 107 km

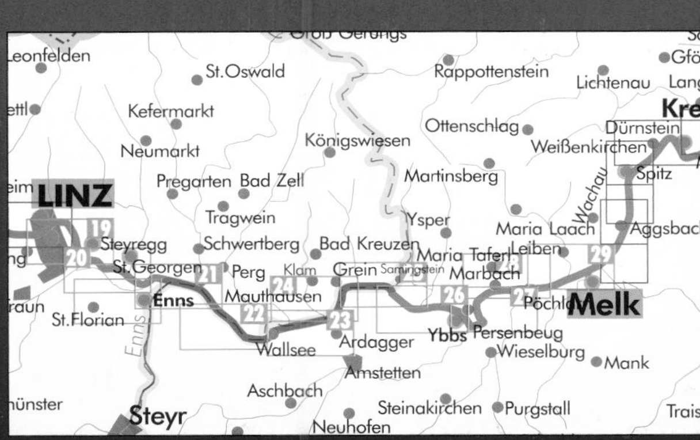

Voorbij Linz komt u weer in landelijk gebied. Fraaie stadjes zoals Steyregg en Grein liggen op uw route net zoals het spannende openluchtmuseum in Mitterkirchen. Maar eveneens een overblijfsel uit een donker hoofdstuk van de geschiedenis; het voormalige concentratiekamp Mauthausen. De route gaat verder door het fascinerende landschap van Strudengau. In vroeger tij werd de stroomversmalling hier gevreesd door menige schipper. Hierna stroomt de Donau door het lieflijke Nibelungengau.

Van Linz tot Abwinden loopt de route over de noordoever. Via fietspaden en rustige weggetjes loopt de route naar Melk. Zonder fietspad en daardoor redelijk druk is het gedeelte tussen Grein en Persenbeug. Alleen wanneer men naar het voormalig concentratiekamp Mauthausen fietst moet er geklommen worden.

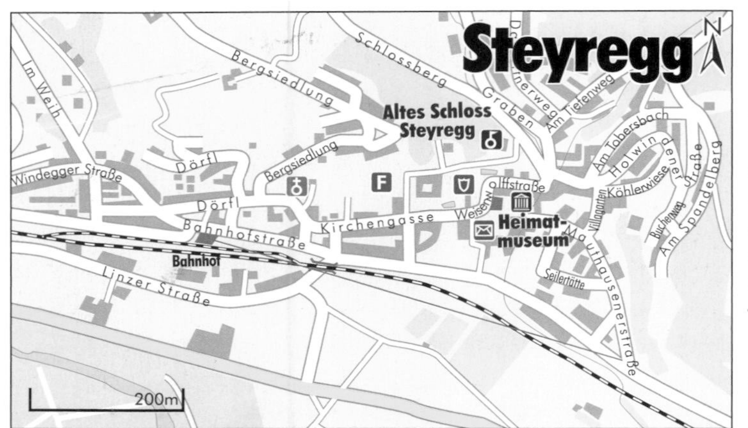

Van Linz naar Abwinden 15,5km

In Linz gaat het **Donaufietspad** onder de **Nibelungenbrücke** door en verloopt dan direct over de noordelijke oever. Aan de overkant neemt het centrum afscheid door en blik te bieden op het moderne Bruckner-Haus. Een allee voert u tussen wilgen en ahorn naar de stalen spoorbrug, waar de route de oeverweg verlaat en 100 meter landinwaarts onder de brug doorgaat. Rechts van de dijk laat u ook de autosnelweg achter u en fietst dan rustig langs de Pleschinger Au.

Tip: Na 2km kunt u de dijk opfietsen. Daarachter ligt de Pleschinger See met restaurant, camping en nudistenterrein. Aan de rechteroever bevindt zich de haven, het industriegedeelte van Linz, zoals de fabrieken van Voest Alpine Stahl en die van Chemie-Linz AG. Ondanks dit heeft Linz van de stedelijke gebieden de schoonste lucht. Dus naast arbeidsplaatsen zorgen de concerns ook nog goed voor het milieu.

Linz, Hauptplatz

Langs deze verschillende landschapstypen en fabrieken volgt u de Donau en fietst u onder de dubbele straat-/spoorbrug door. Na ruim één kilometer heeft u het geliefde stadje Steyregg bereikt. Grotendeels goed over asfalt berijdbaar en bewegwijzerd is de 1,5 km lange weg door het stadje met als duidelijk overheersend beeld: het oude kasteel.

Steyregg L

postcode: 4221; netnummer: 0732

Gemeentehuis, Weißenwolffstr. 3, ✆ 640155/640082

Klein Museum, in de stadstoren met overblijfselen uit het stenen tijdperk.

♿ **Parochiekerk St. Stephan**, Kircheng. Bij de laatste restauratie in 1951 werden fresco's gevonden, die tot de oudste in het „Bajuwarisch" cultuurgebied behoren.

♿ **Altes Schloss**, Schlossberg. 2e helft 13e eeuw met fresco's uit 14e eeuw.

♿ **Kloster Pulgarn**, 2 km oostelijk van de fietsroute. Ontstaan in 1303 als verpleeghuis, tegenwoordig behorend tot het klooster St. Florian. De laatgotische kloosterkerk (1512) heeft een goede ruimtelijke werking.

Via het jaagpad langs de motor/jachthaven Steyregg-Rosenau richting de energiecentrale Abwinden-Asten. Aan de overkant stroomt de **Traun** de Donau in. Vroeger een belangrijke handelsroute. Uit de langzaam beginnende Machlandvlakte stijgt alleen de 400 meter hoge kegelvormige Luftenberg eenzaam omhoog.

▲ 2 Kilometer na de afslag naar Steyregg wijkt het fietspad met een gevaarlijke, onoverzichtelijke bocht naar rechts voor een jachthaven uit.

Over de goed bestrate dijk fietst u verder.

Tip: Vanaf deze stuw kunt u de reis op verschillende manieren voortzetten: de noord-

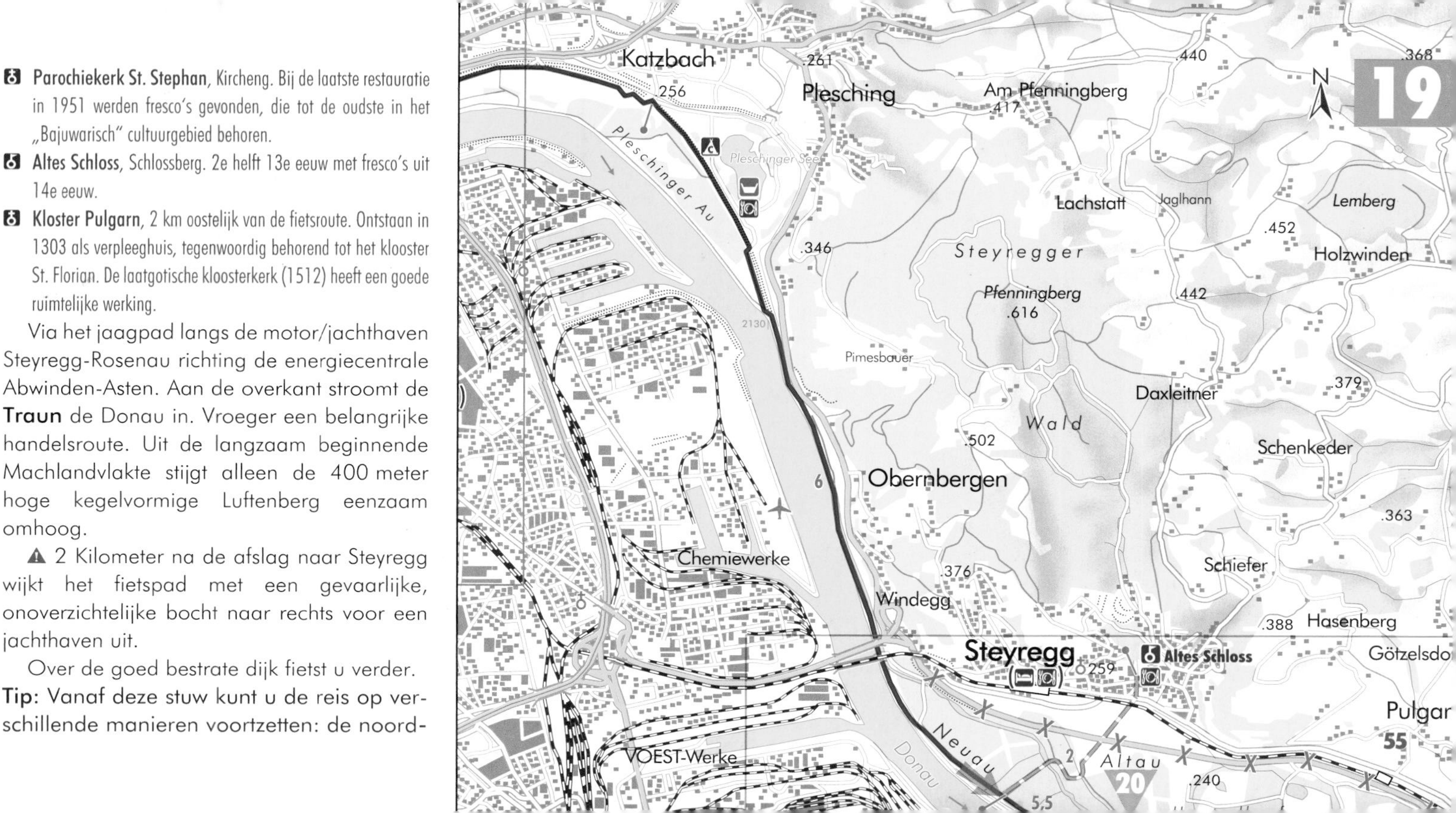

oevervariant gaat hier links van de Donau weg en komt bij Mauthausen weer terug. Een omweg naar het vroegere concentratiekamp biedt zich hier aan. Aanbevelenswaardige alternatieven voor de hoofdroute liggen op de rechteroever, bijv. het bewegwijzerde uitstapje naar het klooster St. Florian en dan verder naar Enns, of direkt over rustige wegen naar de historische stad Enns, of naar het veer bij Mauthausen. De verschillende routes komen weer samen bij de fietspont naar Mauthausen of bij de Donaubrug achter Enns/Mauthausen. Voor de routes op de zuidoever kunt u verder lezen op blz. 80.

Van Abwinden naar Mauthausen *9km*

Vlak voor de **stuw Abwinden-Asten** verlaat de noordelijke route de Donauoever voor een poosje. U fietst over een zijarm van de Donau en onder de rijksweg door. Daarna zwenkt u naar rechts en komt in **Abwinden**.

Abwinden

In het stadje nodigen meerdere café's en restaurants u uit voor een verdiende pauze. Als u rechtdoor over de hoofdweg verder fietst, passeert u het station van **St. Georgen a. d. Gusen**.

Tip: Hiervandaan kunt u met de trein meerdere aantrekkelijke plekjes in het Mühlviertel bezoeken.

Rechtsaf slaan het riviertje Gusen over bij de hoofdweg rechtsaf; aan uw linkerhand is het centrum van St. Georgen a.d. Gusen.

St. Georgen a. d. Gusen L

postcode: 4222; netnummer: 07237

i Gemeenthehuis, ✆ 22550.

De route loopt verder door Gusen en Langenstein.

Archeologie geïnteresseerden opgelet: Ongeveer 1 km ten zuidoosten van Gusen rijst uit het Donaudal verrassend een 12 meter hoge heuvel op. De ***„Berglitzl"*** *is een monument van de prehistorische vestigingsgeschiedenis in het Donaudal. Door een granietwal, die de eroderende kracht van de rivier wist te trotseren, bleef het jachtkamp van een laat-ijstijdelijke (tot 12.000 v.C.) gemeenschap behouden. Het is de oudste nederzetting in Opper-Oostenrijk.*

Langenstein

postcode: 4222; netnummer: 07237

i Gemeentehuis, ✆ 2370

✲ Concentratiekamp Gusen – bezoekerscentrum, Georgestr. 6 open: april-sept. di-vr 09.00-17.30uur, za/zon 9.30-17.30uur; 1 okt.-31 mrt. Za/zon/feest. 09.30-17.30uur Het bezoekerscentrum werd in 2004 geopend en dokumenteert aan de hand van plattegronden, foto's de geschiedenis van het kamp, waar tussen 1939 en 1945 minstens 71 000 personen gevangen hebben gezeten en minstens 38 500 personen ter dood zijn gebracht.

Langenstein, de volgende plaats op de route, doorkruist u rechtdoor. Na een lange bocht fietst u naar de brug over de Rieder Bach, die hier in de Donau mondt.

Tip: Wanneer u de gedenkplaats van het voormalige concentratiekamp Mauthausen will bezoeken, moet u hier direct linksaf slaan.

De hoofdroute gaat echter rechtsom verder, lees verder na de plaatsinformatie Mauthausen.

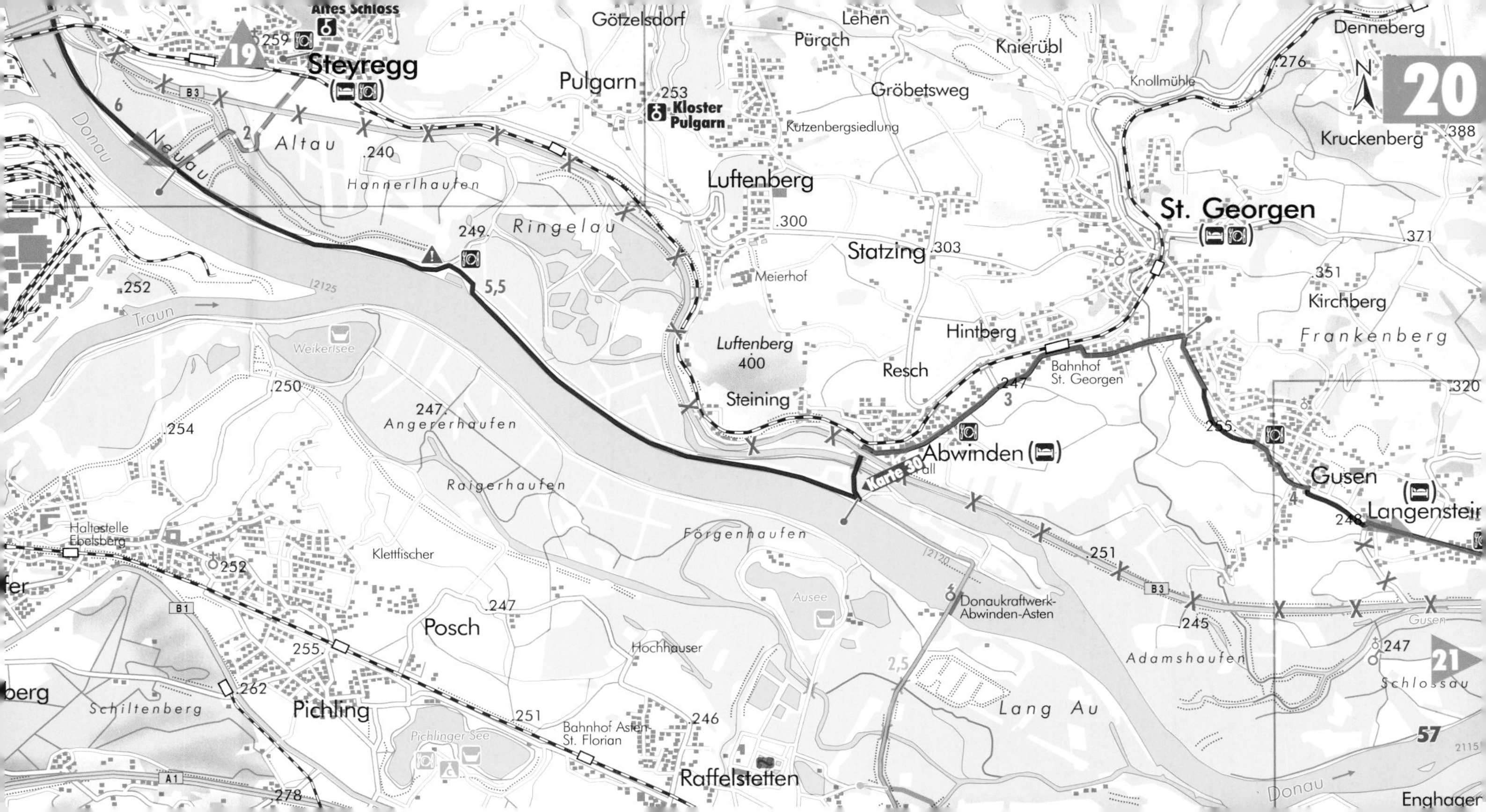

Altes Schloss
19
259
Steyregg
Götzelsdorf
Lehen
Pürach
Knierübl
Denneberg
276
20
Pulgarn
253
Kloster Pulgarn
Gröbetsweg
Knollmühle
Kutzenbergsiedlung
Kruckenberg
388
B3
6
Donau
Neulau
2
Altau
240
Hannerlhaufen
Luftenberg
300
St. Georgen
Statzing
303
371
249
Ringelau
Meierhof
351
252
5,5
Kirchberg
2125
Traun
Weikerlsee
Luftenberg
400
Hintberg
Frankenberg
Resch
Bahnhof St. Georgen
250
247
3
320
Steining
247
Angererhaufen
254
255
Abwinden
Karte 30
Gusen
Raigerhaufen
4
Langenstein
248
Förgenhaufen
Haltestelle Ebelsberg
Klettfischer
252
251
2120
B3
Donaukraftwerk-Abwinden-Asten
B1
Ausee
245
247
Posch
255
Hochhauser
Adamshaufen
Gusen
247
21
2,5
Schlossau
262
Schiltenberg
Pichling
251
Lang Au
246
Pichlinger See
Bahnhof Asten-St. Florian
57
2115
A1
278
Raffelstetten
Donau
Enghager

Naar het monument Mauthausen 5,5 km

Vanuit het dal van de Rieder Bach (Wienergraben) een kleine kilometer.

Tip: Voor het vervolg van de route naar het monument Mauthausen 2 mogelijkheden: de eerste is korter en volgt de herinneringstraat, die hier naar rechts draait. Één kilometer en 14 procent stijging verder heeft u uw doel bereikt.

De tweede mogelijkheid is minder steil maar langer. Ze blijft aan de Rieder Bach en leidt langs twee steengroeves, waar eens de gevangenen graniet moesten winnen.

Mauthausen

Een stukje verderop, bij het Gasthof, slaat u rechtsaf de Marbachstr. in. Hiervandaan gaat het door twee scherpe bochten bergop. Boven aangekomen ziet u het gerestaureerde slot Marsbach voor u.

Voor het slot slaat u rechtsaf de aanvankelijk slecht berijdbare veldweg in, die echter na een paar honderd meter al weer geasfalteerd is. Langs boerderijen fietsend, bereikt u dan na een markante bocht naar rechts tenslotte de achterkant van het vroegere werkkamp. Bezoektijden voor monument en tentoonstelling: 9-17.30u, toelating tot 16.45u

Wie nu door het zachte Donaudal van het Mühlviertel fietst, kan zich nauwelijks voorstellen, dat hier van 1938-1945 mensen zijn vergast „op de vlucht" neergeschoten of van de steile hellingen van de granietgroeves gegooid. De crematoria van Gusen, Melk en Mauthausen brandden dag en nacht. Tijdens de naziheerschappij stierven in Mauthausen 123.000 mensen.

Tip: Met goede remmen gaat u natuurlijk over de eerste variant snel weer terug!

Na de splitsing richting monument bereikt u op de hoofdroute al snel de plaats Mauthausen. Na de sportvelden slaat u rechtsaf richting pont. Afslaan in de J. Czerwenka-Str. voor de rijksweg draait u naar links en fietst over het fietspad direkt het schilderachtige centrum in.

Mauthausen ≈km 2112 L

postcode: 4310; netnummer: ✆ 07238

- **Fremdenverkehrsverband**, Heindlkai, ✆ 2243
- **Rad-Infostelle**, Heindlkai, ✆ 3860
- **Donaufietsveer Mauthausen**, ✆ 07223/82315, mei-aug. 9-19, sept. 9-18. In de weekends staat bovendien de stadsaanlegplaats Enns in Ennshafen ter beschikking.

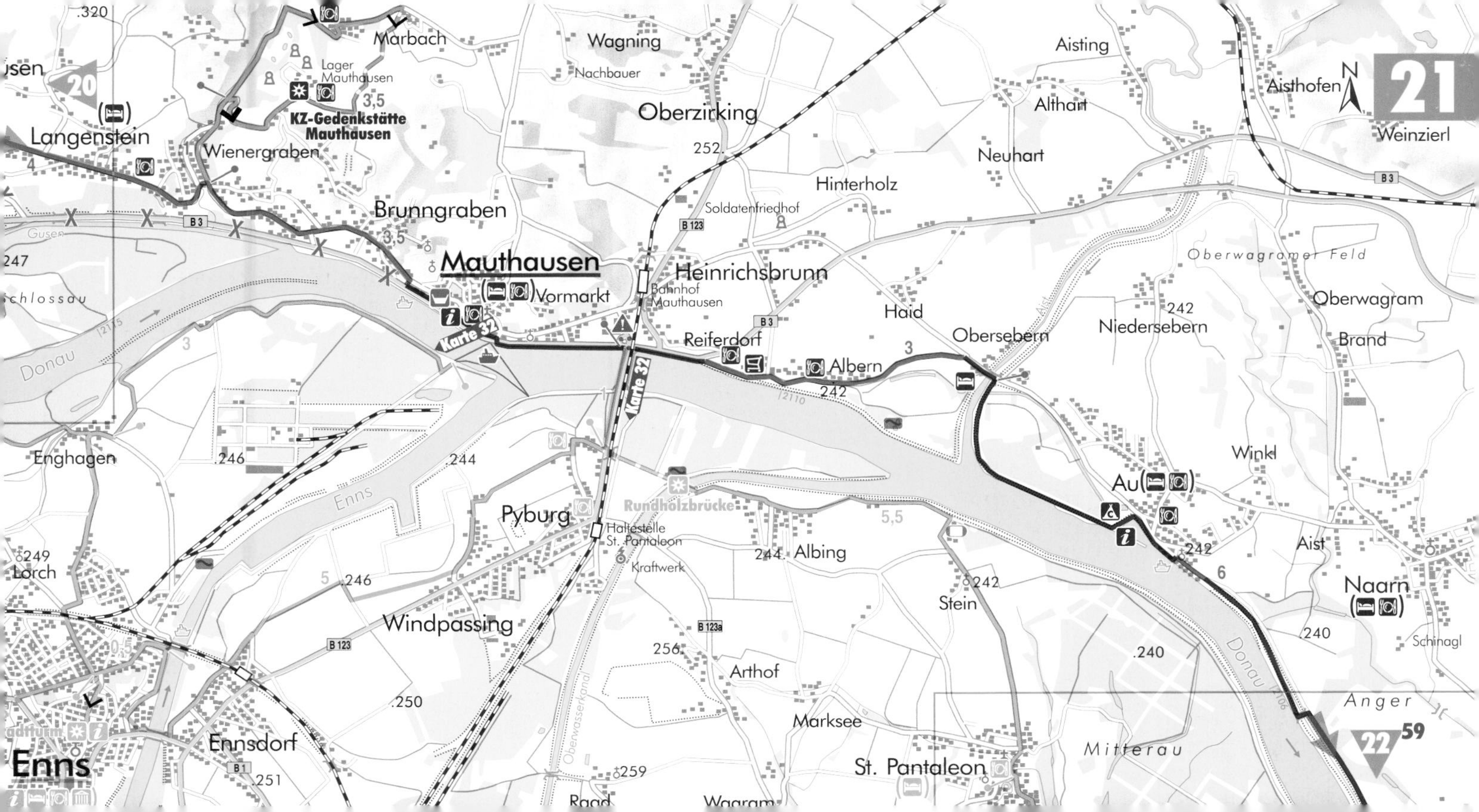

21
Marbach
Wagning
Aisting
Aisthofen
Weinzierl
Lager
Mauthausen
KZ-Gedenkstätte
Mauthausen
Nachbauer
Oberzirking
Althart
Langenstein
Wienergraben
Neuhart
Hinterholz
Brunngraben
Soldatenfriedhof
Mauthausen
Heinrichsbrunn
Vormarkt
Bahnhof
Mauthausen
Oberwagramer Feld
Haid
Oberwagram
Reiferdorf
Obersebern
Niedersebern
Brand
Albern
Karte 32
Donau
Enns
Enghagen
Winkl
Au
Pyburg
Rundholzbrücke
Haltestelle
St. Pantaleon
Kraftwerk
Albing
Aist
Lorch
Stein
Naarn
Windpassing
Schinagl
Arthof
Marksee
Anger
Ennsdorf
Mitterau
Enns
St. Pantaleon
Raad
Wagram
Oberwasserkanal
Schlossau
Gusen
Aist
20
22

De jachthaven van Au/Donau

🏛 **Heimat – und Trophäenmuseum in kasteel Pragstein**, Schlossg. 1 tel. ✆ 3679, OT: mei-okt., di + do. 17.00-19.00u, slechts na aanmelding via tel. 2590

✲ **KZ-Gedenkstätte Mauthausen**, Erinnerungsstr. 1, 4 kilometer noordwestelijk. Bezoektijden: dag. 9-17.30 toelating tot 16.45.

♁ **Kasteel Pragstein**, Schlossg. 1 ✆ 3679. Bezienswaardig kasteel uit 1492. Vanaf mei 2007 wordt er ook een apothekersmuseum ondergebracht.

♁ **Parochiekerk zum Hl. Nikolaus**. Laatgotische hallenkerk met fraaie hoogaltaarschildering, en laat werk van Martin Johann Schmidt, de „Kremser" (1796/97).

✲ **Karner**. In deze romaanse rondbouw, een zgn. „knekelhuis" vindt men resten van figurale en ornamentale wandschilderingen uit de late 13e eeuw.

✲ **Stadsgezicht**. Opvallend de statige huizen aan de Donaukade met hun vrolijke gevels, voornamelijk in 17e-eeuwse barokstijl.

Over de gotische marktplaats Mauthausen, voor het eerst genoemd in een oorkonde uit 1208, wordt verteld, dat Frederik Barbarossa met zijn kruisvaartlegers hier doorgetrokken is. De bewoners wilden de keizer niet zonder meer laten passeren en eisten tol. De keizer vernietigde hierop het gehele dorp. Dat latere reizigers niet zo bekrompen waren, bewijzen de laatgotische hallenkerk en andere prachtige bouwwerken, die met tolgeld zijn gefinancierd.

Van Mauthausen naar Mitterkirchen 20,5 km

U verlaat **Mauthausen** over het oeverfietspad in oostelijke richting.

Tip: Voor de Donaubrug tussen Heinrichsbrunn en Pyburg kunt u voor de verdere route uit twee mogelijkheden kiezen: de noordroute gaat rechtdoor de brug onder-

Prehistorisch openluchtmuseum Mitterkirchen

door en loopt tot de stuw Wallsee-Mitterkirchen over de dijk door de uiterwaarden. De brug bij stuw Wallsee-Mitterkirchen is dag en nacht geopend.

Als u echter zin heeft in een rustige tocht van dorp tot dorp over rustige landwegen, dan neemt u vanaf Mauthausen de zuidoevervariant, die hier de rivier over de brug oversteekt. Deze oversteek betekent ook een nieuwe provincie, nl. Neder-Oostenrijk en tevens in het bezienswaardige Wallsee met z'n Habsburger kasteel.

De **hoofroute** verloopt vanaf de brug

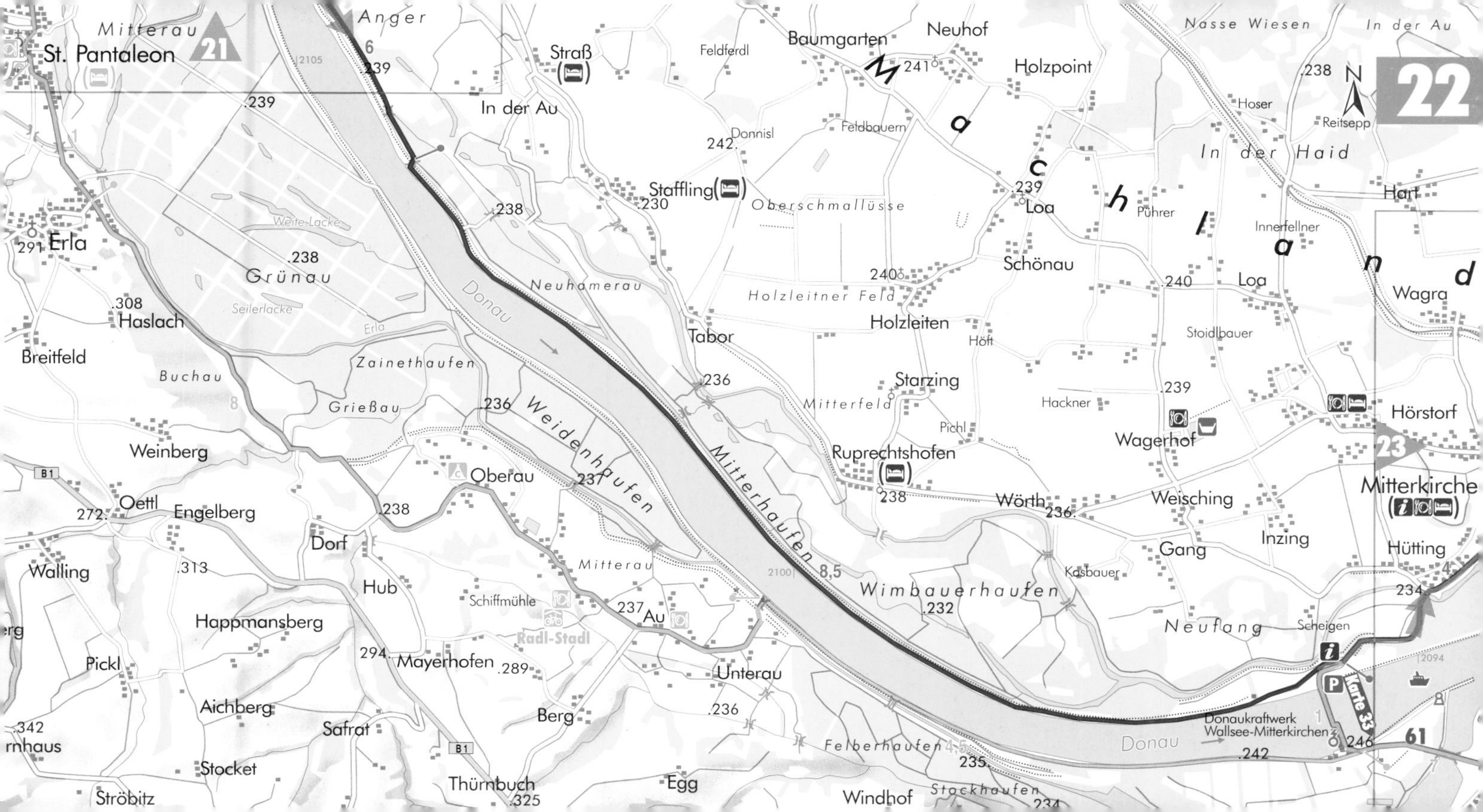

Mitterau
21
St. Pantaleon
Anger
22
Straß
In der Au
Feldferdl
Baumgarten
Neuhof
Holzpoint
Nasse Wiesen
In der Au
Hoser
Reitsepp
Donnisl
Feldbauern
In der Haid
Hart
Staffling
Oberschmallüsse
Loa
Pührer
Innerfellner
Machland
Erla
Weite-Lacke
Grünau
Seilerlacke
Neuhamerau
Schönau
Holzleitner Feld
Loa
Wagra
Haslach
Breitfeld
Erla
Donau
Tabor
Holzleiten
Höft
Stoidlbauer
Zainethaufen
Buchau
Starzing
Mitterfeld
Hackner
Hörstorf
Grießau
Weidenhaufen
Pichl
Wagerhof
23
Weinberg
Ruprechtshofen
Mitterhaufen
Mitterkirche
B1
Oettl
Engelberg
Oberau
Wörth
Weisching
Dorf
Inzing
Gang
Hütting
Walling
Mitterau
Wimbauerhaufen
Kasbauer
Hub
Schiffmühle
Au
Neufang
Scheigen
Happmansberg
Radl-Stadl
Pickl
Mayerhofen
Unterau
Aichberg
Safrat
Berg
Donaukraftwerk
Wallsee-Mitterkirchen
Karte 33
Donau
61
rnhaus
Felberhaufen
Stocket
B1
Ströbitz
Thürnbuch
Egg
Windhof
Stockhaufen

bij Mauthausen stroomafwaarts over het oeverfietspad. De rijksweg buigt al snel af en u fietst verder over het fietspad op de dijk. Na 500 meter verlaat het fietspad de dijk en gaat over in de dorpsstraat door **Albern**. Na het dorp bereikt u een voorrangsweg, die u kort volgt naar rechts. Over een aparte fietsbrug steekt u de Aist over en aansluitend slaat u rechtsaf naar Grein.

Bovenop de dijk fietst u nu richting monding van de Aist en verder langs de Donau. Na één kilometer dwingt een bocht in de Donau tot uitwijken. Naast een camping vindt u hier ook weer een fietsinfo. Voor de hoofdstraat slaat u rechtsaf het jaagpad op en u fietst langs het plaatsje Au.

Au a.d. Donau/Naarn ≈km 2107 L

postcode: 4331; netnummer: 07262

Gemeentehuis Naarn, Pergerstr. 2, 58255.

Auleerpad, halverwege tussen Au en Naarn. Op dit wandelpad kunt u veel over flora, fauna en problemen van de uiterwaarden leren.

Na de bebouwde kom verruilt u het jaagpad voor de weg naast de dijk. Na ca. 1,5 kilometer steekt u een zijkanaal van de hoogwaterbescherming over en al snel hierna kunt u de dijk opfietsen. Na 8km komt u bij de centrale Wallsee-Mitterkirchen; een eigen rustpunt met fietsinfo en fonteintje verzorgt hier de fietsers.

Over de noordoever Van Mitterkirchen naar Grein 16 km

De **noordoevervariant** neemt u een tijdje het vlakke Machland mee in. U volgt de bedrijfsweg naar links en na de brug over een oude zijarm fietst u door het plaatsje **Hütting**. De rustige landweg voert u naar Mitterkirchen, waar de bewegwijzerde route nog voor de hoofdstraat rechtsaf slaat. Als u deze afslag heeft gemist, dan fietst u gewoon rechtsom naar **Mettensdorf** en komt bij de Naarnbrug weer terug op de route.

Mitterkirchen im Machland L

postcode: 4343; netnummer: 07269

Gemeentehuis, Nr. 50, ✆ 82550.

Fietsinfo, bij de stuw, ✆ 30373, open: mei-half sept. dag. 11-17.

Prehistorisch openluchtmuseum, wijk: Lehen (2km van Mitterkirchen), ✆ 6611, open: midden april-okt. dag. 9-17. In 1980 werden hier resten van een grafheuvelveld uit de Hallstatt-tijd (ca. 700 v. C.) ontdekt. De door de internationale vakwereld met interesse gevolgde opgravingen duurden 10 jaar en werden met sensationele resultaten bekroond. Tegenwoordig kan men in een gereconstrueerd dorp getuige zijn van de werk- en leefwijze van de Hallstatt-mens.

Badstrand bij Weisching, ca. 1,5 km verwijderd van het Donaufietspad.

Het officiële Donaufietspad maakt een kleine omweg en steekt een beetje zuidelijk van de provinciale weg de Naarn over, één der hoofdrivieren van het Mühlviertel. Na ca. 1 km slaat in Lehen de weg naar het **prehistorisch openluchtmuseum** linksaf.

Tip: Vanaf hier kunt u echter ook de bewegwijzerde route van het uitstapje via Klam nemen. Dit tochtje vereist enige sportieve inspanning en komt in Grein weer bij de Donau uit. (op het kaartje in oranje ingekleurd)

De **hoofdroute** blijft op vlak land en gaat verder naar **Mettensdorf**. Na 1,5 km stoot u

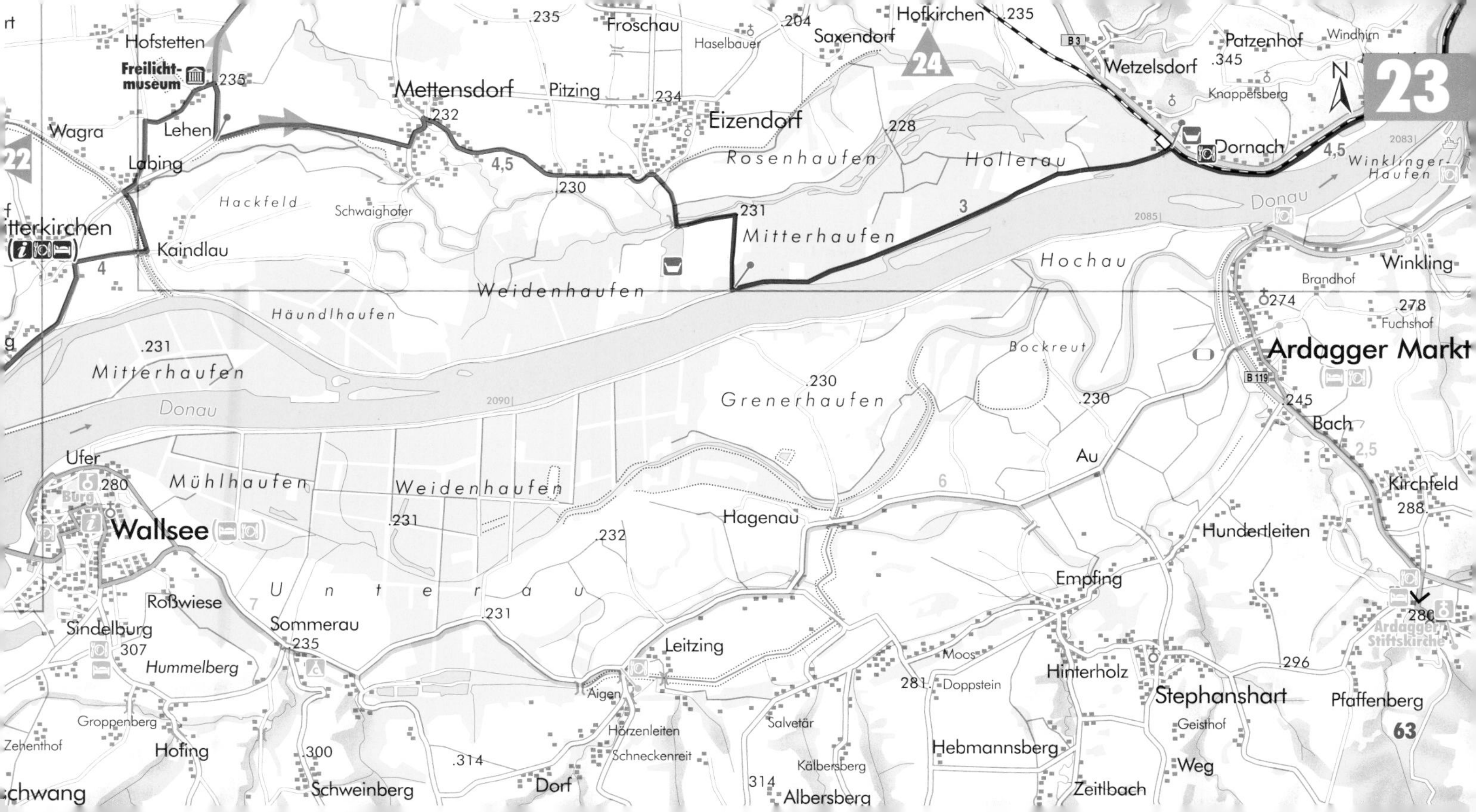

Hofstetten
Freilicht-museum
Froschau
Haselbauer
Saxendorf
Hofkirchen
24
23
Patzenhof
Windhirn
Wetzelsdorf
Knappetsberg
Mettensdorf
Pitzing
Eizendorf
Wagra
Lehen
Labing
22
Rosenhaufen
Hollerau
Dornach
Winklinger Haufen
Hackfeld
Schwaighofer
Mitterhaufen
Donau
Hochau
Winkling
Brandhof
Fuchshof
Kaindlau
Weidenhaufen
Häundlhaufen
Bockreut
Ardagger Markt
Mitterhaufen
Grenerhaufen
Bach
Kirchfeld
Ufer
Mühlhaufen
Weidenhaufen
Au
Hagenau
Hundertleiten
Burg
Wallsee
Unterau
Empfing
Roßwiese
Sommerau
Leitzing
Sindelburg
Hummelberg
Moos
Hinterholz
Doppstein
Stephanshart
Pfaffenberg
Aigen
Ardagger Stiftskirche
Groppenberg
Hörzenleiten
Salvetär
Geisthof
Zehenthof
Hofing
Schneckenreit
Hebmannsberg
Weg
Kälbersberg
Schweinberg
Dorf
Albersberg
Zeitlbach
63

bij een kapel op een dwarsweg, u slaat linksaf en bij het beekje kort daarna rechtsaf.

Mettensdorf **L**

Een smalle straat voert u het plaatsje uit. Na de boerderijen van **Pitzing** bereikt u aan de rand van **Eizendorf** een dwarsweg.

Eizendorf

Hier slaat u rechtsaf en dan direct richting Donau; dus weer rechtsaf. 500 Meter verderop steekt u een zijrivier van de Naarn over en fietst links om het **strandbad** heen. Voorbij het meertje bereikt u al snel de Donau.

Daar volgt u de weg linksaf, bij Dornach eindigt de Au en zijn de uiterwaarden ten einde, en begint een tocht door de schilderachtige Strudengau.

Dornach

Bij de **Haltestelle Dornach** passeert u een brug.

Tip: direct hier tegenover komt u in het dorpje waar tevens een klein badstrand is.

De hoofdroute slaat voor de spoorlijn rechtsaf het jaagpad op. Het fietspad volgt

de spoorbaan en loopt langs Dornach. Achter de dijk maakt het fietspad een scherpe bocht naar rechts en gaat over een bruggetje.

Het dal wordt duidelijk nauwer, het eens door schippers gevreesde „Nadelöhr" komt dichterbij. Na 4,5 km bereikt u de Donaubrug voor **Grein**.

Tip: Hiervandaan verloopt de hoofdroute over de zuidoever, tot Ybbs over een prachtige oeverweg. Aan de linkeroever gaat het fietspad verder tot Grein, daarvandaan kunt u de meeste tijd slechts gebruik maken van de rijksweg met fietsstrook. Het verdient aanbeveling om tot Ybbs op de rechteroever te blijven. Beschrijving vanaf blz. 88.

Vóór u echter verdergaat met het Donaufietspad, kunt u een korte omweg naar **Grein** maken. Daartoe blijft u op het fietspad aan de Donauoever. Kort voor Grein wijkt de weg voor een haventje. Na de camping aan de oeverweg, naar rechts en 300 meter verderop afslaan naar links naar het marktplein.

Grein a.d. Donau **~km 2079 L**

postcode: 4360; netnummer: 07268

Tourismusverband, ✆ 7055.

fiets en voetgangersveer: Grein-Wiessen ✆ 0664-4024877 Hr. Pühringer; tijden: mei + sept. 09.00-18.00u juni-aug. 08.00-19.00u

Kasteel Greinburg en Oberösterreichisches Schiffahrtsmuseum ✆ 0664-9861981 tijden: di-zon, mei-sept. 10.00-18.00u 1-26 okt. 10.00-17.00u rondleidingen slechts na aanmelden.

Historisch stadstheater (1791) en expositieruimte ✆ 7055/7730 tijden: mei-okt., ma-zat. 09.00-12.00u en 13.30-17.30u, zon/feestd. 13.30-16.00u Rondleidingen: ma-zat. 9u,

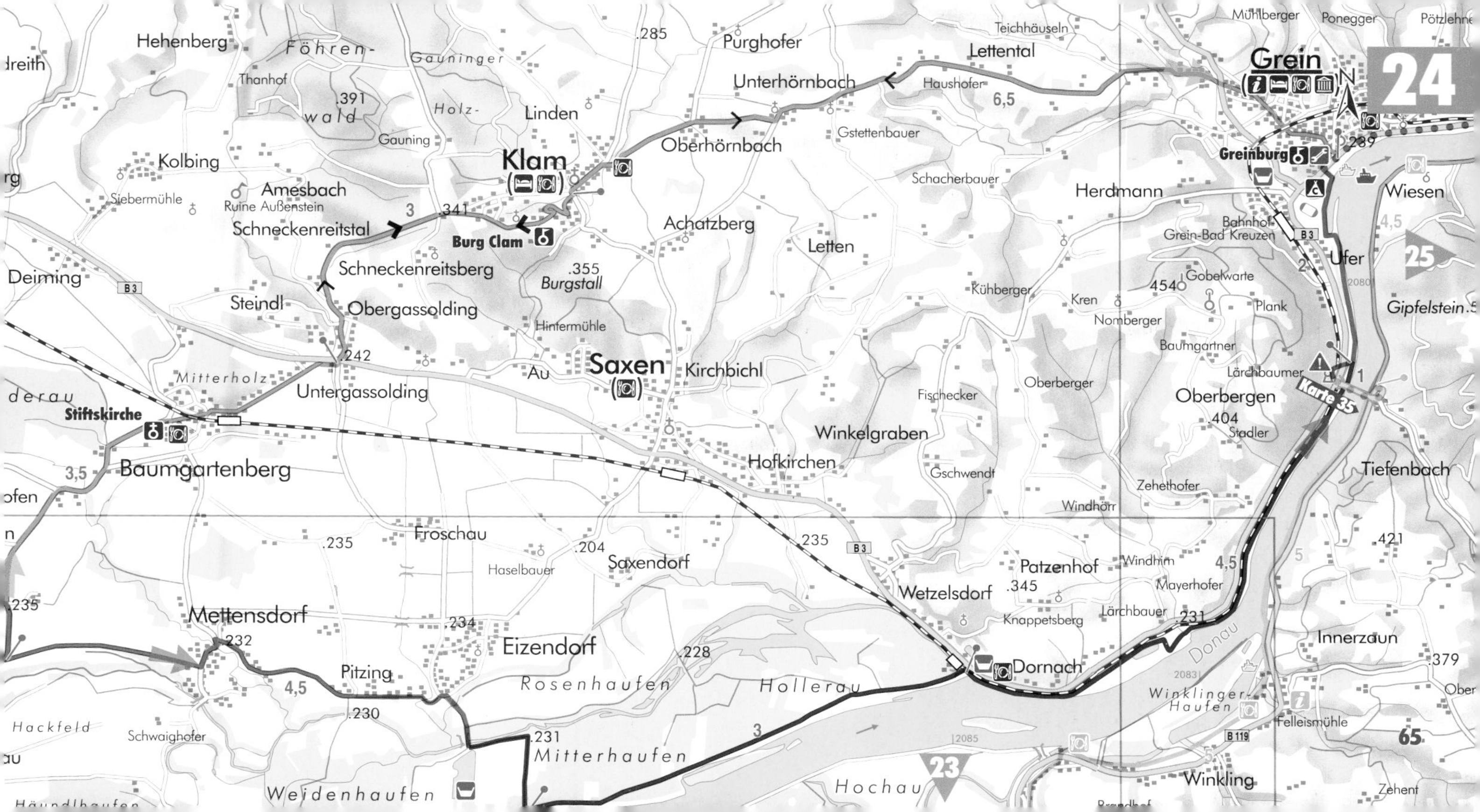

24
Grein
Greinburg
Klam
Burg Clam
Saxen
Baumgartenberg
Stiftskirche
Dornach
Oberhörnbach
Unterhörnbach
Lettental
Purghofer
Linden
Amesbach
Kolbing
Hehenberg
Schneckenreitstal
Schneckenreitsberg
Obergassolding
Untergassolding
Achatzberg
Letten
Herdmann
Wiesen
Ufer
Kirchbichl
Hofkirchen
Winkelgraben
Oberbergen
Tiefenbach
Wetzelsdorf
Patzenhof
Saxendorf
Mettensdorf
Eizendorf
Pitzing
Froschau
Innerzaun
Winkling
Donau
Karte 35
25
23
65

11u,13.30u,16.00u. zon. 15.00u (het oudste, in de oorspronkelijke toestand bewaard gebleven burgerlijke theater in Oostenrijk.)

- **Altes Rathaus**. 1563 door de italiaan M. Canaval gebouwd en tot heden onveranderd. Uit de aangevoegde graansilo ontstond in 1791 het beroemde Bürgertheater.
- **Stadparochiekerk hl. Ägidius**. Laatgotisch, sterk gemoderniseerde hallenkerk, wiens barokke hoogaltaar een schilderij van Bartolomeo Almonte (1749) huisvest.
- **Stadsgezicht**. De meeste huizen in het centrum zijn uit de 16e-17e eeuw, hebben echter veelal barokke gevels. Een duidelijk burgerlijk karakter vindt men in de oude Gaststätten uit de 19e eeuw.
- **Stillensteinklamm**, Gießenbach, 2 km oostelijk. Wandelroute. het 200 meter diepe, door indrukwekkende steenformaties gemarkeerde beekdal biedt, komend van de Mühlviertler Mittellandterrasse een fantastisch natuurspektakel.
- **Buitenzwebad**, Herdmannweg 1, ✆ 25529
- **Radservice Krottenthaler**, Kreuzner Str. 1, ✆ 230

Het middeleeuwse stadje aan de toegang tot de Strudengau was lang een loodsstation en goederenomslagplaats. De zo tot welvaart gekomen burgerij minde de schone kunsten en dus bouwde men in 1790 een klein theater (160 zitplaatsen) in het raadhuis. De voorste rijen waren loges, gereserveerd voor rijken en notabelen. Door een spleet konden ook de bewoners van de aanpalende gevangenis de opvoeringen volgen. Het stadstheater is het oudste, in de oorpronkelijke toestand behouden gebleven theater van Oostenrijk.

Waterkrachtcentrale Ybbs-Persenbeug

Over de noordoever

Van Grein naar Persenbeug — 20 km

Vanaf Grein kunt u op de noordoever slechts over de redelijk drukke rijksweg fietsen, met slechts een gemarkeerde fietsstrook.niet bewegwijzerd, maar ook niet te missen.

Tip: na 2,5 km, bij een oud spoorviaduct, komt de weg langs de afslag naar de dichtbij gelegen Stillenheimklamm. Hoe de watermassa's van de Gießenbach zich een weg banen door de enige meters brede kloof is een adembenemend natuurschouwspel.

Verder voert de B3 u naar de Burcht Werfenstein, eens een wakend oog op de tolheffing in het smalste gedeelte van de Strudengau werpend. Na het plaatsje Struden komt u in St. Nikola aan.

St. Nikola — ~km 2075L

postcode: 4381; netnummer: 07268

- **Gemeentehuis**, ✆ 8155.
- **Schifferkirche**. Romaanse kern, gotisch en barok veranderd. 4 Bezienswaardige gotische reliëfs (ca. 1500) in het linker zijaltaar.
- **Burg Werfenstein**, Struden. Werfenstein behoorde tot de burchten en torens die werden gebouwd om gezamenlijk de Donau voor scheepvaart te kunnen versperren. Voor het eerst genoemd in 1242, na 1500 aan het verval overgelaten.

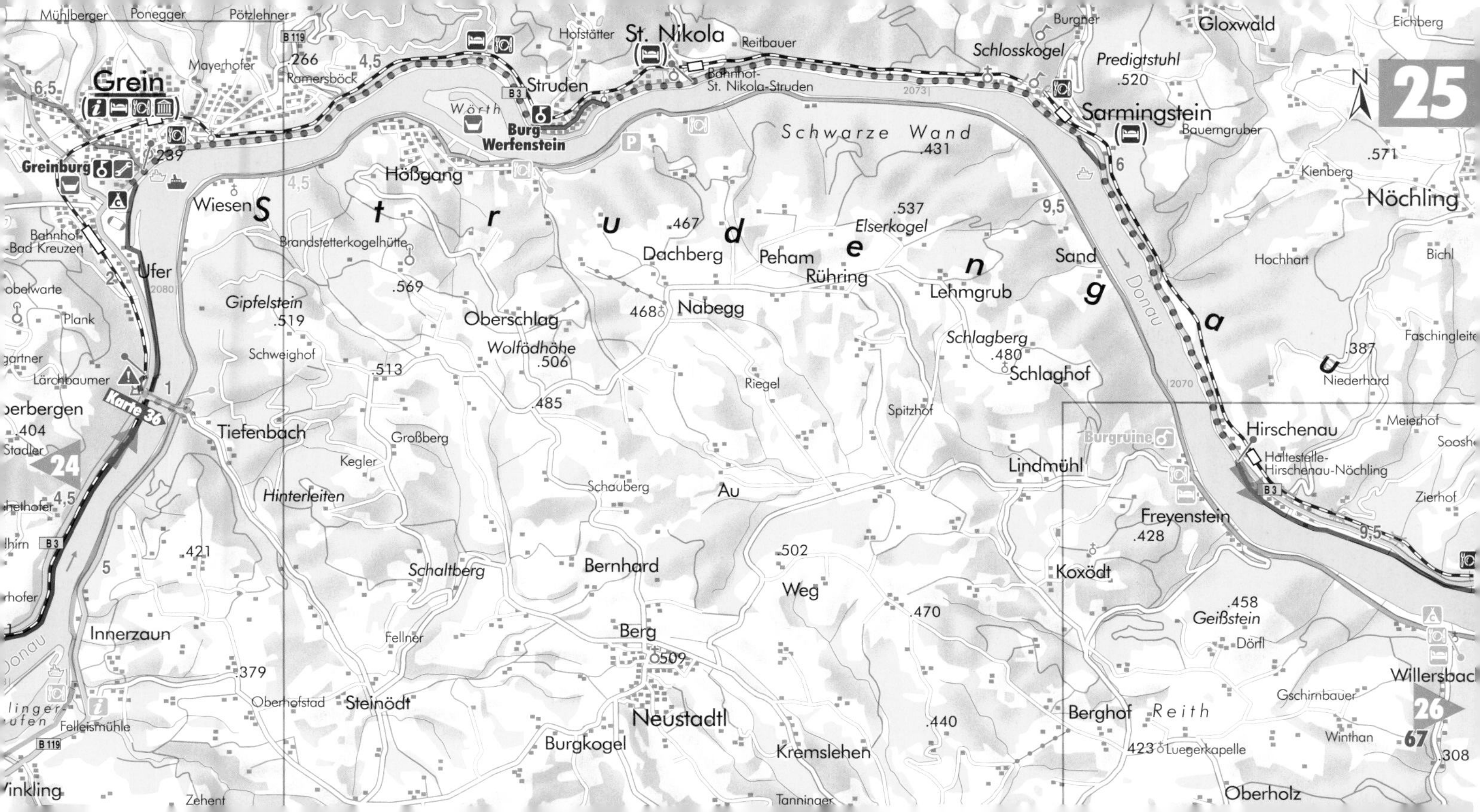

25
Grein
Greinburg
St. Nikola
Struden
Burg Werfenstein
Wörth
Hößgang
Wiesen
Strudengau
Schwarze Wand
Sarmingstein
Gloxwald
Nöchling
Schlosskogel
Predigtstuhl
Dachberg
Peham
Rühring
Elserkogel
Nabegg
Lehmgrub
Sand
Oberschlag
Wolfödhöhe
Gipfelstein
Schlagberg
Schlaghof
Tiefenbach
Großberg
Hinterleiten
Schaltberg
Bernhard
Au
Weg
Berg
Neustadtl
Burgkogel
Kremslehen
Steinödt
Innerzaun
Hirschenau
Haltestelle-Hirschenau-Nöchling
Freyenstein
Koxödt
Geißstein
Berghof
Reith
Oberholz
Willersbach
Lindmühl
Burgruine
Bahnhof-St. Nikola-Struden
Bahnhof-Bad Kreuzen
Ufer
Donau
Karte 36
24
26
67

Na St. Nikola fietst u over de B3 verder. U passeert **Sarmingstein** en kunt na 3 km, ter hoogte van het **station Hirschenau**, afslaan naar een rustig jaagpad. Na ongeveer weer 3km komt u via het parkeerterrein weer op de B3.

Tip: Hiervandaan kunt u een tocht ondernemen naar het prachtige **Yspertal**, dat tevens de toegang tot het wildromantische Waldviertel is. Details vindt u in het ***bikeline*-Radatlas Waldviertel**.

U steekt de Kleine Ysper over en verlaat na ruim één kilometer linksaf de weg.

Over het spoor en iets boven het dal gaat het naar het plaatsje **Weins**. Na de bebouwde kom keert de route weer terug naar de rijksweg. Tenslotte bereikt u de **stuw Ybbs-Persenbeug**. Hier kunt u beslissen, of u onder de oprit naar Persenbeug verder fietst of de weg naar links volgt en de Donau oversteekt. Vanaf Ybbs gaat dan over de zuidoever een variant naar Melk verder.

Bedevaartskerk Maria Taferl

Persenbeug ≈km 2059,5 L

postcode: 3680; netnummer: 07412

- **Gemeentehuis**, Rathauspl. 1, ✆ 52206.
- **Slot**. Haar huidige gedaante verkreeg dit op een steile rots gelegen bouwwerk door de verbouwing 1617-21 (Eusebius v. Hoyos). Sinds 1800 in Habsburgs bezit.
- **Parochiekerk hl. Florian und Maximilian**. Zwaar, laatgotiek gebouw (ca. 1500); koor met netribben en hoogaltaar van veelkleurig marmer.
- **Dorpscentrum**. Goed geconserveerde biedermeierhuizen, o.a. het Kleine en Große Schiffsmeisterhaus.
- **Marktlinde**, Rathauspl. Naast de Florianikapel staat een enorme linde, volgens zeggen rond 1300 geplant.
- **Centrale Ybbs-Persenbeug** Bezichtigingen ma-do 14.00-16.00u informatie bij het gemeentehuis
- **Badplaats** Gottsdorf tel. 58890, mei-sept. 09.00-20.00u

***Persenbeug** was onder scheepsmeester Feldmüller (1801-50) het belangrijkste scheepsbouwcentrum van Neder-Oostenrijk. De „Schopper" bouwden 20 schepen per jaar. 850 Schepen en 25 vlotten van Feldmüller dreven er per jaar stroomafwaarts, 350 schepen werden over het jaagpad (Traidelpfad) door paarden stroomopwaarts getrokken.*

Van Persenbeug naar Marbach 10,5 km

Bij het *Gasthof Böhm* slaat u rechtsaf een zijstraat (Rollfährestr.) in. Melk is hier al aangegeven. 400 Meter verderop, bij de **Kinostr.**, stuurt u naar rechts en komt dan uit op de weg het dorp uit, in de buurt van de oever. Aan de overkant van de Donau ligt Ybbs.

26
Hirschenau
Meierhof
Sooshof
478.
Burghof
.455
Großhaslach
Haltestelle-Hirschenau-Nöchling
Große Ysper
25
Kottmayr
378.
Im Brand
Am Reiter
.397
Zierhof
Freigericht
Rottenberg
Norreith
B 36
eyenstein
Am Garten
.428
B 3
Radatlas Waldviertel
Weinser Mühlberg
Burgstall
9,5
.453
240
Dobers
Ysperdorf
Weins
9,5
B 3
Knogl
.458
Kalkgrub
Priel
Fürholz
Geißstein
Donaudorf
Dörfl
229
Bahnhof-Weins-Isperdorf
Donau
Willersbach
2065
Einsiedelei
Persenbeug
Gschirnbauer
Brandhofkogel
Teuch
.227
Karte 37
Reith
Ybbser Berg
.553
Marienhöhe
Schloss
B 3
Winthan
423
Luegerkapelle
.308
Donauleiten
Grub
.299
Scharlreit
2060
6,5
Oberholz
.429
Reitern
Glinsen
roßhamet
Rothberg
.571
Hengstberg
Rossberg
Walterschmiede
B 25
Aigen
Steiger
.394
Alter
grub
Haag
Unterholz
.538
Windhof
Theinstetten
Reitering
Bernau
.350
Berging
Ybbs
einwolfstein
.402
Tiergarten
Grillenbach
Scheiterbichl
.435
Hagen
.303
Hochreut
Zwischenthann
.326
Kniebichl
235
Griesheim
.403
St. Martin
312
232
Göttsbach
27
Buchen-wald
.402
nberg
Waasen
Pfaffenberg
Pflanzbeet
69
Karlsbach
Diepoldswiesen
Ess
Unterau
Öhlsitzmühle
366.
Holzer
325.
Eitzing

De route gaat nu dwars over het vlakke „schiereiland“, ontstaan door een eigenzinnige Donaulus. In Hagsdorf draait de weg eerst naar links en kort daarna, bij de kruising met het heiligenbeeld, weer naar rechts. U volgt de asfaltstrook die zich na 1,5 km, midden tussen de velden, naar rechts draait. Bij een huizengroepje knikt de weg dan weer naar links. Een kerkje met uientoren kondigt **Göttsdorf** aan.

Gottsdorf

Bij het begin van het dorp komt de straat uit bij een oeverweg. U fietst rechtdoor verder, vóór de brandweer gaat de route naar rechts en komt door **Metzling**. Vervolgens verloopt de route ingeklemd tussen oever en rijksweg. Bij het plaatsje **Granz** fietst u langs de camping en de haven. Het begin van de **Nibelungenau** wordt aangekondigd door een bord. Na een korte rit langs de oever komt u in Marbach aan en u bereikt daar na de pont ook de scheepskade.

Marbach a. d. Donau ≈km 2049 L

postcode: 3671; netnummer: 07413

- **Marktgemeindeamt**, Marbach 28, ✆ 7045
- **MS-Marbach**, ✆ 0664-9117760 modern schip voor rondvaarten op de Donau
- **Voormalig herenhuis**, Donauufer. 1575, 2 ronde hoektorens, Habsburgs bezit, voorzien van de wapens van de families Starhemberg, Schaumburg, Löwenstein, Wertheim.
- **Nibelungenbad**, ✆ 7730 tijden: mei-juni 13.00-19.00u, juli-aug. 10.00-20.00u
- **Fietsverhuur/reparaties**; Fa. Giestheuer, nr. 77, ✆ 230

Tip: Vanaf Marbach kunt u het uitstapje naar het zuidelijk Waldviertel met de stops Maria Taferl, Schloss Artstetten en Burg Leiben ondernemen. U heeft echter genoeg conditie voor een fikse klimpartij en daarom voldoende goedwerkende versnellingen nodig. Naar Maria Taferl rijdt ook een fietstaxi die uw fiets inclusief bagage naar boven vervoert. Bij Klein-Pöchlarn of bij Weitenegg, vlak voor Melk, komt u dan weer terug op de hoofdroute. Vindt u een blik uit de verte op de bedevaartskerk van Maria Taferl voldoende, dan fietst u verder over de oeverweg.

Van Marbach naar Emmersdorf 14 km

Vanaf **Marbach** volgt de **noordoevervariant** het jaagpad en komt bij **Krummnußbaum** langs de Donauoeverspoorbaan. Als de rijksweg zich verwijdert van de oever, kunt u óf op de dijk, óf rechts van de dijk over het jaagpad fietsen. Bij de camping vindt u een infopunt. Na 5 km komt u dan bij de pont van Klein-Pöchlarn aan. Links ziet u het dorpje **Klein-Pöchlarn** liggen.

Tip: Hier slaat het Waldviertelfietspad af naar het noorden. In de bikeline-fietstoerenboek Radatlas Waldviertel vindt u veel informatie over deze zeer aantrekkelijke streek ten noorden van de Donau.

Klein-Pöchlarn ≈km 2044 L

Na de pont gaat het weer verder over de dijk. Na 3,5 km komt u ter hoogte van het mooie plaatsje Ebersdorf bij een splitsing: wie naar Melk wil, fietst hier het beste rechtdoor en steekt de Donau bij de stuw over. Terug op de noordoever komt u dan over de Donaubrug na Melk. De rit van Melk tot de brug is echter bij gebrek aan een fietspad niet prettig.

Als u aan de noordoever blijft, dan slaat u hier van de dijk linksaf en fietst op het fietspad naast de hoofdweg naar Weitenegg. Naast de weg loopt een oude Donauarm, waar men ook kan baden. Weitenegg ontvangt u met een romantische ruïne, rechts boven

de Donau wordt het uitzicht beheerst door het imposante klooster van Melk.

Weitenegg

Het volgende lange-afstandsdoel is Krems (36 km). Bij **Slot Luberegg** in het volgende dorp passeert u 2 ouderwetse ronde torens, eens vuur-/signaaltorens voor de schippers. Hiervandaan fietst u weer direkt langs de Donau en bereikt al snel Emmersdorf, waar het fietspad aansluit op de doorgangsweg.

Emmersdorf

Het fietspad voert weliswaar langs Emmersdorf, maar het is zeker de moeite waard. De opnamen voor de film „Hofrat Geiger" (Mariandl) vonden hier plaats.

Emmersdorf ≈km 2035 L

postcode: 3644; netnummer: 02752

Gemeentehuis, ✆ 71469. Info: ✆ 70010

Kasteel-Museum Luberegg, ✆ 72510, tijden: april-nov., di-zon. 10.00-17.00u.

Kasteel Luberegg, Hain. Gebouwd 1780, diende als lievelingsbverblijf van Keizer Franz I. Laat barok met vroegklassieke wandtapijten.

Dorpsgezicht. Charmant, langgerekt plein, omzoomd door huizen van de 16e tot de vroege 19e eeuw.

Tip: De noordoever is vanaf hier door de Wachau de hoofdroute. Bovendien vindt men hier de mooiste en beroemdste dorpen van de Wachau bijeen. Wie echter liever naar rustige, beschouwelijke wijnbouwerdorpjes wil, gaat de brug over naar de rechteroever. Lange stukken met ander verkeer moeten op de koop toe worden genomen.

Aan de rechteroever aangekomen, kunt u of van de trap naar de oeverweg gebruik maken, óf de weg volgen tot de volgende kruising, waar u rechtsaf slaat. Onmiddellijk daarop slaat u nog eens rechtsaf, een relatief drukke weg voert nu naar de oeverweg, die dan links naar het centrum van Melk en rechts naar Krems doorloopt.

Als u gelijk naar het klooster wilt, fietst u hier direkt rechtdoor de ventweg op, slaat de **Johann-Steinböck-Straße** in en volgt dan rechtsaf de **Wiener Straße** naar het klooster. De oeverweg heet **„Wachauer Straße"** loopt links naar het centrum, rechts naar Schönbühel.

Melk (zie blz. 92)

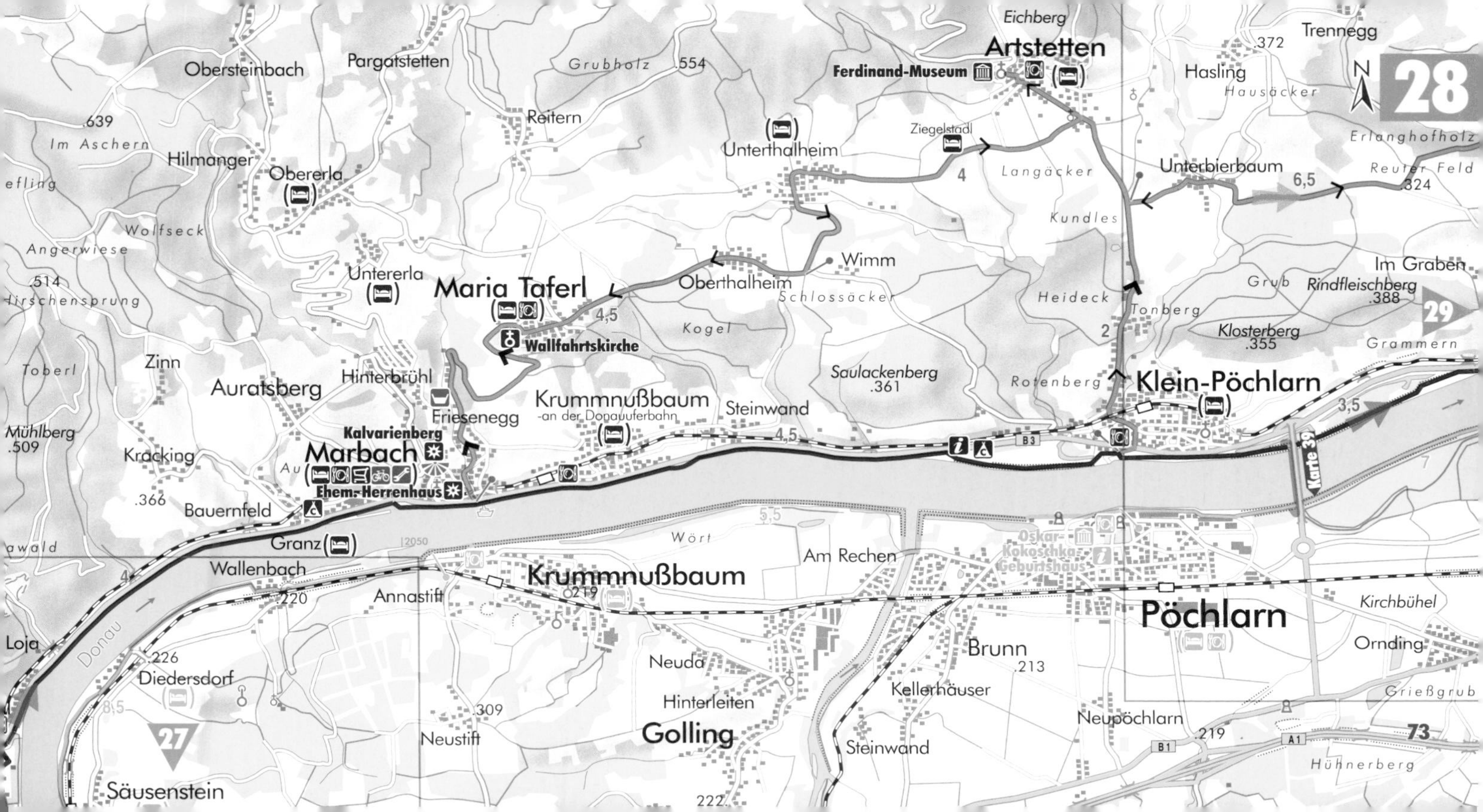
28
29
27
Artstetten
Eichberg
Ferdinand-Museum
Trennegg
Hasling
Hausäcker
Erlanghofholz
Unterbierbaum
Reuter Feld
.324
6,5
Langäcker
Kundles
Ziegelstadl
Unterthalheim
4
Grubholz
.554
Pargatstetten
Obersteinbach
Reitern
.639
Im Aschern
Hilmanger
Obererla
efling
Wolfseck
Angerwiese
.514
Hirschensprung
Untererla
Maria Taferl
Wallfahrtskirche
4,5
Oberthalheim
Schlossäcker
Wimm
Kogel
Heideck
Tonberg
2
Im Graben
Grub
Rindfleischberg
.388
Klosterberg
.355
Grammern
Toberl
Zinn
Auratsberg
Hinterbrühl
Friesenegg
Krummnußbaum
-an der Donauuferbahn
Steinwand
Saulackenberg
.361
Rotenberg
Klein-Pöchlarn
3,5
Mühlberg
.509
Kracking
Kalvarienberg
Marbach
Au
Ehem. Herrenhaus
B3
Karte 39
7
.366
Bauernfeld
Granz
2050
5,5
Wört
Am Rechen
Oskar-Kokoschka-Geburtshaus
awald
Wallenbach
Krummnußbaum
.219
Annastift
.220
Pöchlarn
Kirchbühel
Donau
Loja
.226
Diedersdorf
8,5
Neuda
Brunn
.213
Ornding
Kellerhäuser
Hinterleiten
.309
Neustift
Golling
Steinwand
Neupöchlarn
.219
Grießgrub
B1
A1
73
Hühnerberg
Säusenstein
222

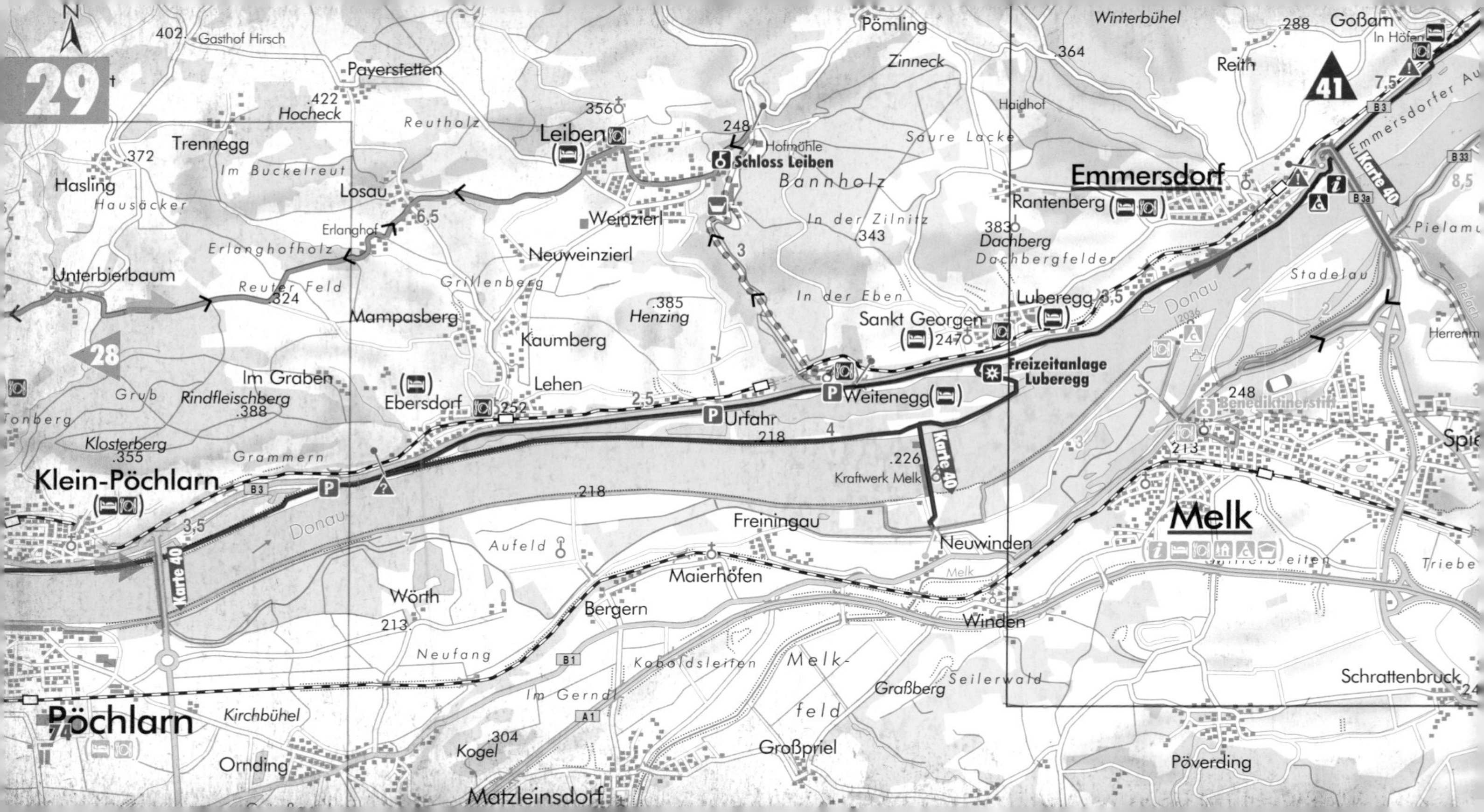
29
28
41
Gasthof Hirsch
402
Payerstetten
.422
Hocheck
Reutholz
Leiben
356
248
Hofmühle
Schloss Leiben
Bannholz
Pömling
Zinneck
Winterbühel
.288
Goßam
In Höfen
Reith
.364
Haidhof
Saure Lacke
Emmersdorf
Emmersdorfer Au
Rantenberg
383
Dachberg
Dachbergfelder
In der Zilnitz
343
3
Trennegg
.372
Im Buckelreut
Hasling
Hausäcker
Losau
6,5
Erlanghof
Erlanghofholz
Weinzierl
Neuweinzierl
Unterbierbaum
Reuter Feld
.324
Grillenberg
.385
Henzing
In der Eben
Sankt Georgen
247
Luberegg
3,5
Mampasberg
Kaumberg
Freizeitanlage Luberegg
Im Graben
Grub
Rindfleischberg
.388
Lehen
Ebersdorf
252
2,5
Weitenegg
Urfahr
.218
4
Tonberg
Klosterberg
.355
Grammern
Klein-Pöchlarn
B3
3,5
Donau
.218
.226
Kraftwerk Melk
Karte 40
Freiningau
Neuwinden
Aufeld
Maierhöfen
Wörth
213.
Bergern
Winden
Melk
Neufang
B1
Koboldsleiten
Melk-feld
Graßberg
Seilerwald
Im Gerndl
A1
Pöchlarn
Kirchbühel
.304
Kogel
Ornding
Großpriel
Matzleinsdorf
Pöverding
Schrattenbruck
Melk
Benediktinerstift
248
213
Stadelau
Pielamu
Pielach
Herrenm
Spie
Triebe
B3a
B33
8,5
7,5
2
3

Van Linz naar Melk (zuidoever) 107 km

Na de Noord-Oostenrijkse hoofdstad Linz, voert de Donauroute naar het Machland. Bijzonder de moeite waard zijn uitstapjes naar St. Florian en de oudste stad van Oostenrijk; Enns. Het vervolg van de route voert langs de prachtige Mostviertel met zijn indrukwekkende vierkantboerderijen. Voorbij Grein versmalt het Donaudal zich weer, de Donau stroomt hier door het fascinerende landschap van Strudengau. Fraaie afsluiting is Melk met zijn wereldwijd beroemde klooster.

Van Linz tot aan Abwinden volgt het Donau-fietspad slechts de noordoever. Vanaf Abwinden kan men de zuidoever kiezen. De route loopt op rustige B-wegen, landweggetjes en fietspaden. Drukke gedeeltes en stijgingen komen op dit gedeelte niet voor.

Van Linz tot aan de stuw van Abwinden loopt de route alleen op de noordoever. Voor de beschrijving van dit traject leest u a.u.b. het voorgaande stukje op blz. 55, kaart 19.

Over de zuidoever Van Abwinden naar Enns 8 km

Op de zuidoever fietst u over de brede asfaltweg eerst rechtdoor. Na ongeveer 1,5 km slaat u dan de als fietspad naar Enns bewegwijzerde, smalle weg links in.

Rechtdoor loopt een met groene bordjes bewegwijzerde weg naar St. Florian.

Uitstapje naar St. Florian 17km

Naast het schitterende barokklooster van St. Florian staat u op dit tochtje een prachtig openluchtmuseum te wachten.

Vanaf de centrale Abwinden-Asten voert een brede asfaltweg rechtdoor, voorbij de afslag naar Enns – na ongeveer 1km bij de kruising links over de spoorbrug – na 500m links via het fietspad naar Ipfbach naar het centrum van Asten

Klooster St. Florian

Asten

Bij de kerk steekt u de B1 (Zebra) over en fietst rechtdoor de Ipfbachstr. in. een vierkante boerderij voorbij en dan links over de brug, daarna weer rechts. U oversteekt dan de snelweg en houdt links aan; deze weg leidt naar St. Florian en na de markt 1e weg rechts naar het klooster.

St. Florian

postcode: 4490; netnummer: 07224

- **Tourismusverband**, Marktpl. 3, ✆ 5690.
- **Historisches Feuerwehrzeughaus**, Stiftstr. 2, ✆ 4219, open: mei-okt. di-zo 9-12 en 14-16. Het museum stelt zich ten doel de technische en maatschappelijke ontwikkeling van het brandweerwezen te laten zien.
- **Jagdmuseum Schloss Hohenbrunn**, 2 km zuidwestelijk, ✆ 8933, open: apr.-okt. di-zo 10-12, 13-17. In dit van 1722-32 gebouwde barokslot wordt - meer traditiebevestigend dan kritisch - de ontwikkeling van het jachtbedrijf getoond, in het bijzonder in Opper-Oostenrijk.
- **Stift-Kunstsammlung/Bruckner-Gedächtniszimmer**, Stift St. Florian, ✆ 8902 rondleidingen: dag. 10, 11, 14, 15 en 16 groepen ook tussendoor. Naast de zgn. keizerkamers, nog net zo ingericht als 250 jaar geleden, vindt men hier het bescheiden meubilair van de componist en werken van beroemde kunstenaars als Altdorfer, B. en M. Altomonte, Gran e.a.

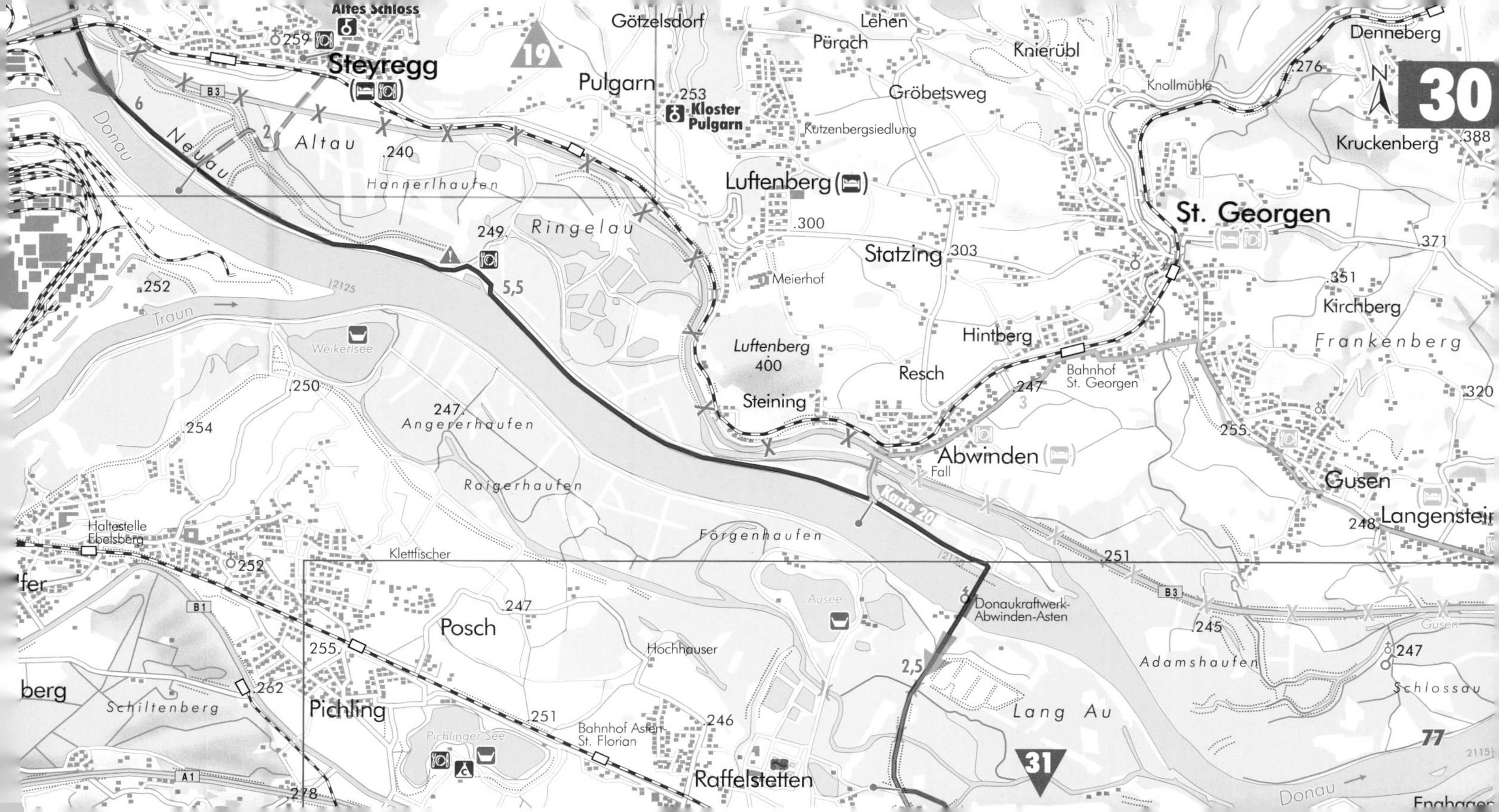

Altes Schloss
Steyregg
Götzelsdorf
Lehen
Pürach
Knierübl
Denneberg
Pulgarn
Kloster Pulgarn
Gröbetsweg
Knollmühle
30
Kutzenbergsiedlung
Kruckenberg
Altau
Hannerlhaufen
Neuau
Donau
Luftenberg
St. Georgen
Ringelau
Statzing
Meierhof
Kirchberg
Traun
Weikerlsee
Hintberg
Frankenberg
Luftenberg
Resch
Bahnhof St. Georgen
Steining
Angererhaufen
Abwinden
Fall
Gusen
Raigerhaufen
Karte 20
Langenstein
Haltestelle Ebelsberg
Förgenhaufen
Klettfischer
Ausee
Donaukraftwerk-Abwinden-Asten
Posch
Hochhauser
Gusen
Adamshaufen
Schiltenberg
Pichling
Lang Au
Schlossau
Pichlinger See
Bahnhof Asten-St. Florian
Raffelstetten
Donau
Enghagen

Augustiner-Chorherrenstift, ✆ 8902, rondleidingen: apr.-okt. vanaf 10 pers. dag. 10, 11, 14, 15 en 16 en na afspraak. Reeds in karolingische tijd een klooster, in 1071 de kanunniken geschenkt. Het grote kloosterhof, deel van de nieuwbouw rond 1800, behoort tot de mooiste voorbeelden van Zuid-Duitse barok (Carlone en Prandtauer). Bijzonder fraai is het Sebastiaansaltaar van A. Altdorfer uit 1518.

Klosterkerk Mariä Himmelfahrt. Barok opus magnum van A. Carlone; werkt volmaakt en feestelijk. Het zgn. Brucknerorgel van Franz Xaver Krismann van 1770-74 is één van de beroemdste orgels van die tijd; zo-vr 14.30 orgelconcerten.

Museumsbahn, ✆ 4333-11, mei-sept. zo, fstd. Vroegere electrische streektrein St. Florian-Linz (1913-1973). Voor bijzondere gebeurtenissen te huur.

Tijdens de middeleeuwen ontwikkelde het klooster zich tot geestelijk en economisch centrum van de streek. De schrijf- en schilderschool was al beroemd, door de activiteiten van Anton Bruckner als kloosterorganist (1845-55) kreeg St. Florian nog meer betekenis.

Van de kloosterheuvel kunt u weer terug gaan naar de hoofdweg en bij de afslag Samesleiten rechtsaf naar het openluchtmuseum Sumerauerhof.

Samesleiten R

Openluchtmuseum - Sumerauerhof, Samesleiten, ✆ 8031, open: Pasen-mei, okt. za, zo en fstd. 10-12 en 13-17, mei-sept. di-zo 10-12 en 13-17. Één van de grootste en mooiste vierkantboerderijen, sinds het begin van de 13e eeuw tiendplichtig aan het klooster; boerenmeubels uit 4 eeuwen, mostmuseum, paardestal, bakkerij en wagenschouw.

De ventweg leidt langs een mooie bakstenen vierkantboerderij naar een voorrangsweg, die u rechtsaf inslaat. Bij de volgende gelegenheid slaat u linksaf en u fietst aansluitend onder de snelweg door. De weg voert direct naar Enns en bereikt na ca. 2 km de stadrand. Hier volgt u het fietspad langs de weg. Na 400 meter moet u bij gebrek aan een fietspad de weg over de straat voor lief nemen. Maar u heeft al zeer snel de kruising naar de binnenstad bereikt, waar u halflinks in de Stadlgasse afslaat. Hier treft u dan weer een fietspad aan.

Hoewel de wegwijzers bij de gele muur van het kerkhof al naar rechts wijzen, is het eenvoudiger, door te rijden tot de Mauthausener Straße, daar gaat u rechtsaf naar de Hauptplatz met de stadstoren. De helling is

Enns

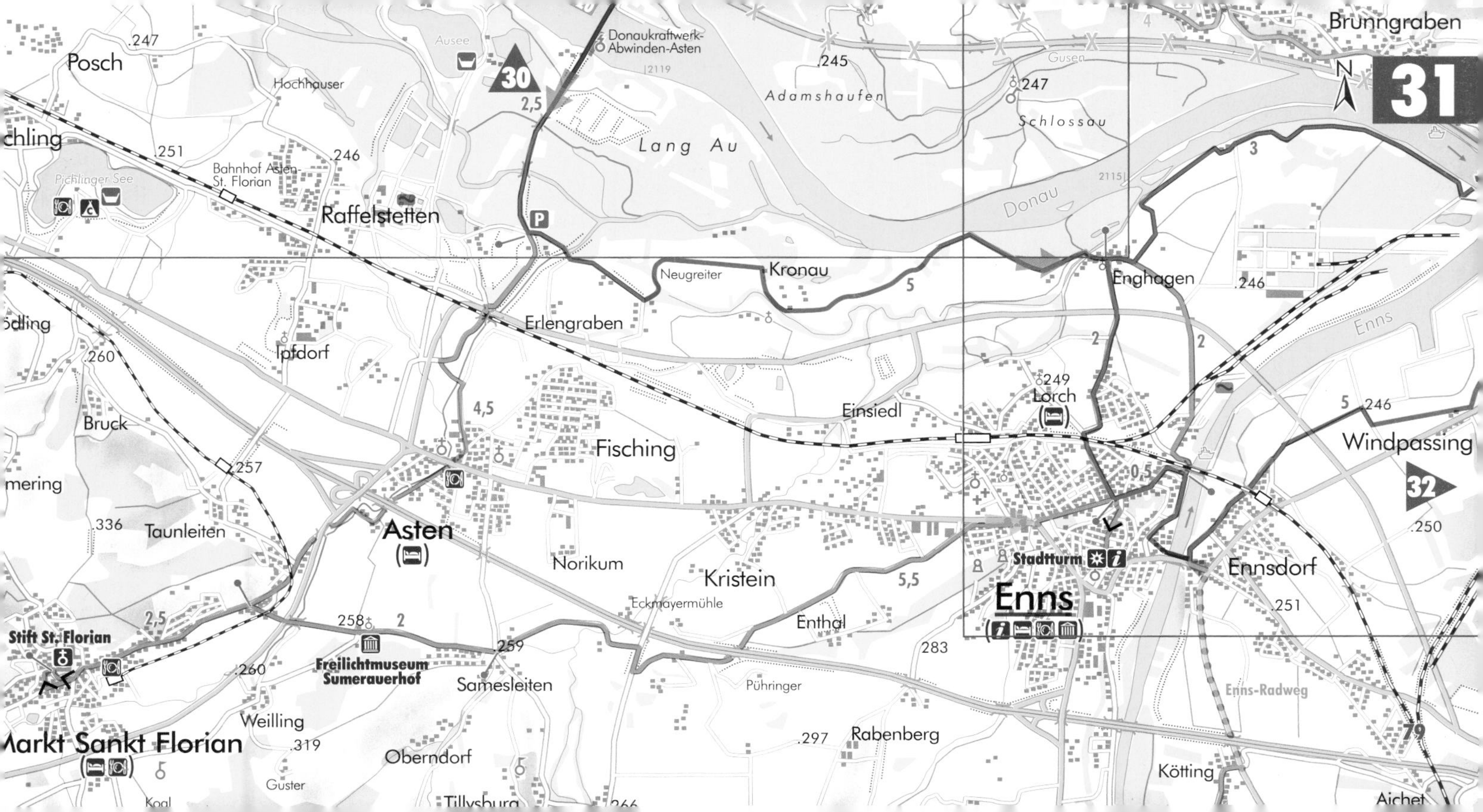

31
30
32
79
Brunngraben
Posch
Ausee
Donaukraftwerk-
Abwinden-Asten
Hochhauser
Adamshaufen
Gusen
Schlossau
Lang Au
Donau
chling
Pichlinger See
Bahnhof Asten-
St. Florian
Raffelstetten
Neugreiter
Kronau
Enghagen
Erlengraben
Ipfdorf
Enns
Einsiedl
Lorch
Bruck
Fisching
Windpassing
mering
Taunleiten
Asten
Norikum
Kristein
Stadtturm
Enns
Ennsdorf
Eckmayermühle
Enthal
Stift St. Florian
Freilichtmuseum
Sumerauerhof
Samesleiten
Pühringer
Enns-Radweg
Weilling
Rabenberg
Markt Sankt Florian
Oberndorf
Kötting
Guster
Aichet

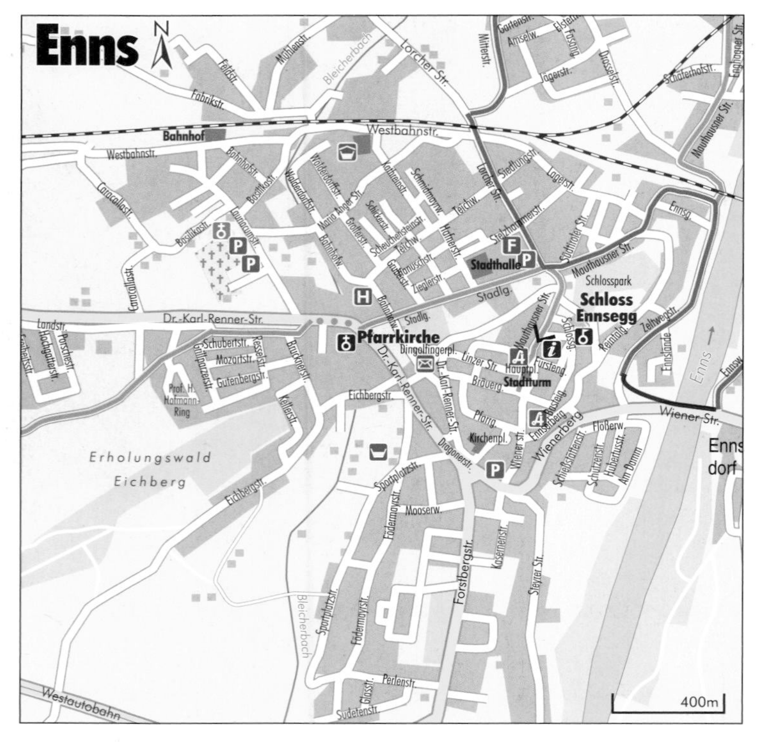

snel overwonnen. Aan de andere kant van het plein komt u door de Stiegengasse bij een terras, waar u van een heerlijk uitzicht op de Donauvlakte en het Alpenvoorland kunt genieten.

De hoofdroute van de zuidvariant volgt eenvoudig de „TOP-route" naar Enghagen en rechtdoor, vervolgens linksaf naar het veer naar Mauthausen. Voor het uitstapje naar Enns gaat u bij Enghagen rechtsaf.

Enns R

postcode: 4470; netnummer: 07223

- **Tourismusverband**, Hauptpl. 1, ✆ 82777
- **Hotel Lauriacum**, ✆ 82315
- **Donaufietsveer Mauthausen**, ✆ 82777/ 0650-5656158, mei-aug. 9-19, sept. 9-18.
- **Museum Lauriacum**, Hauptpl. 19, ✆ 85362, open: apr.-okt. di-zo, nov.-mrt. alleen zon/fstd. 10-12 en 14-16, groepen na vooraanmelding. Getoond wordt het 2e Italiaans Romeinse legioen, staatscultus en stadsrecht, civiel stadsleven, begrafeniscultuur en binnenhuisarchitectuur. 1989 Oostenrijkse museumsprijs.
- **Stadtturm**, Hauptpl. 1565-68 Gebouwd renaissancemeesterwerk; de wacht- en klokketoren is een markant symbool voor zelfbewuste (protestantse) burgerij. Mei-sept., ma-zon. 10.00u uitsluitend na aanmelding bij VVV.
- **Schloss Ennsegg**, noordelijke stadrand, door de Basteigasse. Gebouw met vier verdiepingen en massieve hoektoren, ca. 1565.
- **Burg Enns**, Wiener Str. 9-13. Residentie van de regerend landsheer, ontstaan in 1475 door samenvoeging van 3 burgerhuizen. De gotische elementen zijn in de woon- en zakenpanden geïntegreerd.
- **Basilica St. Laurenz-Lorch**, Basilikastraße, ✆ 84010 en 87412, rondleidingen april-

okt. ma-zo 16 en na afspraak. Sinds 1970 voorzien van de titel „pauselijke basilica" en de rang aartsbisdom. Nauw verweven met de heiligen Severin, Florian en Laurentius. De kerk demonstreert als geen andere in Oostenrijk en Beieren 17 eeuwen christelijke continuïteit. Bouwkundig bezien zijn Romeinse, vroeg-christelijke, karolingische en middeleeuwse elementen tot één geheel versmolten. Ook een onderaardse Rom. stadstempel uit het jaar 180 AD valt er te bezoeken.

Stadtplatz. Rondom de stadstoren getuigen vele goed bewaard gebleven huizen - meest gotisch met renaissance- en barokgevels - van een opmerkelijke stedebouwkundige prestatie. Bezienswaardig is ook de in 1995 ontdekte put uit de 16e eeuw.

Parochiekerk St. Marien, Pfarrg. Schilderachtig gotisch geheel (vnl. rond 1270 gebouwd), bestaande uit hoofdkerk, Wallseer kapel, kruisgang en franciscanenklooster. De kerk had zwaar

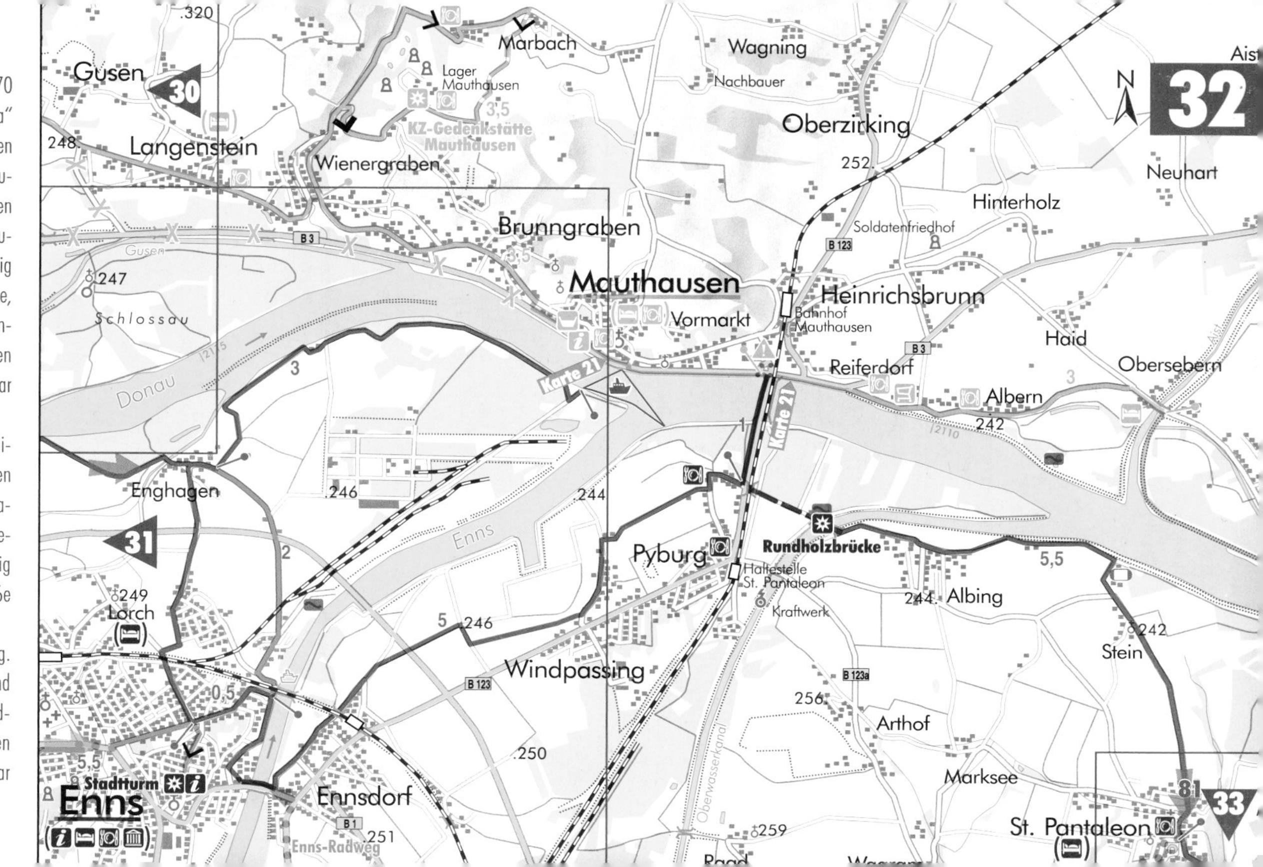

te lijden onder de regotisering in de 19e eeuw.

- **Rondleidingen** mei-mid.sept, dag. 10.00u info bij VVV 3 rondleidingen: (Frauenturm, Stadtturm, Kapelle vom Schloss ennsegg)
- **IVV Ennser Stadt-Erlebnisweg**: spannende tijdreis door meer dan 2000 jaar historie. De route loopt van de Romeinse nederzetting Lauriacum naar de middeleeuwse binnenstad. Bijzonder is ook het Geologiepark; hier kunt u de loop van de rivier de Enns onderzoeken.

Beroemd werd **Enns** *door de vele historische gebeurtenissen die zich hier afspeelden en een reeks van kunsthistorisch beduidende monumenten. Keerpunt in de geschiedenis was het verlenen van de stadsrechten in 1212, 10 eeuwen na de stichting van Lauriacum. Tijdens de reformatie was Enns een protestants bolwerk en zetel van de „Landschaftsschule", een school voor de educatie van adellijke jeugd en de geestelijke voorloper van de Universiteit Linz.*

Via de **Mauthausener Straße**, verlaat u Enns weer via de Stadlgasse; de wegwijzers „Zum Donauradweg" volgen.

Van Enns naar Mauthausen 5,5km

Richting het fietsveer Enns-Mauthausen-Mostviertel slaat u linksaf de Lorcherstrasse in. U fietst over het spoor door en volgt de borden richting Enhagen. Bij het café/ restaurant rechts en na 100m links. U fietst nu om de chemiefabriek en komt - de geasfalteerde weg volgend - door een oeverbos. Dan moet de weg voor een betonnen bouwwerk uitwijken, verloopt echter praktisch parallel met de Donau. Al gauw ziet u op de andere oever de eerste, huizen van Mauthausen opduiken. Als u langs het natuurmonument Taborteich fietst, bereikt u het fietsveer (mei-aug. 9.00-19.00u, sept. 9.00-18.00u).

Over de zuidoever Van Enns naar Wallsee 26 km

Op de weg van Enns naar de Donaubrug voor de spoortunnel in Enns rechtsaf. Zo komt u op de hoofdweg, waar u dan links de Enns oversteekt. Aan de overkant volgt u het bord *„Zum Donauradweg"* naar links.

Tip: Hier is het knooppunt met de Ennsradweg.

U passeert Ennsdorf en fietst onder het spoor door. Na de laatste boerderij loopt de asfaltweg rechts richting provinciale weg. U houdt rechts aan; de brede asfaltwegweg, dan nogmaals links en weer rechts; nu rechtdoor naar Windpassing. Onderweg steekt u een goederenspoor over, dat naar de Ennshaven leidt. In **Windpassing** voor een grote, witte boerderij slaat u links de Dorfstraße in. Aan het eind van het dorp maakt de straat een scherpe draai naar rechts en komt na 750 meter - reeds in **Pyburg** - bij een dwarsstraat uit.

Pyburg

Hier slaat u linksaf en volgt de weg naar rechts. Zo bereikt u de weg naar de Donaubrug. Over de weg en onder het spoor door. Rechtdoor over een onverhard fietspad naar het „Oberwasserkanal" links richting Wallsee.

Tip: over het kanaal is een nieuwe „Rundholz"-brug de langste van Europa met 88meter op 4 brugpeilers.

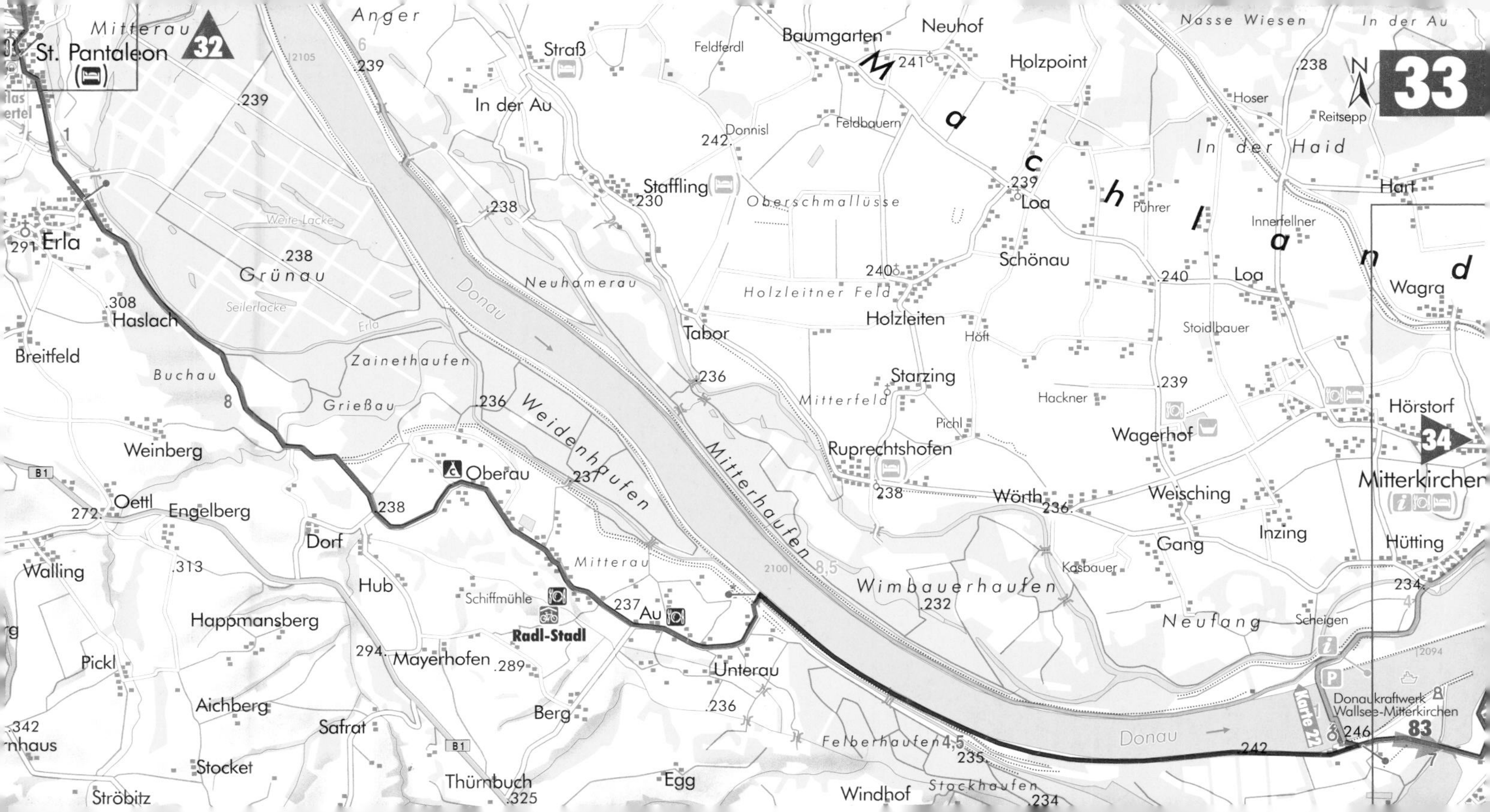

33
32
34
St. Pantaleon
Mitterau
Anger
Straß
Baumgarten
Neuhof
Holzpoint
Nasse Wiesen
In der Au
Feldferdl
In der Au
Donnisl
Feldbauern
Machland
Hoser
Reitsepp
In der Haid
Staffling
Oberschmallüsse
Loa
Pührer
Hart
Innerfellner
Erla
Weite Lacke
Grünau
Neuhamerau
Schönau
Loa
Wagra
Holzleitner Feld
Haslach
Seilerlacke
Donau
Holzleiten
Tabor
Stoidlbauer
Höft
Breitfeld
Zainethaufen
Buchau
Starzing
Mitterfeld
Hackner
Grießau
Weidenhaufen
Hörstorf
Pichl
Wagerhof
Weinberg
Mitterhaufen
Ruprechtshofen
Oberau
Mitterkirchen
Wörth
Weisching
B1
Oettl
Engelberg
Inzing
Hütting
Dorf
Gang
Walling
Mitterau
Kasbauer
Hub
Wimbauerhaufen
Schiffmühle
Au
Neufang
Scheigen
Happmansberg
Radl-Stadl
Pickl
Mayerhofen
Unterau
Donaukraftwerk Wallsee-Mitterkirchen
Aichberg
Berg
Karte 22
Safrat
Felberhaufen
Donau
83
Stocket
Thürnbuch
Egg
Windhof
Stockhaufen
Ströbitz

Deze goederenweg volgt eerst het kanaalverloop en komt dan dicht langs het plaatsje **Albing**. Als het kanaal in de Donau mondt, beroert de route kort de Donauoever en verloopt ongeveer 700 meter over de dijk.

Hoewel de weg langs de rivier verlokkend is, is ze de volgende 8 km slecht berijdbaar; (dit dient als overstromingsgebied en is ook bij lage waterstand slecht berijdbaar) u verlaat daarom voor het **sportveld** de dijk en fietst zigzaggend tot de volgende straat. Hier slaat u linksaf en komt dan door het dorp **Stein** en verder naar St. Pantaleon.

St. Pantaleon

postcode: 4303; netnummer: 07435

Gemeentehuis, ✆ 7271

Aansluiting met het **Mostviertelfietspad**

In **St. Pantaleon** fietst u rechtdoor tot u na de kerk bij een splitsing komt. Hier volgt u de wegwijzers van het **Donaufietspad** naar links.

Tip: Hier slaat ook het Mostviertelfietspad af, de bikeline-Radatlas Mostviertel-radatlas wijst de weg door de prachtige Mostviertel-streek.

Bij het volgende dorp, **Erla** rechtdoor en u bedwingt een heuveltje. 2,5 Kilometer na Erla fietst u over een bruggetje en gaat u bij de volgende kruising rechtdoor en volgt de lange bocht naar links. Tussen de boerderijen van **Oberau** draait de straat weer naar rechts en komt u langs een hotelletje met camping. U houdt links aan en langs perenbomen fietsend passeert u ook de hoeves van Au. Kort voor de Donau steekt u de tweede dijk over en fietst dan weer het fietspad op de buitenste dijk op.

Bij de Donau aangekomen fietst u weer stroomafwaarts. Aan het einde van het rechte dijkpad kunt u Wallsee reeds zien liggen met de silhouet van het Habsburger kasteel. Na 4 km komt u langs de **stuw Wallsee-Mitterkirchen** aan de overkant ligt de **hoofdroute** naar Mitterkirchen. Rechtdoor bij de oude loop van de Donau. Bij het infopunt heeft u 2 mogelijkheden. Rechtdoor of links 200m langs de oever tot aan de infotafel in het centrum, of 600m gedeeltelijk bergop naar 1 van de mooist onderhouden dorpspleinen langs de Donau is het de moeite waard hier even naar boven te fietsen.

Wallsee ≈km 2093 R

postcode: 3313; netnummer: 07433

Gemeentehuis Wallsee-Sindelburg, Nr. 22, ✆ 2216-22

Römermuseum. (Limes-Kastell-Adjuvense) ✆ 2270, tijden: 15 mei – 1 okt. Na afspraak hier ziet u alles van het leven van de romeinse soldaten en ook over de huisvrouwen uit die tijd. Tevens kunt u hier de grootste sleutel van het romeinse rijk bekijken.

Parochiekerk Sindelburg, 1 km ten zuiden. Gotisch-barok met altaarschildering van „Kremser Schmidt".

Barok „Mariensäule" uit 1710 van de Weense beeldhouwer benedikt Stober; keizerlijk monument en Annakapelle.

Donautreff Binder, Josefstr. 29, ✆ 29969

Van Wallsee naar Ardagger *11,5 km*

Nadat u het burchtcomplex in de rechterbocht van de weg bent gepasseerd, gaat u rechtdoor de 30km/u zone in. Na het schoolgebouw met een bocht naar links bergaf, en bij de dwarsstraat verder naar rechts. U volgt hier de rustige landweg

34
35
33
Hofstetten
Freilicht-museum
Lehen
Wagra
Labing
Mitterkirchen
Kaindlau
Hackfeld
Schwaighofer
Mettensdorf
Pitzing
Froschau
Haselbauer
Saxendorf
Eizendorf
Rosenhaufen
Hofkirchen
Patzenhof
Windhim
Wetzelsdorf
Knappelsberg
Dornach
Hollerau
Winklinger-Haufen
Donau
Mitterhaufen
Weidenhaufen
Häundlhaufen
Hochau
Winkling
Brandhof
Fuchshof
Ardagger Mark
Bockreut
Grenerhaufen
Bach
Kirchfeld
Au
Hagenau
Hundertleiten
Mühlhaufen
Ufer
Burg
Wallsee
Unterau
Roßwiese
Sommerau
Sindelburg
Hummelberg
Leitzing
Empfing
Ardagger Stiftskirche
Moos
Doppstein
Hinterholz
Stephanshart
Pfaffenberg
Aigen
Hörzenleiten
Salvetär
Schneckenreit
Kälbersberg
Groppenberg
Zehenthof
Hofing
Schweinberg
Dorf
Hebmannsberg
Geisthof
Weg
Zeitlbach
B 3
B 119

naar links. In Sommerau steekt u een geul over en fietst rechtdoor. Na de bebouwde kom knikt de straat naar links en doorkruist met vloeiende bochten een paar bosjes. 2,5 Kilometer verderop komt u bij het enigszins vreemd klinkende *„Gasthaus Zum Parlament"*, gelegen aan de oever van de even merkwaardige *Landgerichtsbach* (=kantongerechtsbeek).

Na nog eens 1,5 km slaat u linksaf naar Grein en **Ardagger-Markt**. Na een bocht naar rechts passeert u de Landgerichtsbach en fietst nu direkt op Ardagger-Markt af. Op één der talrijke heuvels troont het **Stift Ardagger** schilderachtig boven het rivierdal. Voor Ardagger-Markt kruist u de rondweg. Binnen de bebouwde kom bij de hoofdweg, naar links.

Tip: Voor u echter de Strudengau infietst, kunt u een korte omweg naar de kloosterkerk maken, om daar de unieke Margarethenvensters en de culinair interessante Mostgalerie te bezoeken en vanaf mei 2007 het nieuwe „Mostbirnhaus".

Ardagger-Markt ≈km **2084 R**

postcode: 3321; netnummer: 07479

- **Gemeentehuis**, Ardagger Markt 58, tel. 7312
- **Donauschifffahrt Ardagger**, rekreatiehaven, ✆ 64640, apr.-okt. zo en fstd., 14.00 en 16.00u, rondvaarten door de Strudengau.
- **Boerenmuseum**, klooster Ardagger-Gigerreith, langs de B 119, ✆ 7334, Rondleidingen na afspraak. Oostenrijks grootste volkskundige privéverzameling veraanschouwelijkt met meer dan 15.000 stukken boerenhandwerk, -wooncultuur en -vindingrijkheid.
- **Oldtimermuseum**, Ardagger stift, Tijden: mei-sept. 13.00-18.00u, zon/fst 09.00-18.00u met stukken van de Oldtimerverein Blindenmarkt, van 1900 tot heden.
- **Vroegere kloosterkerk**. Het oudste gedeelte is de romaanse crypta uit 1049. Centraal staat echter het beroemde Margarthenvenster in het oostelijk koor (1240), de oudste figuurlijke glasschildering in Oostenrijk en misschien het hele Duitstalige gebied.
- **Mostgalerie**, klooster Ardagger Stift, ✆ 6400, open: Pasen-eind okt. dag. 13-18 en na vooraanmelding. Topmostsoorten in vele smaken kan men hier proeven en kopen.
- **Mostbirnhaus**, Ardagger Stift, ✆ 0664-1215906 De bezoeker wacht een ware belevingswereld voor peren, most. Informatie en ontspanning. Open vanaf mei 2007.

Van Ardagger naar Grein — 8 km

Terug in **Ardagger-Markt** fietst u over de hoofdstraat richting Donau en na de bebouwde kom rechtdoor. Ongeveer 500 meter verderop gaat het bergop naar de rondweg, die men vervolgens bij **Gasthof Raderbauer** oversteekt. Hier volgt u de weg naar rechts. Bij de daaropvolgende splitsing houdt u links aan.

Bij de recreatiehaven Ardagger gaat het er levendig aan toe. Voor stemming zorgen een grillhut en een kinderspeelplaats. Ook een fietsinfo en een aanlegplaats voor de Donauscheepvaart vindt men hier. Langs de rijksweg bereikt het fietspad tenslotte de Donaubrug voor Grein.

Van Grein naar Ybbs — 25 km

Vanaf de Donaubrug bij Grein fietst u over een mooie oeverweg de Strudengau in. Vanaf het gehucht **Wiesen** worden zowel dal als weg nauwer. U nadert de eens door schippers gevreesde flessehals bij Struden. Ter hoogte van het eiland **Wörth** veroorzaakten vroeger de **Haussteinfelsen** kolken. Al vroeg werd door de landtong, die de rots met de rechteroever verbond, de **Hößgang** gegraven, waardoor de schippers bij hoogwater konden uitwijken. Hier dankt het plaatsje Hössgang zijn naam.

Hössgang

Hier verlaat de weg kort de oever en loopt om een meertje heen. Na Hößgang ziet u links het vroegere tolstation, **Burg Werfenstein**, en de plaatsjes Struden en **St. Nikola**.

Het Donaudal wordt nog nauwer, de granietrotsen reiken nu tot de oever. In het hier permanent voor anker liggende restaurantschip, kan men behalve landschappelijk, ook culinair genieten.

Na 12 km bereikt u **Freyenstein**.

Freyenstein

Boven het plaatsje troont op een beboste heuvel een kasteelruïne. Op de bodem van de rivier woont hier de legendarische Donauvorst „Nöck". Deze laat zich echter zelden en alleen bij volle maan zien.

Verder gaat het over de oever door Willersbach, een dorp met hotel/pension en camping. De Strudengau is langzaam voorbij en na nog eens 7 km bereikt u de stuw **Ybbs-Persenbeug**, die in plaats van een brug de twee plaatsen met elkaar verbindt. Bij het bruggehoofd vind u een bord met fietsinfo. Let bij het oversteken van de rails goed op het kan behoorlijk glad zijn!

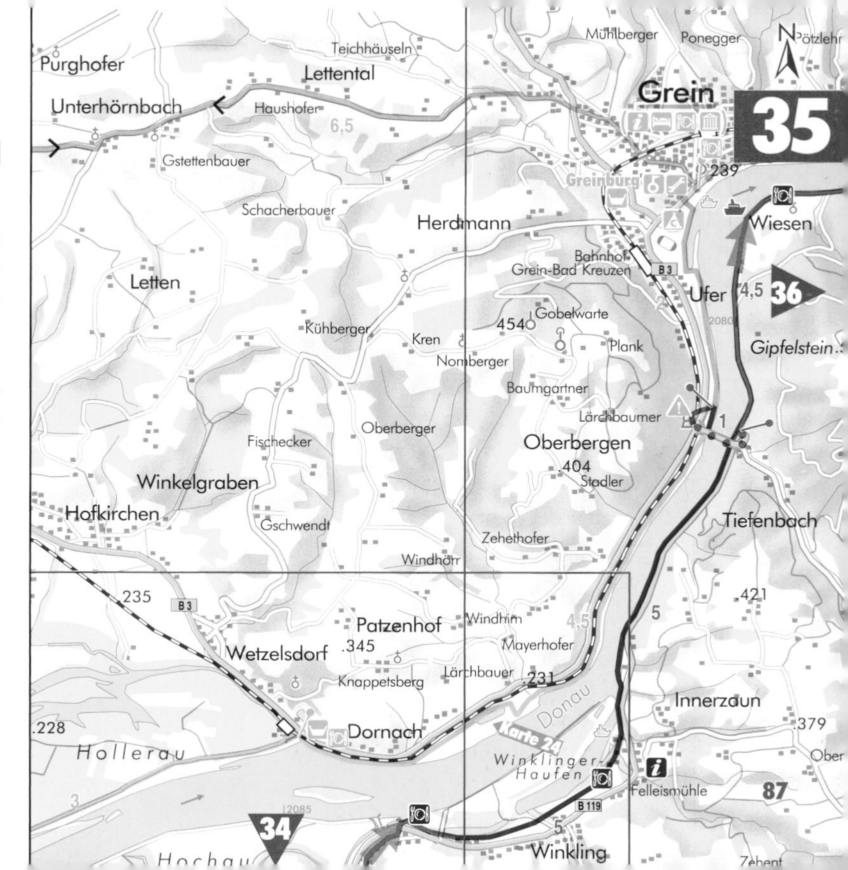

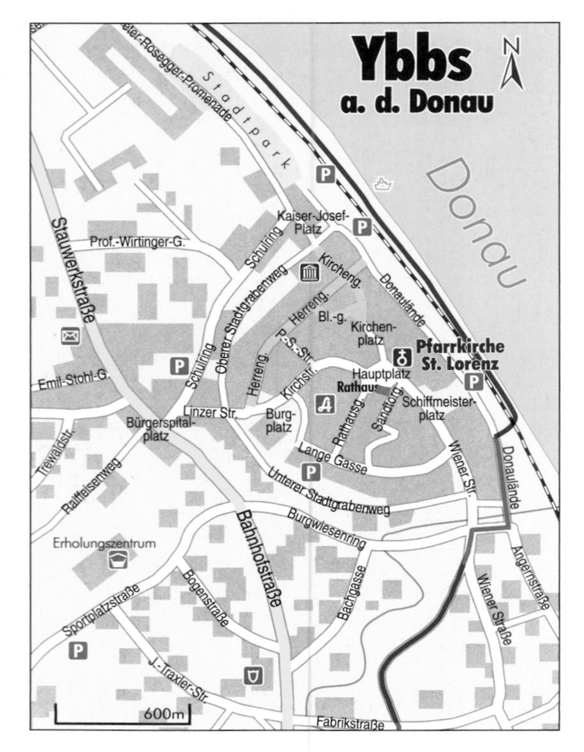

Van Ybbs naar Melk 28 km

Aan het zuideinde van de stuw Ybbs-Persenbeug volgt u eerst het fietspad aan de linkerzijde. 50 meter na de **fietsinfo** fietst u dan naar links over het spoor en naar beneden richting oever. Na 2 km bereikt u de **Promenade** van Ybbs en slaat na het einde van de rij lantarens rechtsaf. U passeert resten van vroegere vestingwerken en slaat linksaf de **Wiener Straße** in. Vóór u verder fietst, is het aan te raden naar rechts naar het dorpsplein te fietsen, om de sfeervolle oude binnenstad te bekijken.

Ypps a.d. Donau ~km 2058R

postcode: 3370; netnummer: 07412

- **Tourist-Information**, ✆ 55233. open: mei-okt.www.ybbs.at
- **fietsmuseum**, Herreng. 12, ✆ 52612. na aanmelding te bezichtigen. Alles over fietsen en toebehoren. Het oudste stuk is een Praagse hoogfiets uit 1883
- **Parochiekerk hl. Lorenz**. Drieschepige kerk met netgewelf, ca.1500. Kansel, orgel, verguld hoogaltaar uit 1730.

- **Altstadt**. Het saneren van de burgerhuizen uit de renaissance en de deels bewaard geblevene stadswallen is voorbeeldig gebeurd.

Over de **Wiener Straße** fietst u de stad uit. U steekt een beekje over en na de eerste straat halfrechts fietst u op het fietspad. Dit leidt door een klein parkje. Verder rechtdoor komt u op de brede Stationsstraat, die u links op het fietspad

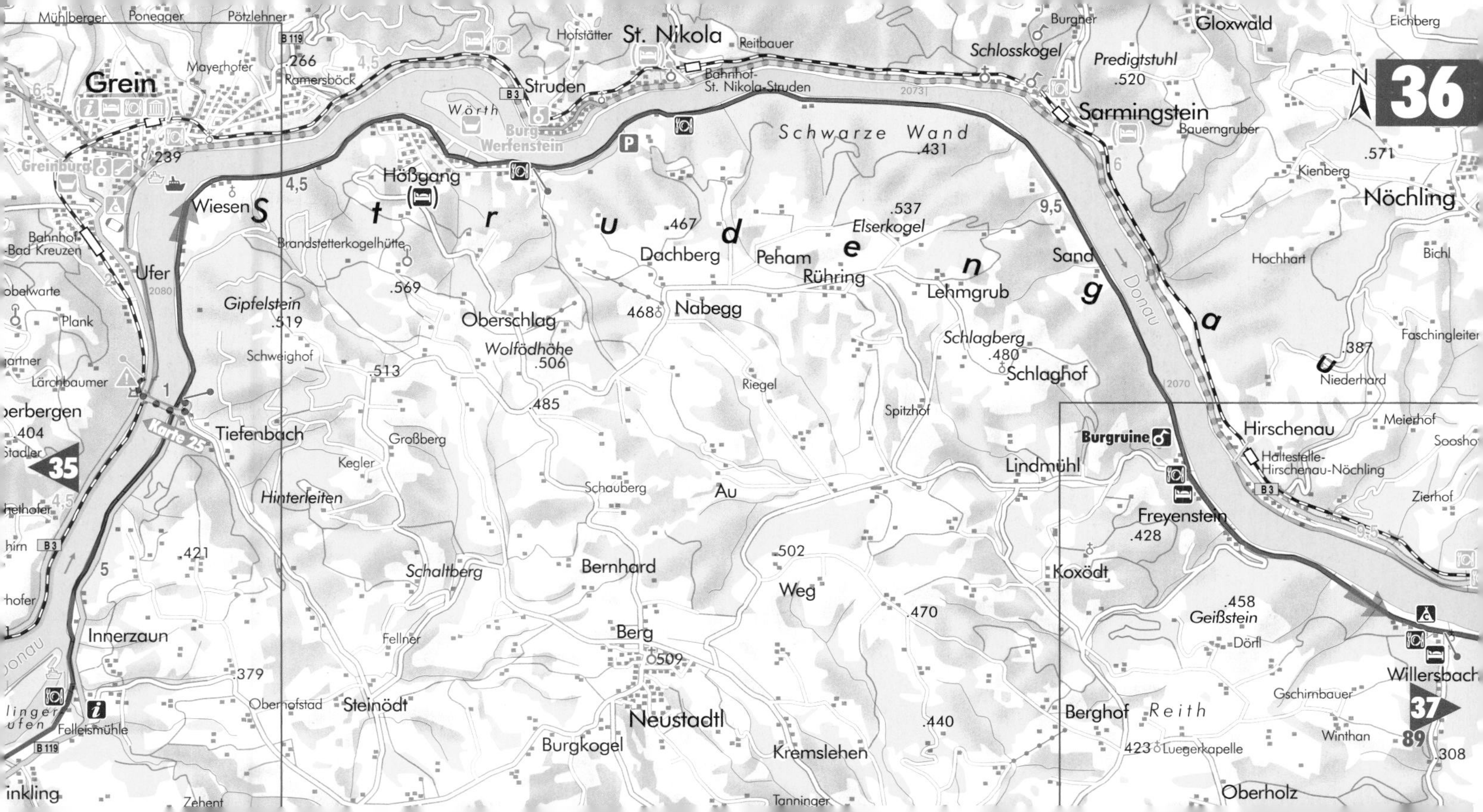

36
Grein
Greinburg
Mühlberger
Ponegger
Pötzlehner
Mayerhofer
Ramersböck
B 119
Hofstätter
St. Nikola
Reitbauer
Struden
Bahnhof-
St. Nikola-Struden
Wörth
Burg
Werfenstein
B 3
Burgner
Schlosskogel
Gloxwald
Eichberg
Predigtstuhl
.520
Sarmingstein
Bauerngruber
Schwarze Wand
.431
.571
Kienberg
Nöchling
Hößgang
Wiesen
4,5
.239
.266
Strudengau
Brandstetterkogelhütte
.467
Dachberg
.537
Elserkogel
Peham
Rühring
9,5
Sand
Hochhart
Bichl
Bahnhof
-Bad Kreuzen
Ufer
2080
obelwarte
Plank
Gipfelstein
.519
.569
Oberschlag
468
Nabegg
Lehmgrub
Donau
Schlagberg
.480
Schlaghof
Faschingleiten
.387
Niederhard
Schweighof
Wolfödhöhe
.506
.513
Riegel
2070
ärtner
Lärchbaumer
1
.485
Spitzhof
Meierhof
Soosho
Hirschenau
Haltestelle-
Hirschenau-Nöchling
Burgruine
erbergen
.404
Stadler
35
Karte 25
Tiefenbach
Großberg
Kegler
Lindmühl
hethofer
Hinterleiten
Schauberg
Au
Freyenstein
.428
Zierhof
hirn
.421
5
Schaltberg
Bernhard
.502
Weg
Koxödt
hofer
.458
Geißstein
.470
Dörfl
Innerzaun
Fellner
Berg
.509
.379
Willersbach
Oberhofstad
Steinödt
Neustadtl
Gschirnbauer
Berghof
Reith
.440
Felleismühle
Burgkogel
Kremslehen
423
Luegerkapelle
Winthan
37
.308
inkling
Zehent
Tanninger
Oberholz

richting Melk volgt. Markering op het fietspad vergemakkelijkt de oriëntatie. Na het oversteken van de Ybbs gaat het Donaufietspad links verder. Bij de monding van de Ybbs in de Donau rolt u de dijk af en fietst over het jaagpad verder langs de Donau. Het fietspad slingert tussen rivier en spoor, komt door het gehucht **Aigen** en gaat verder naar Säusenstein.

Säusenstein ~km 2054 R

Theresienkapelle. Laatste restant van een cisterciënzerklooster uit de 14e eeuw. Één juk, kruisgewelf, aansluitend zgn. Barokschloss.

Parochiekerk hl. Donatus. Hoog boven het plaatsje gelegen, laatbarok bouwwerk met bezienswaardige fresco's en een altaarstuk van Paul Troger (1746).

Verder gaat het over de oever, tot de weg voor **Diedersdorf** weer dichterbij het spoor komt. Bij de spoortunnel slaat u van de dorpsstraat af en keert terug naar de Donau. Aan de overkant steekt de bedevaartskerk van **Maria Taferl** scherp tegen de horizon af. In het volgende dorp, **Wallenbach**, buigt de weg bij een heiligenbeeld van de oever af en gaat verder langs de straat links van het spoor. Hier fietst u verder in de oorspronkelijke richting, tot u bij de Krumnaußbaumer haven linksaf naar het jaagpad af kunt slaan. Rechtdoor gaat u het dorp in.

Krummnussbaum ≈km 2049 R

Na het veer volgt een 3 km lang gedeelte links van de dijk tot de monding van de Erlauf. Daar fietst u naar rechts, naar de volgende brug. Onmiddellijk na het oversteken van de Erlauf komt u terug aan de Donauoever. Vervolgens komt u bij de brug van Pöchlarn naar Klein-Pöchlarn.

Pöchlarn ~km 2045 R

postcode: 3380; netnummer: 02757

Fremdenverkehrsstelle, ✆ 2310-11/7656

Oskar-Kokoschka-geboortehuis, Regensburger Str. 29, ✆ 7656, open: mei-okt. ma-zo 9-17. Documentatie en jaarlijks wisselende tentoonstelling. Vakkundige rondleidingen mogelijk.

Sammlung Franz Knapp, Rüdigerstr. 63. Wisselende tentoonstelling van etsen, aquarellen, tekeningen en grafisch werk van de „schilderende veerman".

Parochiekerk Mariä Himmelfahrt. Van buiten wordt het uitzien van deze 1389-1429 gebouwde en na 1766 gebarokkiseerde kerk bepaald door ingemetselde grafplaten en Romeinse stenen. Binnen zijn schilderijen van Martin Johann Schmidt (Kremser-Schmidt) te zien.

Stadsmuseum in Welserturm. Open; mei-okt. Tijden: ma.-vr. 09.00-12.00u, zat. 10.00-12.00u. Doorlopende tentoonstelling: „Arelape – het romeinse Pöchlarn" en voorwerpen uit de romeinse tijd. Tevens wisselende tentoonstellingen. Bij de bouw in 1484 vesting tegen Mattthias Corvinus van Hongarije, later vestiging van kooplieden uit Wels (zouthandel).

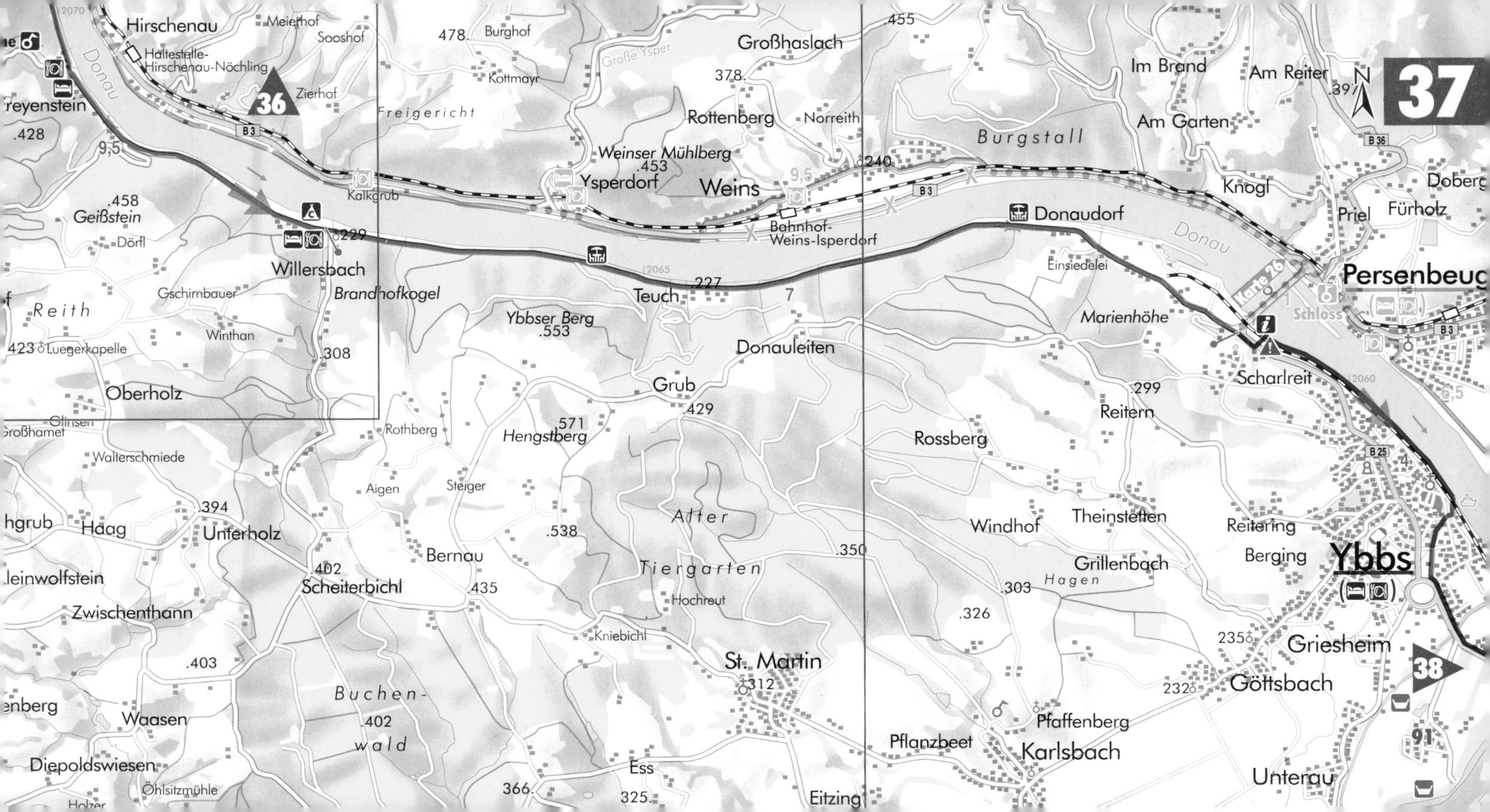

37
36
38
91
Karte 26
Hirschenau
Meierhof
Sooshof
Haltestelle-Hirschenau-Nöchling
Zierhof
Freyenstein
.428
9,5
B3
Donau
Burghof
478.
Kottmayr
Freigericht
Großhaslach
.455
Große Ysper
378.
Rottenberg
Norreith
Im Brand
Am Reiter
.397
Am Garten
Burgstall
B 36
Weinser Mühlberg
.453
Ysperdorf
Weins
240
9,5
Kalkgrub
Knogl
Doberg
Priel
Fürholz
.458
Geißstein
Dörfl
229
Bahnhof-Weins-Isperdorf
Donaudorf
Donau
Willersbach
Brandhofkogel
2065
Teuch
.227
7
Einsiedelei
Persenbeug
Schloss
Reith
Gschirnbauer
Ybbser Berg
.553
Marienhöhe
423
Luegerkapelle
Winthan
.308
Donauleiten
Oberholz
Grub
.429
Scharlreit
2060
6,5
.299
Reitern
Glinsen
Großhamet
Rothberg
571
Hengstberg
Rossberg
Walterschmiede
B 25
Aigen
Steiger
Alter
.394
Unterholz
Haag
hgrub
.538
Windhof
Theinstetten
Reitering
Berging
Bernau
Tiergarten
.350
Grillenbach
Hagen
Ybbs
.402
Scheiterbichl
.435
Hochreut
.303
.326
Kleinwolfstein
Zwischenthann
Kniebichl
235
Griesheim
.403
St. Martin
312
232
Göttsbach
Buchen-
wald
.402
Pfaffenberg
enberg
Waasen
Pflanzbeet
Karlsbach
Diepoldswiesen
Ess
Öhlsitzmühle
366.
325.
Eitzing
Unterau
Holzer
2070

Nibelungendenkmal, Donauländе. Monument met 16 mozaiekwapens van de belangrijkste plaatsen uit het Nibelungenlied van Worms en Verona tot Esztergom.

Fietswinkel: Pichler, Eisenstr. 2, ✆ 2456

Steeds dicht langs de Donau fietst u Melk tegemoet. Tot de stuw Melk zijn het nog 6 km rechtdoor. Op de achtergrond verschijnt het imposante silhouet van het benedictijnenklooster. Kort voor de stuw verlaat u de oever en na een bocht naar rechts steekt u een bedrijfsweg over. 300 Meter na de inrit naar de stuw slaat u linksaf en fietst tot het veerhuis bij Melk weer over de oever. Bij het veerhuis draait de weg naar rechts en bereikt na het oversteken van de Melk de stad.

Het centrum van Melk wordt rechtdoor via de Kremser Str. bereikt. Op het centrale plein kunt u direct het voetgangersgebied op gaan. De fietsroute naar het klooster gaat de kerk voorbij en verder rechts via de Bahnstr. op de volgende kruising met de Abt-Karl-Str. naar links; - rechtdoor is het station. De Jakob-Prandtauer-Str. aan de Wienerstr. Halflinks via een steile weg naar het klooster. Terug kunt u rechts weer op de Wiener Str. afbuigen en zo weer op het voetgangsersgebied komen.

Bibliotheek van het klooster Melk

Melk ~km 2036R

postcode: 3390; netnummer: 02752

Touristeninformation, Babenbergerstr. 1, ✆ 52307-410.

Benediktinerstift, ✆ 555232, open: hele jaar; 19. mrt.-april 9-17, mei-sept. 9-18, okt.-6. nov. 9-17. Schitterend barokcomplex van Europese rang, gebouwd van 1702 tot 1747 onder bouwheer Jakob Prandtauer op de plaats van het vroegere klooster. De fresco's in de Marmerzaal en de 70.000 banden omvattende bibliotheek zijn de indrukwekkendste schatten die men hier kan vinden.

Benedictijnenklooster Melk

Kloosterkerk hl. Peter und Paul. Barok bouwwerk uit de eerste helft van de 18e eeuw, uniek interieur met fresco's van J.M. Rottmayr, een 64 meter hoge koepel, geraffineerde lichteffekten, schilderijen van Tröger in de zijkapellen; indrukwekkende constellatie van zuilen, vrije ruimte, kronen, baldakijnen en medaillon.

Rathausplatz. Naast het voorm. Lebzelterhaus (1657) ook middeleeuwse profane bouwkunst.

Slot Schallaburg, bij Anzendorf (5,5 km ten zuiden van Melk), ✆ 02754/6317. Één der mooiste renaissancekastelen ten

38
39
37
Krummnußbaum
Annastift
Golling
Hinterleiten
Diedersdorf
Neustift
Säusenstein
Kirchenfeld
Sittenberg
Holzern
Oedhof
Schacherfeld
Obergraben
Mitterberg
Schacherhof
Höhlberg
Wolfring
Holzleithen
Eichberg
Ratzenberg
Maierhofen
Reist
Wolfsgrub
Sarling
Untereichen
Mitterndorf
Obereichen
Henning
Kolm
Thalling
Berging
Hohenau
Krottenthal
Unterweinzierlberg
Oberweinzierlberg
Polln
Unteregg
Neusarling
Donau
Ybbs
Persenbeug
Schloss
Karte 27
Donaudorf
Einsiedelei
Marienhöhe
Scharlreit
Reitern
Burgstall
Knogl
Priel
Fürholz
Holzian
Doberg
Im Brand
Am Reiter
Am Garten
Eichberg
Infang
Loja
Rottenhof
Rosenbichl
Forsthub
Rehberg
Metzling
Badeteich
Gottsdorf
Auf der Scheibe
Hagsdorf
Windhof
Theinstetten
Reitering
Berging
Grillenbach
Hagen
Griesheim
Göttsbach
Pfaffenberg
Karlsbach
Unterau
Au
B 3
B 36
B 25
B 1
A 1
93

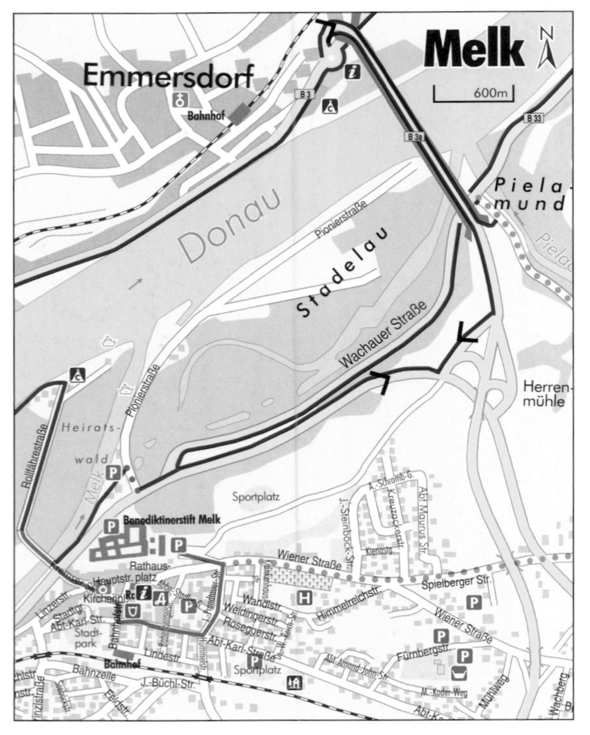

noorden van de Alpen; met terracotta versierde arcade, romaanse woonburcht, gotieke kapel, maniëristische tuin. Jaarlijks wisselende cultuurhistorische exposities.

Fietskluizen en stalling, Abbe-Stadler-Gasse, in het verlengde van het voetgangersgebied.

Het benedictijnenklooster ***Melk*** *markeert schilderachtig het begin van de Wachau, dit unieke samenspel van landschap, bouwkunst en stroom. Na eeuwen wisselvallige geschiedenis maakte het klooster aan het begin van 18e eeuw, onder abt Berthold Dietmayer, een grote bloei door. In bouwheer Jakob Prandtauer uit St. Pölten had hij een congeniale en economisch denkende partner gevonden. Deze schiep dit barokke pronkbouwwerk, na de oorlogen tegen de Turken, als uitdrukking van een nieuw levensgevoel, het versterkte machtsbesef van kerk en Habsburg.*

Tip: Het Donaufietspad gaat via de Donaulände naar links in het verkeer verder. Wanneer u verder op de rechteroever blijven will, buigt na het benzi-

Fresco's in het benedictijnenklooster Melk

nestation naar links naar de Wienerstr. Wanneer de route op de linkeroever gevolgd wil worden dient u de drukke verkeersweg de helling op te fietsen en dan naar links de Donaubrug afslaan. Wie zich de klim will besparen kan op de Wachauer Str. verder fietsen, aansluitend onder de brug door direct rechts richting Spielberg afslaan. Kort daarna weer rechts de kleine geasfalteerde weg de brug op volgen. Op de noordoever leidt dan het Donaufietspad weer langs de oeverweg de Wachau in.

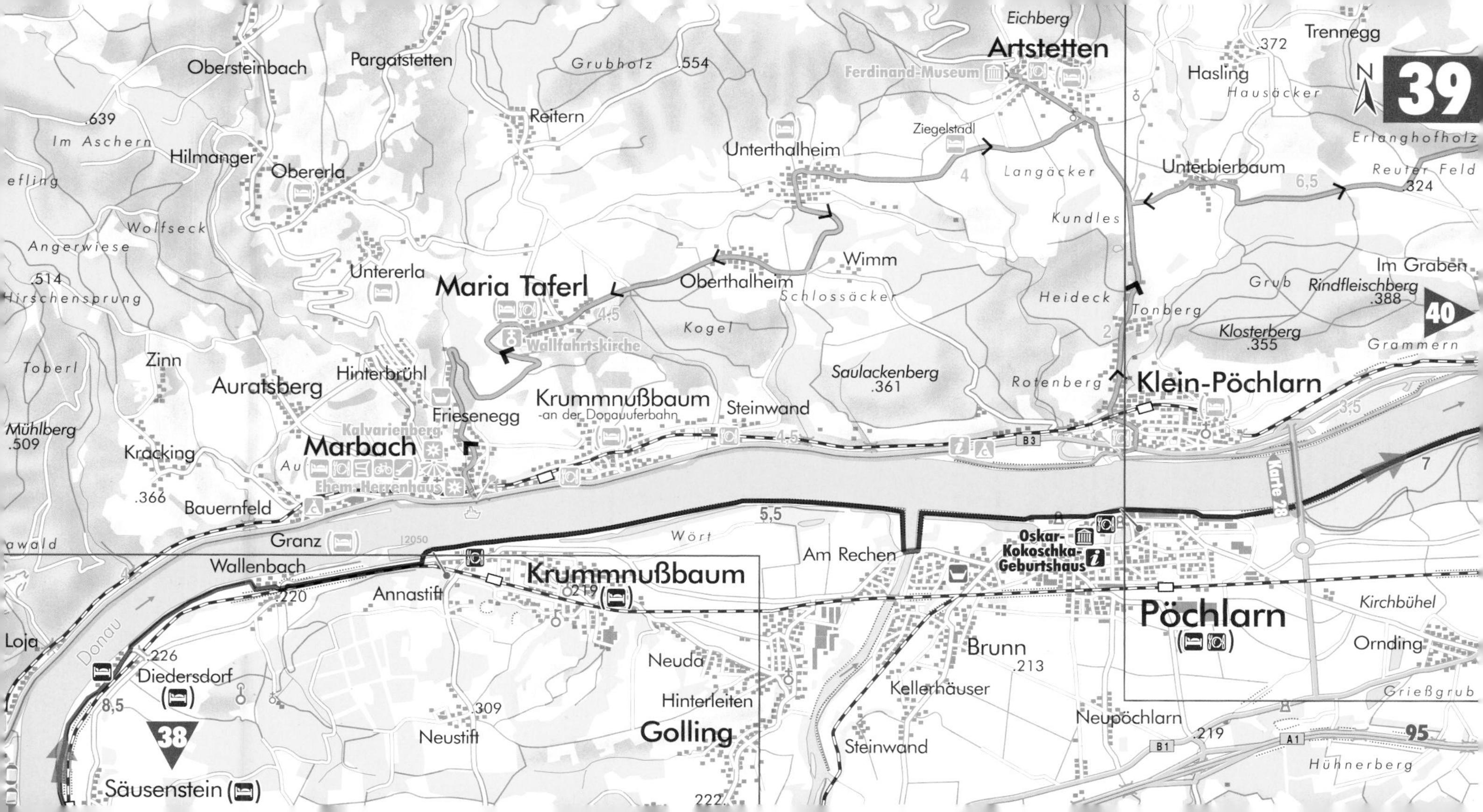
39
40
38
Artstetten
Eichberg
Ferdinand-Museum
Trennegg
Hasling
Hausäcker
Obersteinbach
Pargatstetten
Grubholz
.554
.372
Reitern
.639
Im Aschern
Hilmanger
Obererla
Unterthalheim
Ziegelstadl
Langäcker
Unterbierbaum
Erlanghofholz
Reuter Feld
.324
Wolfseck
Angerwiese
Kundles
Wimm
Untererla
Maria Taferl
Oberthalheim
Schlossäcker
.514
Hirschensprung
Heideck
Tonberg
Grub
Im Graben
Rindfleischberg
.388
Kogel
Wallfahrtskirche
Klosterberg
.355
Grammern
Toberl
Zinn
Auratsberg
Hinterbrühl
Saulackenberg
.361
Rotenberg
Klein-Pöchlarn
Krummnußbaum
-an der Donauuferbahn
Steinwand
Friesenegg
Mühlberg
.509
Kalvarienberg
Marbach
Kracking
Au
Ehem. Herrenhaus
B 3
Karte 28
.366
Bauernfeld
Granz
Wört
Am Rechen
Oskar-Kokoschka-Geburtshaus
Wallenbach
Krummnußbaum
.219
Annastift
.220
Pöchlarn
Kirchbühel
Loja
Donau
.226
Diedersdorf
Neuda
Brunn
.213
Ornding
Kellerhäuser
Grießgrub
.309
Hinterleiten
Neupöchlarn
Neustift
Golling
Steinwand
.219
B 1
A 1
95
Hühnerberg
Säusenstein
.222
4,5
4
6,5
2
3,5
7
5,5
8,5
4,5
2050

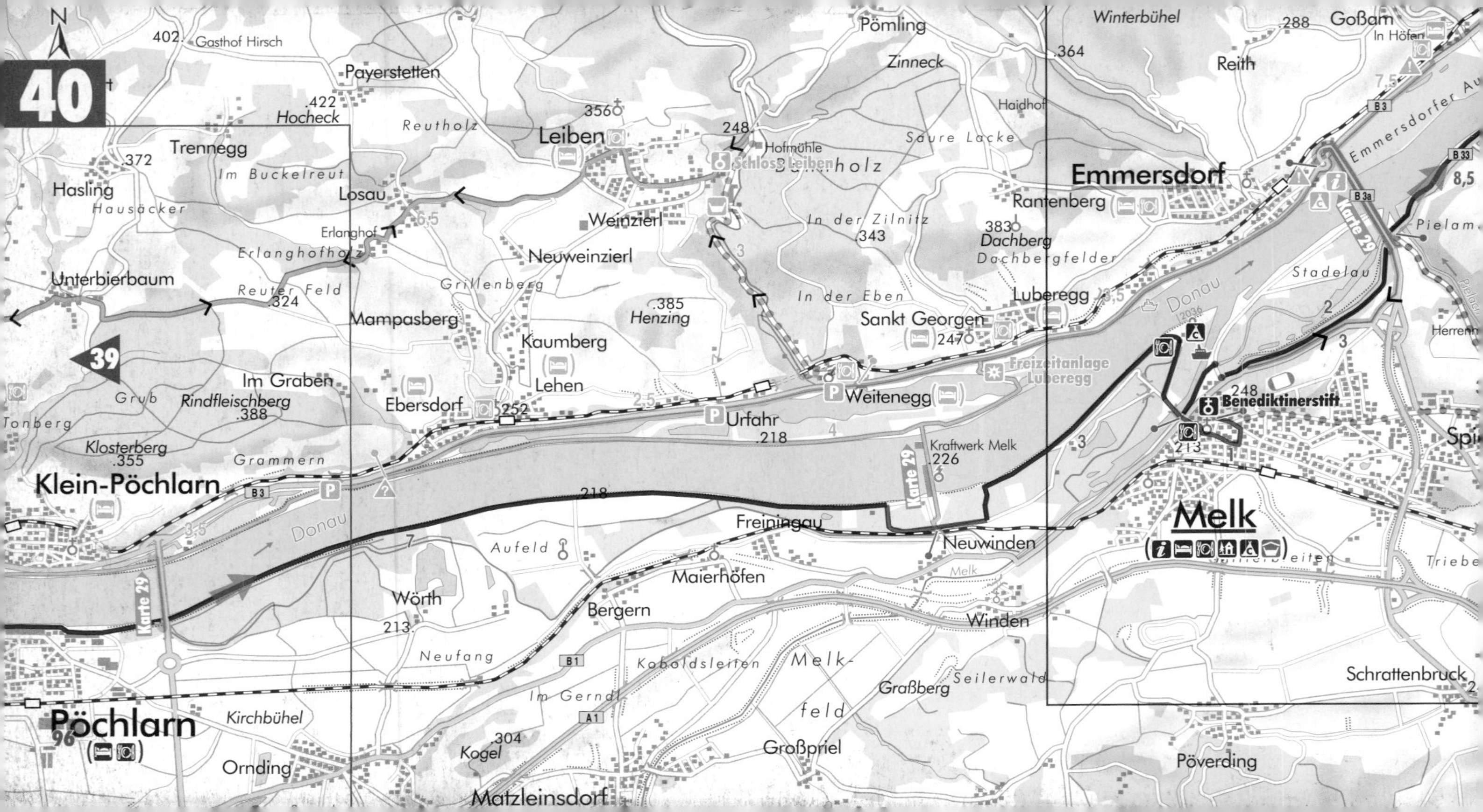

40
39
Gasthof Hirsch
Payerstetten
Hocheck
Reutholz
Leiben
Trennegg
Im Buckelreut
Hasling
Hausäcker
Losau
Erlanghof
Erlanghofholz
Weinzierl
Neuweinzierl
Unterbierbaum
Reuter Feld
Grillenberg
Mampasberg
Henzing
Kaumberg
Im Graben
Lehen
Ebersdorf
Grub
Rindfleischberg
Tonberg
Klosterberg
Grammern
Klein-Pöchlarn
Donau
Urfahr
Weitenegg
Schloss Leiben
Hofmühle
Pömling
Zinneck
Saure Lacke
In der Zilnitz
In der Eben
Sankt Georgen
Luberegg
Freizeitanlage Luberegg
Kraftwerk Melk
Winterbühel
Goßam
In Höfen
Reith
Haidhof
Emmersdorf
Emmersdorfer Au
Rantenberg
Dachberg
Dachbergfelder
Stadelau
Pielam
Herrenn
Benediktinerstift
Melk
Freiningau
Neuwinden
Aufeld
Maierhöfen
Wörth
Bergern
Winden
Neufang
Koboldsleiten
Melk-feld
Graßberg
Seilerwald
Im Gerndl
Schrattenbruck
Triebe
Pöchlarn
Kirchbühel
Kogel
Orndling
Matzleinsdorf
Großpriel
Pöverding
Karte 29

Van Melk naar Wenen (Noordoever) 121 km

Op de laatste etappe bereikt de reis voor velen zijn hoogtepunt: qua mildheid en liefelijkheid kan de Wachau als Donaulandschap bijna niet overtroffen worden. Een eeuwenoude wijncultuur liet de wijnterrassen op de zuidhellingen als het ware in de hemel lopen en verleent dit gebied zijn specifieke karakter.

Voorbij Krems presenteert het Donaudal zich met de wijdse uiterwaarden van het Tullner Feld geheel anders. En als dan tenslotte de Donau door de Weense poort is, loopt de lange reis door de uitlopers van het Wienerwald ten einde in de Donaumetropool Wenen.

Van Melk naar Altenworth fietst u op fietspaden en rustige landweggetjes. Tussen Altenwörth en Tulln volgt de Donauroute uitsluitend de zuidoever, dit wordt in de tekst duidelijk gemaakt. Vanaf Tulln gaat het dan weer naar de noordoever en komt men via een fietspad pal langs de Donau in de hoofdstad van Oostenrijk: Wenen.

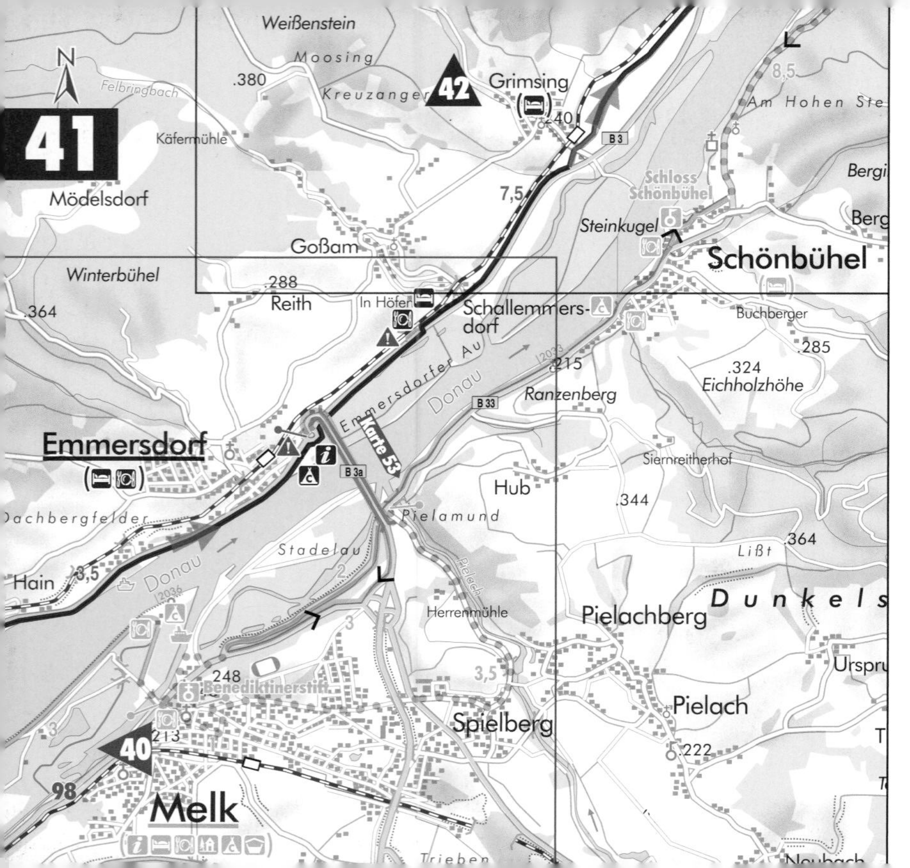

Over de noordoever Van Melk naar Spitz **20km**

Tip: bij de rotonde direct voor de Donaubrug is er een infobord met de mogelijkheid om kamers te reserveren. In de maanden mei-okt. Is er `s-middags ook iemand aanwezig.

Op de **hoofdroute** aan de **noordoever** fietst u onder de Donaubrug tussen Emmersdorf en Melk door en volgt het fietspad naast de straat. Na het plaatsbord van **Schallemmersdorf** moet u de oeverweg oversteken en op de linksgelegen ventweg verder fietsen. Een poosje pendelt de route tussen weg en spoor, alleen bij **Grimsing** buigt ze een beetje van de rijksweg af.

De goederenweg komt 1,5 km na Grimsing op de hoofdweg uit en u verwisselt dat voor het niet zeer brede fietspad, lopend tussen weg en spoor. U komt uit bij Aggsbach-Markt en slaat links de **Dorfstraße** in.

Aggsbach-Markt ≈km 2027 L

postcode: 3641; netnummer: 02712

- **Gemeentehuis**, ✆ 214
- **Laatromaansee parochiekerk** uit de 13e eeuw.
- **Erlebnispark Hubhof**, ✆ 241, 4 km van Maria Laach/Jauerling (293 meter hoog, volg de dwergen), open: pasen-begin sept. dag. 10-17, sept. en okt. op aanvraag. Leerzam sprookjespad en -parade, dinosaurusmuseum, wildwaterbaan, speelplaats (zomerrodelbaan, trampoline, minigolf...).

U laat **Aggsbach-Markt** achter u en zet de route voort langs de rijksweg. Op sommige plaatsen is het fietspad nog steeds zeer smal. Ongeveer ter hoogte van de ruïne slaat u linksaf naar **Groisbach**. U blijft rechts van het spoor en bereikt dan het volgende dorp, **Willendorf in der Wachau**.

Tip: Naar het Venusmuseum en de vindplaats van de Venus van Willendorf slaat u bij de kapel linksaf en u ziet direct links het museum. Voorbij de spoorpassage vindt u rechts het voetpad erheen. Vanaf de route, die dwars door Willendorf loopt, is het nagemaakte beeld overigens ook te zien.

„Venus von Willendorf" - monument bij de vindplaats

Willendorf ≈km **2024 L**

postcode: 3641; netnummer: 02712

- **Gemeentehuis** Aggsbach Markt, ✆ 214
- **Steinzeitmuseum**, Willendorf Nr. 4, ✆ 328, open: begin mei-midden okt. za 14-16, zo/fstd. 10-11.30 en 14-16 en na vooraanmelding.

Tijdens de bouw van de Donauoeverspoorlijn in 1908 werd in een laag löss bij Willendorf een 11 cm hoog, kalkstenen beeldje gevonden, dat een naakte, vetlijvige vrouw voorstelt. De vondst betekende een

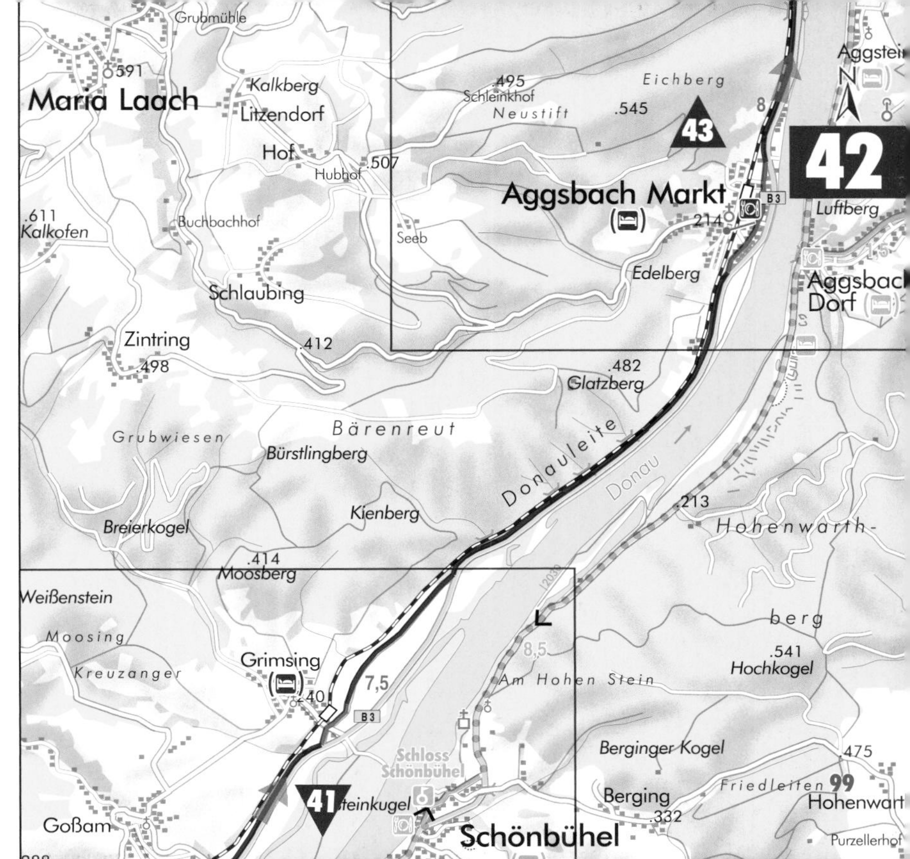

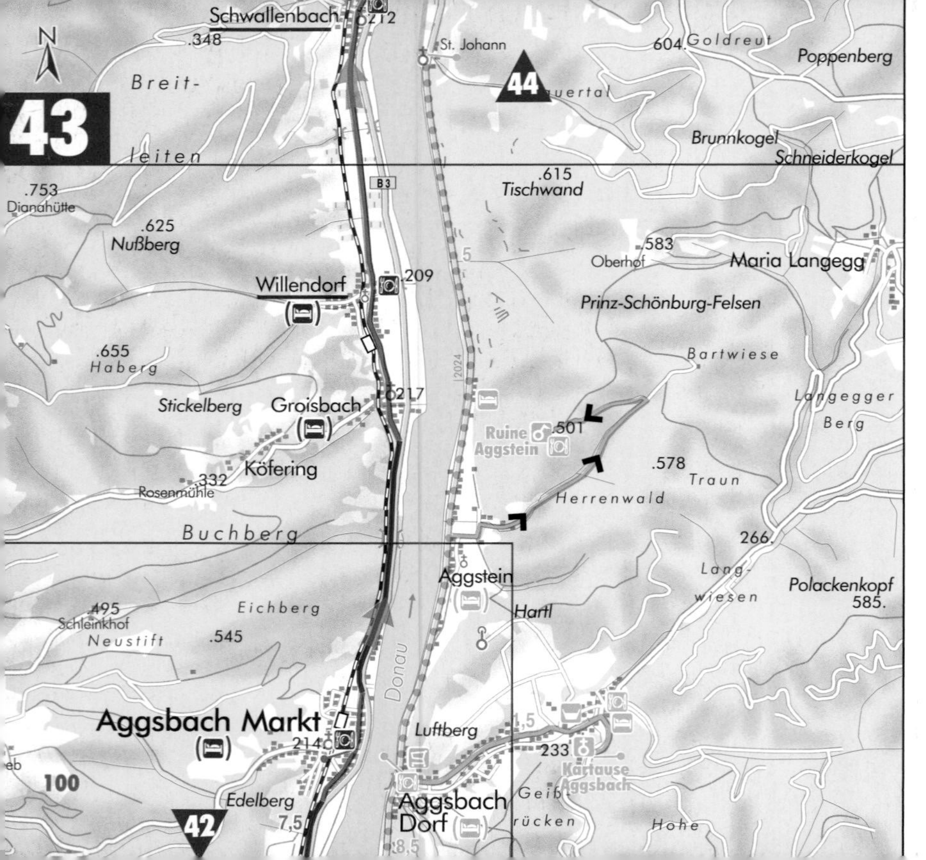

*wetenschappelijke sensatie. Er wordt aangenomen dat het een vruchtbaarheidssymbool of een symbool van de „Magna Mater" is. Vandaar de naam **„Venus van Willendorf"**. Van alle tot nu toe gevonden, vergelijkbare afbeeldingen uit het paleolithicum (vroege steentijd) - ca. 130 objecten van Zuidwest-Frankrijk tot Siberië - vindt men de sculptuur uit Willendorf de mooiste.*

Het volgende dorp heet **Schwallenbach**. Na de bebouwde kom voert het Donaufietspad over een rustige weg voor omwonenden door wijnterrassen. Nadat de weg in de rijksweg is overgegaan fietst u over het begeleidende fietspad. Na een korte rit bereikt u het onder de **ruïne Hinterhaus** gelegen dorp **Spitz**, in het hart van de Wachau. Bij de eerste dwarsstraat houdt u kort links aan en fietst dan voor het spoor naar rechts. Bij de volgende kruising gaat het een beetje naar rechts verder. Bij een dwarsstraat kunt u rechtsaf naar de pont, de weg naar het dorp gaat hier echter linksaf onder het spoor door. Na het spoor rechts naar het station of links naar de Kirchplatz.

Spitz a.d Donau ~km 2019 L

postcode: 3620; netnummer: 02713

Tourismusverein, ✆ 2363

Veer naar Arnsdorf: mrt., okt. ma-vr 6-18.30, za 7-18.30, zon/fstd. 8-18.30; april ma-vr 6-19.30, za 7-19.30, zon/fstd. 8-19.30, mei-sept.

Spitz aan de Donau

ma-vr. 6-20.30, za 7-20.30, zon/fstd. 8-20.30.

- **Slot Erlauhof met scheepvaartmuseum**, Erlahof, ✆ 2246, open: apr.-okt. ma-za 10-12 en 14-16, zo/fstd. 10-12 en 13-17. De Donauscheepvaart sinds de Romeinse tijd, vooral de geschiedenis van de vlotdrijvers, de trekschepen en reizen op de Donau wordt hier aanschouwelijk gemaakt.
- **Parochiekerk hl. Mauritius**, Marktpl. De laatgotieke (14e/15e eeuw) onderbouw draagt een ca. 100 jaar oudere, statige toren. Eveneens laatgotiek interieur met netgewelf en barokke elementen, bijv. het hoogaltaar van Kremser-Schmidt uit 1799.
- **Altes Rathaus.** Samen met het burgergasthuis (ca. 1400) een bezienswaardige gotieke bouwgroep met schilderachtig hof. Helaas door de spoorbouw ietwat ingeklemd.
- **Ruïne Hinterhaus.** Stond al in de 13e eeuw op zijn ongastvrije rots, in de 16e eeuw met de ronde torens uitgebreid, machtig belfort, gotische voorburcht en vestingwerken uit de renaissance.
- **Rotes Tor.** Deze gemetselde stadspoort

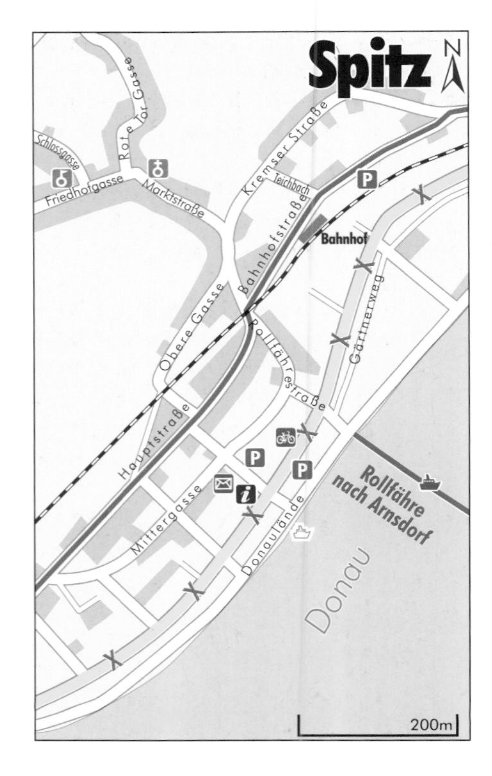

(Schwedentor) vormt al sinds generaties een'doorkijk voor karakteristieke panorama's van de Wachau.

De marktgemeente ***Spitz*** *(2000 inw.) ligt om de* ***„Tausendeimerberg"****, die zo heet, omdat zijn wijnstokken in goede jaren tot 1000 emmers wijn (ca. 56.000 liter) opleveren.*

Van Spitz naar Krems 19 km

Vanaf de **Kirchplatz** fietst u de **Marktstraße** naar beneden. U slaat linksaf de **Kremser Straße** in en fietst - parallel aan de Donau – verder. U fietst langs Hotel Mariandl, benoemd naar de gelijknamige film, en verder door de wijngaarden. Nadat u het spoor bent overgestoken gaat de route links van de rijksweg verder. Bij de bezienswaardige kerk van **St. Michael** gaat u weer de goederenweg op. Tussen Spitz en Dürnstein vindt u overigens de beste wijnen van de Wachau.

Na de panoramaweg komt u in Wösendorf aan. U fietst langs de kerk en slaat erachter rechtsaf. Bij de volgende dwarsstraat zwenkt u naar links en passeert op een ventweg Joching.

De kleine Ritzlingbach is volgens zeggen de naamgever van de wijnsoort Riesling. In de middeleeuwen naar het Rijnland verkast, keerde ze als Rijnriesling veredeld terug in de Wachau.

Wösendorf

Wijn in de Wachau

Reeds ten tijde van Karel de Grote moesten de bossen op de zuidhellingen van de Wachau plaats maken voor wijn. Tot heden zijn de wijnterrassen landschapsbepalend gebleven op dit klimatologisch begunstigde Donaugedeelte.

De wijnbouw leed echter ook onder tegenslagen: een klimaatverslechtering tijdens de middeleeuwen en later de 30-jarige oorlog voerden tot het verval van veel wijngaarden. In de tijd van Maria Theresia werden wijnkelders zelfs door azijnziederijen vervangen en rond 1890 overviel tenslotte de uit Amerika geïmporteerde wijnluis de stokken.

Tegenwoordig onstaan in de Wachau wijnen van internationale rang. In het bijzonder de witte wijnen, die uitstekend gedijen op löss, genieten veel aanzien bij kenners. Hier een kleine greep:

***Grüner Veltliner**: tafelwijn, prikkelend-wrang, droog tot halfdroog. **Rheinriesling**: oorspronkelijk uit de Wachau, zeer gewaardeerd vanwege zijn fijne bouquet. **Müller Thurgau**: fruitig, weinig zuur. **Neuburger**: zwaarder, mild-kruidig.*

***„Sturm"** heet de troebele druivenmost, die tijdens de eerste weken van het gistproces ontstaat en in de herfst graag wordt gedronken. Na 11 november wordt de most tot „Heuriger", de jonge wijn (heurig=van dit jaar). „Heurige" heten echter ook de uitspanningen waar de wijnboeren hun eigen wijn verkopen, meestal te herkennen aan de uitgestoken (ausg'steckt) rijstbossen.*

Weißenkirchen

Na een mooie rit door wijngaarden bereikt u een ander hoogtepunt van de Wachau, **Weißenkirchen**. Bij de dwarsweg gaat het linksaf naar de pont en rechtsaf naar Dürnstein en Krems. Onmiddellijk na de spoorwegovergang slaat u rechtsaf en fietst rechts van de kerk verder door het dorp. Zo komt u langs het **Wachaumuseum**.

Weissenkirchen **≈km 2013 L**

postcode: 3610; netnummer: 02715

Gemeentehuis, ✆ 2232, Info met Vinotheek 2600

Pont: Pasen-Allerheiligen ma-vrij 9-12 en 13.30-18.30, za-zo/fstd. 9-18.30.

Wachaumuseum, Teisenhoferhof, ✆ 2268, open: apr.-okt. di-zo 10-17. Wijnbouwwerktuigen en een historische wijnpers. Tevens jaarlijks wisselende tentoonstelling rond thema „Wijn".

Weerkerk St. Michael, 2 km stroomopwaarts. De gotische nieuwbouw stamt uit de tijd rond 1500, de parochie echter reikt nog 5 eeuwen verder terug en geldt als "oerparochie" van de Wachau. De legendarische 7 hazen aan het dak van het presbyterium stellen waarschijnlijk de "wilde jacht" met herten en jagers voor. Er bestaan echter nog meer legendarische verklaringen.

Teisenhofer- of Schützenhof, Marktpl. In zijn huidige vorm stamt dit bijzonder mooie renaissance-arcadehof uit de 2e helft van de 15e eeuw. Thans zetel van de 1e Neder-Oostenrijkse wijnacademie.

Parochiekerk Mariae Himmelfahrt, Kirchpl. de eerste delen van deze hooggelegen kerk, omgeven door een vrijwel intact weercomplex, ontstonden rond 1400. In het interieur vermengen zich laatgotische met barokke elementen.

Na de kerk in **Weissenkirchen** blijft u eerst nog op het Donauterras en fietst niet naar beneden, naar het station. Langs een mooie huizenrij met „Heurigen" verlaat u de plaats en zet na de spoorovergang de weg links van de straat op het fietspad voort. Na 1 km draait u naar links en volgt een goederenweg door de „Frauengärten". Als de hellingen weer de rivier naderen, gaat u verder op het fietspad langs de rijksweg. De ruïne van Dürnstein kondigt reeds de beroemdste plaats van de Wachau aan. Hier werd eens Richard Leeuwenhart vastgehouden.

Bij het plaatsbord van Dürnstein verwisselt u het fietspad voor de weg ernaast; de rijksweg komt door een tunnel in het dorpsgebied. Via een kleine heuvel bereikt de route, onder de ruine doorlopend, het centrum. Het mooiste zicht op Dürnstein heeft u echter vanaf het zwembad aan de Donauoever.

Dürnstein ≈km 2009 L

Door een poort verlaat u Dürnstein

Dürnstein

en steekt de rijksweg over. Slaat u bij de poort rechtsaf dan gaat het richting de **pont** naar Rossatz en verder stroomafwaarts richting openluchtzwembad. Gaat u daarentegen rechtdoor dan fietst u tussen wijn- en abrikozengaarden over een smalle straat. In de lente is een fietstocht door de Wachau een bijzondere belevenis. Langs het Fransenmonument uit 1805 fietsend, gaat u met de weg mee naar rechts. Onmiddellijk daarna slaat u linksaf de wijngaarden in.

*In **Unterloiben** fietst u links langs de kerk. Na het plaatsje passeert u een heiligenbeeld en ongeveer 20 meter daarna vindt u op een rotswand in grote letters een kryptische boodschap: **I. Kyselak**. Het is de naam van een reislustige zonderling uit de biedermeiertijd. Hij had met vrienden gewed, binnen 3 jaar in de gehele monarchie bekend te worden. Gewapend met kwast en verf trok hij het rijk in en vereeuwigde zich op alle (on)-mogelijke plaatsen. Reeds na anderhalf jaar had hij de weddenschap gewonnen. Volgens een anekdote bracht zijn vereeuwigingshonger hem ook bij de keizer, die hem ernstig de les las. Toen Kyselak weg was, ontdekte de keizer ook op zijn buro de welbekende naam.*

Aan de overkant van de rivier verheft het **klooster Göttweig** zich boven de vlakte. Bij een grotere wijngaard komt u weer terug op de hoofdroute. Op een bord wordt het einde van de Wachau aangekondigd.

Tip: Bij Förthof verwijdert de route zich van de weg en voert naar de oprit van de Mauterner Donaubrug. Via de brug komt u bij

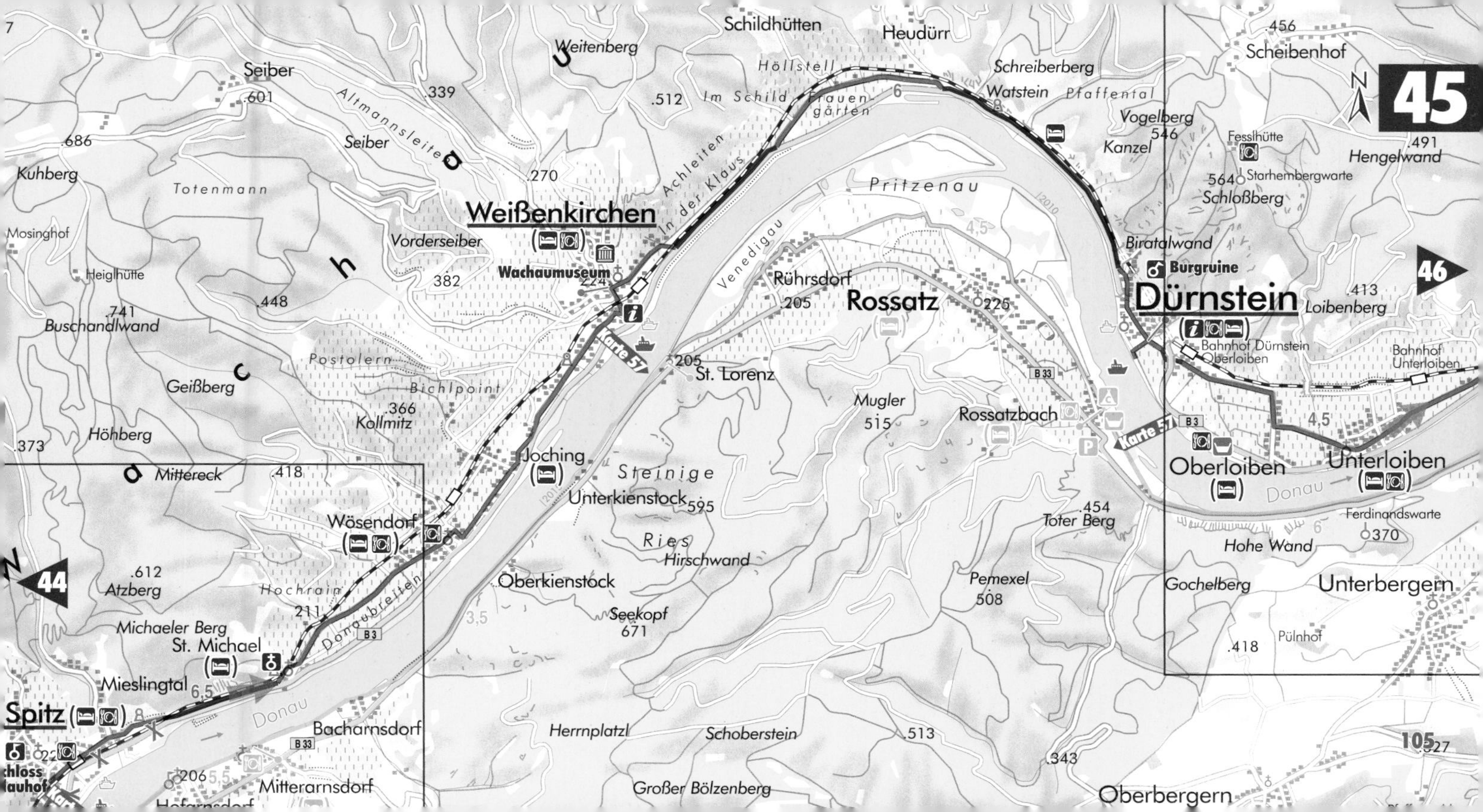
45
44
46
Schildhütten
Heudürr
Weitenberg
Seiber
.601
Altmannsleiten
.339
Höllstell
.512
Im Schild
Frauengärten
6
Schreiberberg
Watstein
Pfaffental
.456
Scheibenhof
Vogelberg
546
Kanzel
Fesslhütte
.491
Hengelwand
564
Starhembergwarte
Schloßberg
.686
Kuhberg
Seiber
.270
Totenmann
Achleiten
In der Klaus
Pritzenau
Weißenkirchen
Mosinghof
Vorderseiber
Wachaumuseum
224
Heiglhütte
382
.448
Venedigau
Rührsdorf
.205
Rossatz
225
4,5
Biratalwand
Burgruine
Dürnstein
.413
Loibenberg
.741
Buschandlwand
Karte 57
205
St. Lorenz
Bahnhof Dürnstein Oberloiben
Bahnhof Unterloiben
Postolern
Bichlpoint
B 33
Geißberg
.366
Kollmitz
Mugler
515
Rossatzbach
Karte 57
B 3
4,5
.373
Höhberg
Joching
Steinige
Oberloiben
Unterloiben
Mittereck
.418
Unterkienstock
595
Donau
.454
Toter Berg
Ferdinandswarte
Wösendorf
Ries
Hirschwand
6
370
Hohe Wand
.612
Atzberg
Hochrain
Oberkienstock
Pemexel
508
Gochelberg
Unterbergern
211
Donaubreiten
Michaeler Berg
B 3
3,5
Seekopf
671
St. Michael
.418
Pülnhof
Mieslingtal
6,5
Donau
Spitz
Bacharnsdorf
Herrnplatzl
Schoberstein
.513
.327
B 33
Schloss Hauhof
206
5,5
Mitterarnsdorf
.343
Großer Bölzenberg
Oberbergern

Mautern, waarvandaan u het tochtje naar klooster Göttweig kunt starten. (blz. 124)

De **hoofdroute** blijft op de **noordoever** en bereikt **Stein** aan de Donau. Over een nevenrijstrook van de Donauweg fietst u langs het dorp, de verlokkende Steiner Landstraße achter de Linzer Tor befietsen is hoewel het een éénrichtingsweg is, voor fietsers toegestaan.

Stein a. d. Donau **≈km 2003 L**

postcode: 3504; netnummer: 02732

- **Krems Tourismus**, Undstr. 6, ✆ 82676.
- **Parochiekerk St. Nikolaus**, Steiner Landstr. 15e Eeuwse trappenkerk met 3 schepen en langkoor. Ondanks een regotisering in 1901 bleven fresco's en altaarstukken van Martin Johann (Kremser) Schmidt behouden.
- **Minoritenkirche** - Kunst.Halle.Krems, Minoritenpl. Pijlerbasilica met 3 schepen, één van de vroegste gewelfbouwwerken van Duitse bedelordes (1264). Beduidend de fresco's uit de 14e eeuw, o.a. madonna en stichters. Thans expositieruimte voor moderne kunst.
- **Steiner Landstraße**. De goed geconserveerde huizen en de ingelaste pleintjes met barokke beelden en zuilen verlenen deze straat een speciale charme.
- **Voorm. Frauenbergkirche**, boven de parochiekerk St. Nikolaus. Gebouwd 1380, machtig kruisribbengewelf in de Turmraum. Oorlogsmonument sinds de restauratie van 1963.
- **Kunstmeile**, ✆ 908000. Kunsthal en Karikatuurmuseum/Deix Haus. In de kunsthal wordt het hele jaar door een boeiend programma getoond. Het karikatuurmuseum is het eerste in zijn soort in Oostenrijk waar Satire, Karikatuur en kritische tekeningen worden tentoongesteld. Een bijzondere collectie is die van Deix, die met 200 stukken op de bovenste etage te zien is.

Na Stein gaat de Donauoeverweg dan over in een grotere straat met aan weerszijden fietspaden, die rechtdoor naar Krems loopt. Het centrum van Krems is niet ver meer; de 2 plaatsen zijn vrijwel aan elkaar

Stein aan de Donau

gegroeid. Na het spoorviaduct komt u op de **Ringstraße** langs de **jeugdherberg**. Na het **Stadtpark** linksaf de **Utzstraße** inslaan. Die brengt u via de **Südtiroler Platz** naar het voetgangersgebied in de oude kern. Door de **Obere Landstraße** bereikt u de rivier de Krems en rechtsom gaat het weer terug naar het Donaufietspad.

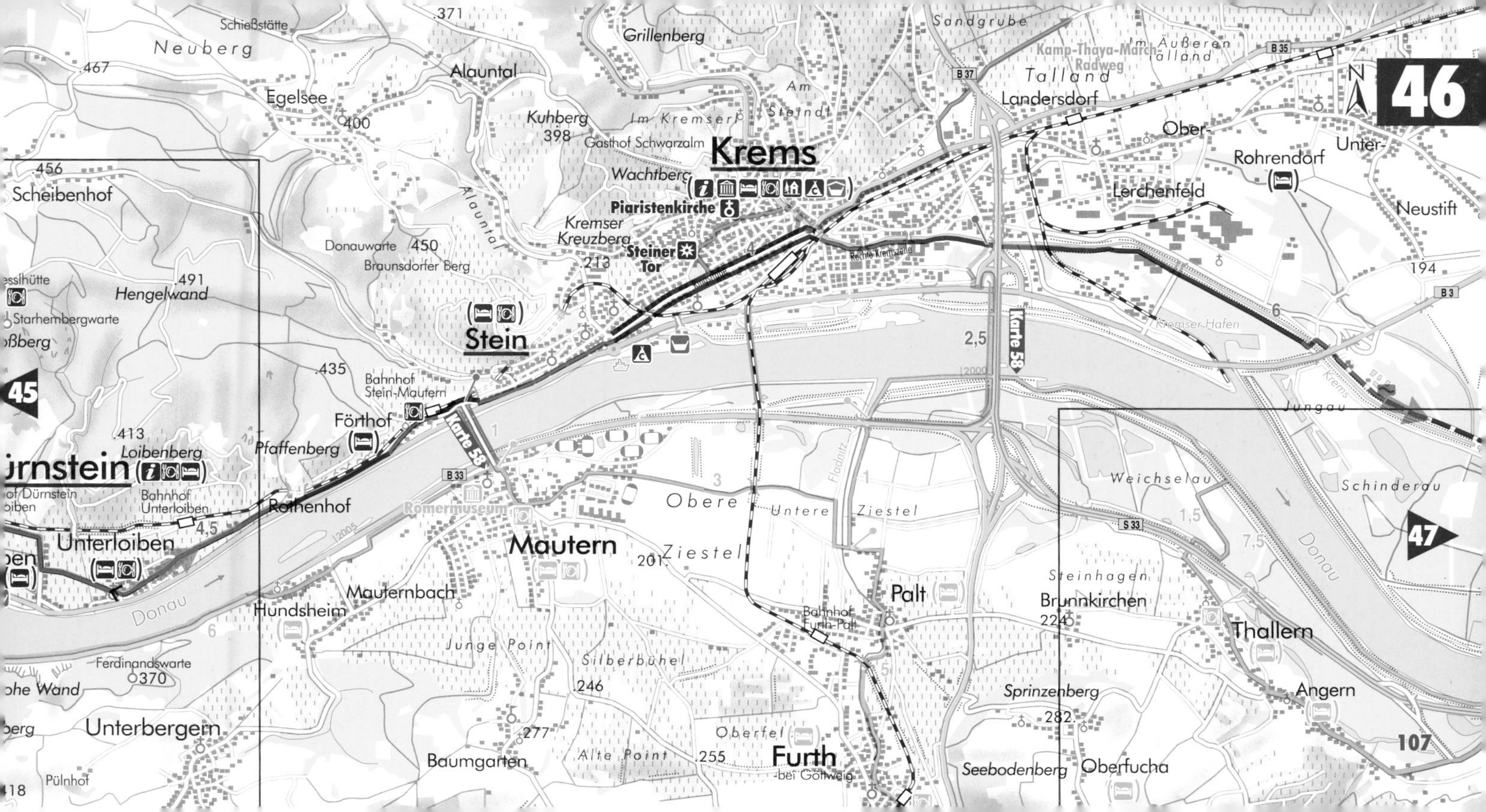

46
Krems
Stein
Mautern
Furth
bei Göttweig
Grillenberg
Sandgrube
Kamp-Thaya-March-Radweg
Im Äußeren Talland
Talland
Landersdorf
Ober-
Unter-
Rohrendorf
Lerchenfeld
Neustift
Alauntal
Egelsee
Neuberg
Schießstätte
Kuhberg
398
Gasthof Schwarzalm
Wachtberg
Piaristenkirche
Kremser Kreuzberg
Steiner Tor
Donauwarte
450
Braunsdorfer Berg
Scheibenhof
Hengelwand
Starhembergwarte
Bahnhof Stein-Mautern
Förthof
Pfaffenberg
Loibenberg
Dürnstein
Bahnhof Unterloiben
Rothenhof
Unterloiben
Römermuseum
Obere Ziestel
Untere Ziestel
Mauternbach
Hundsheim
Palt
Bahnhof Furth-Palt
Junge Point
Silberbühel
Alte Point
Oberfel
Baumgarten
Ferdinandswarte
370
Hohe Wand
Unterbergern
Pülnhof
Kremser Hafen
Karte 58
Weichselau
Schinderau
Jungau
Steinhagen
Brunnkirchen
224
Thallern
Angern
Sprinzenberg
282
Seebodenberg
Oberfucha
Donau
Rechte Kremszeile
B 35
B 37
B 3
B 33
S 33
45
47
107

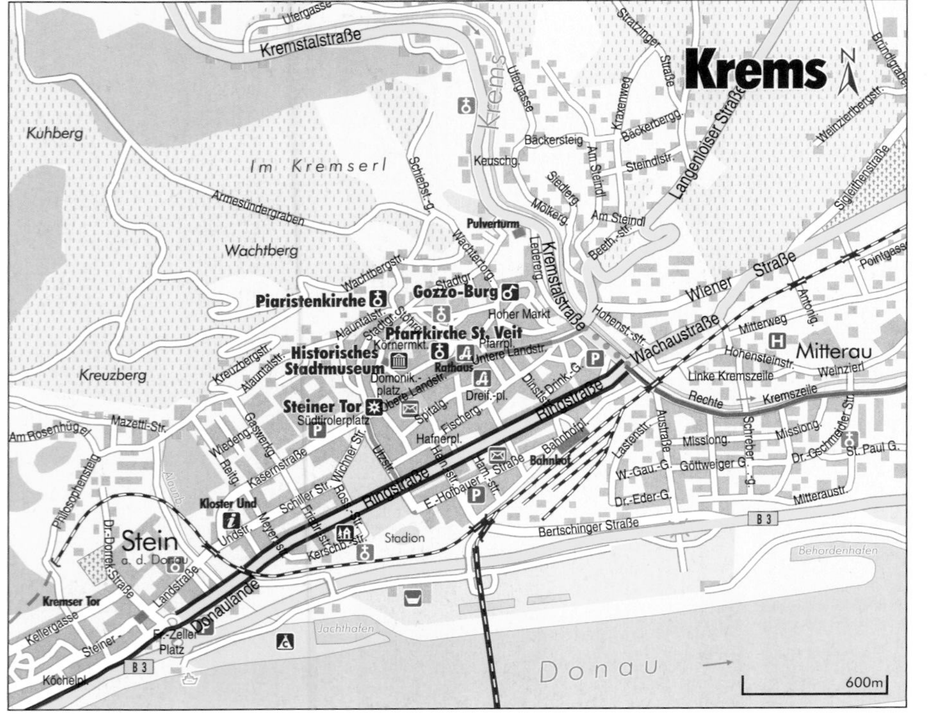

De Ringstraße daarentegen loopt rechtdoor, langs het nabij gelegen station. Voor de Krems slaat de route dan rechtsaf, de Austraße in.

Krems ≈km **2002 L**

postcode: 3500; netnummer: 02732

- **Krems Tourismus**, Pegasus Incoming, Undstr. 6, ✆ 82676
- **WeinStadtmuseum**, voorm. dominicanenkerk, Körnermarkt 14, ✆ 801567 u. 572, open: mrt.-nov., di-zo 10-18. Thema's: archeologische collecties, wijnbouwexponaten, middeleeuwse kunstschatten en werk van de barokschilder M.J. Schmidt.Grote gedeeltes van het klooster zijn toegankelijk.
- **Motorrad-Museum**, Egelsee (2 km ten noordwesten), Ziegelofeng. 1, ✆ 41424, open: 26. mrt.-okt. za, zo en fstd. 9-17. privécollectie, doorsnee van 80 jaar (vooral Oost.) motorfietsgeschiedenis en meer rondom de motor.
- **Parochiekerk St. Veit**, Pfarrpl. Voltooid werd het van buiten massief werkende complex van Cypriano Biasino in 1630. Naast de kloosterkerk van Göttweig één van de eerste voorbeelden van barokke kerkbouw in Oostenrijk.
- **Piaristenkirche**, Frauenbergpl. Ontstaan onder de architektonische invloed van de „Wiener Bauhütte" 1475-1515. Schilderachtige trap en hal met 3 schepen. Ongeveer als in Wenen, bevolken ook hier beelden de pijlers. M.J. Schmidt schilderde alle altaarstukken.

Bürgerspitalkerk, Obere Landstr. Gebaseerd op het systeem van naar binnen wijzende steunberen, 1470. Bezienswaardig het vensterwerk en de ijzeren deurtjes van de gotische sacramentnissen.

Voorm. dominicanenkerk, Dominicanerpl. Basilica-achtig complex, voltooid rond 1265. Behoort tot de vroege gewelfbouwwerken van Duitse bedelordes. Na de opheffing van het klooster (1785) diende het gebouw als knopenfabriek, graansilo en theater. Sinds 1895 vindt men hier het stadsmuseum.

Gozzo-Burg - voorm. stadspaleis, Hoher Markt. De rijke burger en schepen Gozzo liet het 1260-70 naar het voorbeeld van Italiaanse stadspaleizen bouwen. De bijzonder mooie zaal maakt het tot het belangrijkste profane bouwwerk van Oostenrijk uit deze tijd. „Middeleeuwen-Belevingswereld".

Rathaus, Pfarrpl. In 1453 een geschenk van Ulrich von Dachsberg aan de stad, mooie renaissancezuilen uit 1549 in de ingangshal. Bezienswaardige erkers met rijke wapenreliëfs en decoratieve ornamenten.

Burgerhuizen, Untere en Obere Landstr./ Körnermarkt/ Margarethenstr. Stadsgezicht wordt voornamelijk bepaald door gebouwen uit de 16e eeuw, met erkers, reliëfs en gevelschilderingen, die soms ook fraai barokstucwerk bedekken.

Steiner Tor, westelijke staduitgang. Één der stadspoorten, waarmerk van Krems; 4 gotische ronde torens, gebouwd 1480, barokke uitbreiding 1754.

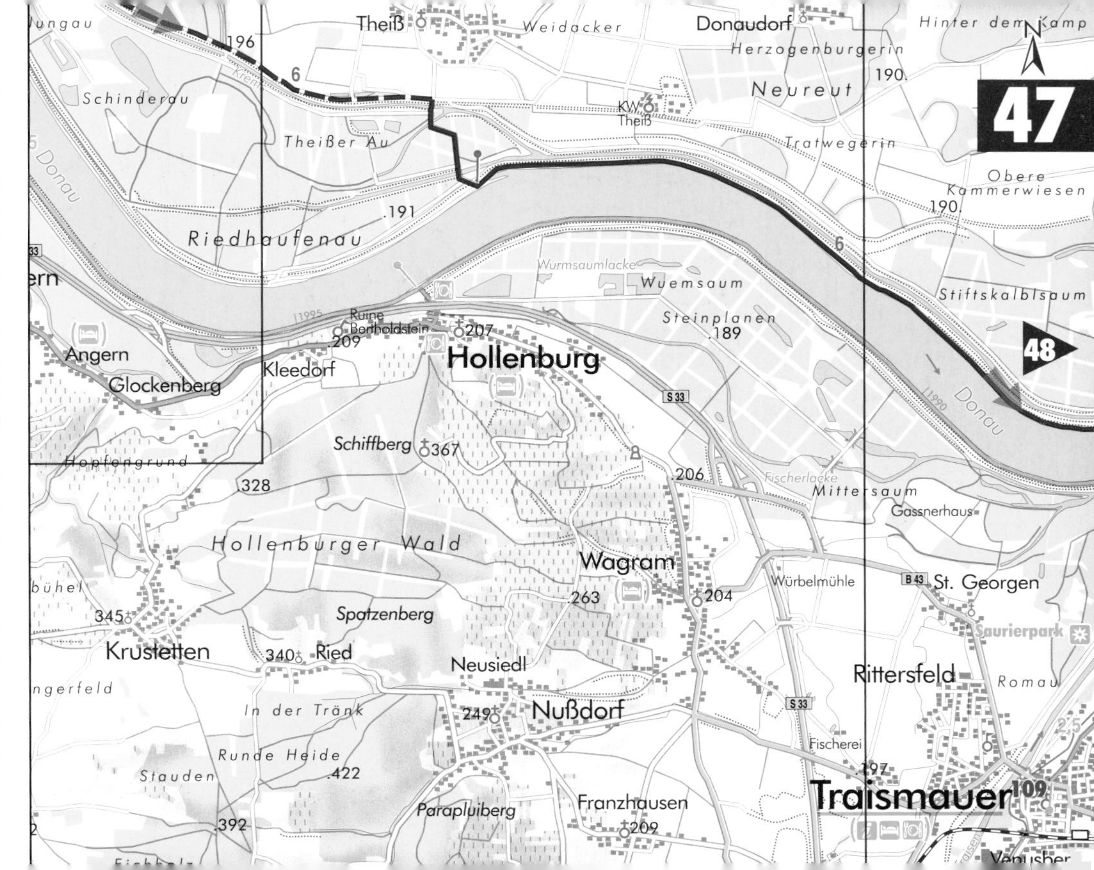

❋ **Kapucijnenklooster Und**, Undstr. De bouw van dit geprofaniseerde complex begon in 1614, centraal staat een kleine, overkoepelde kerk. Fresco van Daniel Gran uit 1756.

♿ **Schloss Grafenegg**, 15 km oostelijk, ✆ 02735/2205-22, open: 16. april-okt. di-zo 10-17. Belangrijkste romaanse kasteel van Oostenrijk, omgeven door een Engelse tuin.

❋ **Weinerlebniswelt** Sandgrube 13 – weinsinn ✆ 85511-33 Vakkundig begeleid proeven en kelderbezichting na afspraak.

❋ **Oostenrijkse Filmgallerie**, Dr.-Karl-Dorrek-Str. 30, tel. ✆ 908000. Bioscoop en tentoonstelling.

Krems geldt als de oudste stad van Neder-Oostenrijk; barokke burgerhuizen met renaissance-arcaden, gotische erkers, vensters en kapellen en een wirwar van middeleeuwse straatjes maken de stad voor iedereen tot een belevenis. Waarmerk van Krems is het Steiner Tor, dat tussen middeleeuwse spitstorens een hoge baroktoren draagt. Achter de poort stijgt de Wachtberg op, waar één der mooiste kerken van Krems, de Piaristenkerk, staat. Via de deels overdekte, ouderwetse Piaristentrap komt men bij de gotische kerk uit 1475 met een hoogaltaar van Martin Johann „Kremser" Schmidt.

Krems a. d. Donau

Naast het voorbeeldig onderhouden historische centrum is Krems tegenwoordig ook beroemd als innovatieve stad met moderne wetenschappelijke faciliteiten en kunstprojekten.

Tip: Wie vanuit de Krems verdere routes in het Kamptal en Waldviertel will fietsen; kan de *bikeline* boekjes: „Kamptal" en „Waldviertel" en de fietskaart „Kamptal" goed gebruiken.

Vanuit Krems wordt het Donaufietspad goed bewegwijzerd naar de Donaubrug, direct onder het spoor door naar de Austr. komt u in de Rechte Kremszeile.

Via de noordroute

Van Krems naar Altenwörth 22,5km

U volgt de Krems - de wegwijzers van het Donaufietspad negerend - en fietst onder de rijksweg door. 300 meter verderop zwenkt de weg af en u rijdt verder over het voet- en fietspad langs de Krems. U fietst de **chemiefabriek** voorbij, en vóór u weer onder de weg door zou fietsen, wisselt u van oever, omdat aan de andere kant de weg in een betere toestand is. Na nog eens 2,5 km langs de Krems, ter hoogte van Theiß, steekt u de rivier weer over en fietst rechtdoor het rivierbos in. U volgt de lange s-bocht over de betere weg, die desondanks vol gaten is. Na 700 meter en 3 bruggen over zijarmen bereikt u het jaagpad bij de Donaudijk. Op de nu prima geasfalteerde weg kunt u nu lekker vlot de laatste 13 km tot de stuw bij **Altenwörth** wegtrappen.

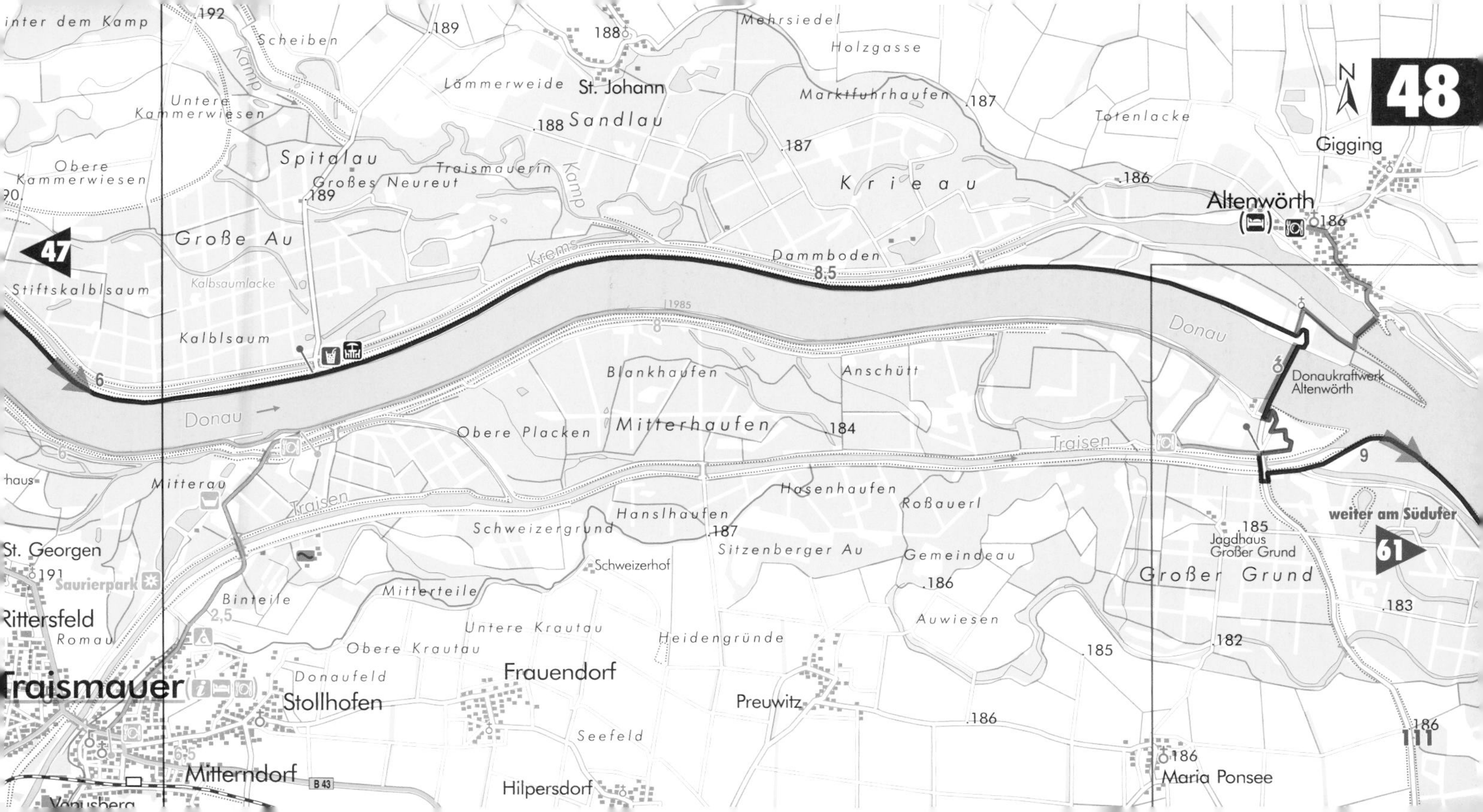

48
47
61
weiter am Südufer
Traismauer
Altenwörth
Gigging
St. Johann
Sandlau
Spitalau
Krieau
Große Au
Kalblsaum
Stiftskalblsaum
Kalbsaumlacke
Obere Kammerwiesen
Untere Kammerwiesen
inter dem Kamp
Scheiben
Mehrsiedel
Holzgasse
Lämmerweide
Marktfuhrhaufen
Totenlacke
Traismauerin
Großes Neureut
Dammboden
Kamp
Krems
Donau
Traisen
Donaukraftwerk Altenwörth
Blankhaufen
Anschütt
Obere Placken
Mitterhaufen
Hasenhaufen
Roßauerl
Hanslhaufen
Schweizergrund
Sitzenberger Au
Gemeindeau
Schweizerhof
Mitterau
St. Georgen
Saurierpark
Rittersfeld
Romau
Binteile
Mitterteile
Untere Krautau
Obere Krautau
Heidengründe
Auwiesen
Donaufeld
Frauendorf
Stollhofen
Preuwitz
Seefeld
Mitterndorf
Hilpersdorf
Maria Ponsee
Jagdhaus Großer Grund
Großer Grund
B 43
6
8
8,5
9
2,5
6,5
1985
.192
.189
188
.188
.187
.186
186
.184
.185
.183
.182
191

Tip: Wie voor de verdere rit in aangename omgeving iets wil nuttigen, kan linksaf het fietspad over de zijrivier naar het dorp volgen.

Altenwörth

postcode: 3474; netnummer: 02279

Heimat- und Fremdenverkehrsverein, Donauländе 39

Tip: Vanaf de stuw Altenwörth loopt de route op de zuidelijke helft. Lees hiervoor verder vanaf blz. 132, Kaarten 61 en 62.

De route loopt verder vanaf de stuw via een zijdeur die overdag open is. (wanneer gesloten de telefoon gebruiken)

Over de noordoever

Van Tulln naar Wien *38,5 km*

Na het oversteken van de Donau in Tulln komt u rechtsom door een vakantiedorp terug bij de oever. Op het goed bestrate jaagpad stuurt u stroomafwaarts en blijft tot de **stuw Greifenstein** op de dijk, tenzij u kriskras door de uiterwaarden wilt fietsen. Het echte voordeel van deze route is het uitzicht over het Tullner Feld tot de Alpen. Na 14 km bereikt u de stuw Greifenstein en draait voor de stuwmuur weg

van de oever, via de brede toegangsweg, waar de route naar rechts verder gaat.

Tip: Als u echter naar Stockerau wilt, moet u hier linksafslaan. U fietst over het Krumpenwasser en slaat 500 meter verderop een houtvestersweg in. De wegwijzers volgend, fietst u dan zigzag door dit beschermd natuurgebied en komt na 4 km in Stockerau aan.

Stockerau L

postcode: 2000; netnummer: 02266

- **Gemeentehuis**, Rathaus, ✆ 695.
- **Bezirksmuseum**, Belvederschlößl, ✆ 65188, open: za 15-17, zon/fstd. 9-11. Behalve stads- en streekgeschiedenis ook documentatie over de dichter Nikolaus Lenau.
- **Automobilmuseum**, Jubiläumshalle, ✆ 64564, open: za 15-18, zon /fstd. 10-12 en 14-17.
- **Raadhuis**, Rathauspl. Het voorm. Puchheimsch kasteel is een statig barokbouwwerk uit de 17e eeuw met byzondere pilasterformaties volgens ontwerp van Fischer von Erlach d.J.
- **Parochiekerk hl. Stephan**, Kirchenpl. De 88 meter hoge kerktoren is de hoogste van Neder-Oostenrijks en gebouwd in 1275. Vroegclassicistisch is de kruisvormige centrale ruimte van de kerk.
- **Beschermd natuurgebied Stockerau**, tussen Krumpenwasser en snelweg. Door de bouw van de stuw bij Greifenstein krijgen de uiterwaarden alleen bij hoog water Donauwater. Desondanks leven hier nog steeds o.a. 27 moeras- en waterplanten, die op de rode lijst der bedreigde soorten staan.

Aan de noordoever komt u na de afslag naar Stockerau bij de stuwpoort.

Tip: Bij de stuw Greifenstein kunt u wisselen naar de zuidoever (beschrijving blz. 134, kaart 64). tot zonsondergang kunt u oversteken naar

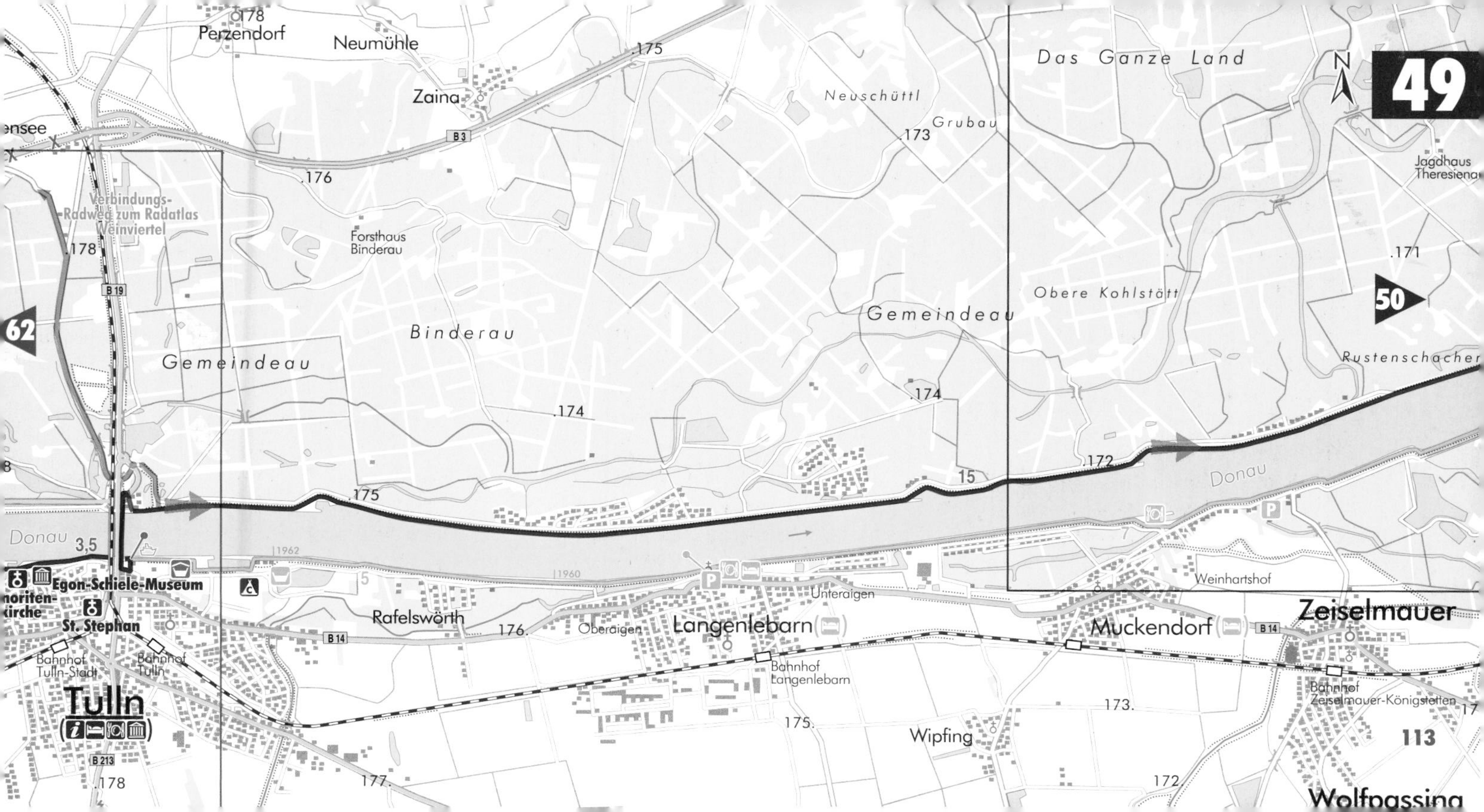
49
Perzendorf
Neumühle
Zaina
B 3
Das Ganze Land
Neuschüttl
Grubau
Jagdhaus Theresienau
Verbindungs-Radweg zum Radatlas Weinviertel
Forsthaus Binderau
B 19
62
50
Binderau
Gemeindeau
Gemeindeau
Obere Kohlstätt
Rustenschacher
Donau
Donau
Egon-Schiele-Museum
Minoritenkirche
St. Stephan
Bahnhof Tulln-Stadt
Bahnhof Tulln
Tulln
B 213
Rafelswörth
Oberaigen
Unteraigen
Langenlebarn
Bahnhof Langenlebarn
B 14
Muckendorf
Weinhartshof
Zeiselmauer
Bahnhof Zeiselmauer-Königstetten
Wipfing
Wolfpassing
113

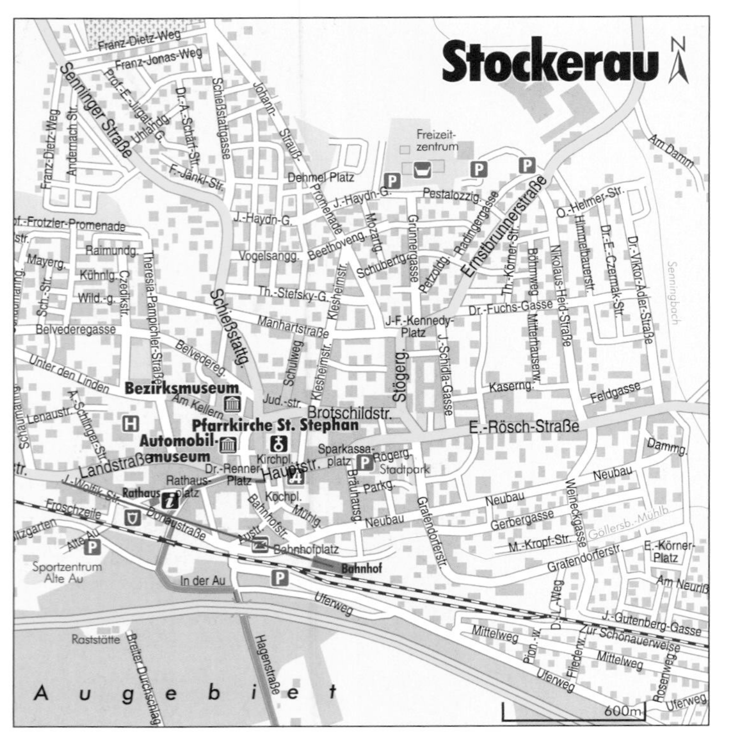

Greifenstein. Aan de overkant slaat u bij de eerste gelegenheid linksaf naar het **veer** (9-21), dat u direkt naar het centrum brengt. Eventuele wachttijden kunt u op het terrasje doorbrengen. Als u later of vroeger onderweg bent, dan fietst u langs de oever 2,5 km stroomopwaarts. Bij de jachthaven komt u danweer bij de **hoofdroute** uit.

Als u echter verder op de **noordoever** blijft, dan fietst u links langs de stuwingang en komt u na een bocht naar rechts op het jaagpad. Kaarsrecht gaat het naar Korneuburg. De Donau stroomt langzaam zuidwaarts en tegenover het **Klosterneuburger Strombad** slaat de weg linksaf het bos in. U fietst over twee beekjes en houdt daarna rechts aan. Na een bocht naar links volgt nog een bruggetje. Voor de snelwegtunnel draait u naar rechts en passeert een rails. Dan volgt u de fietspaden langs de hoofdweg naar rechts.

Korneuburg ≈km 1943 L

postcode: 2100; netnummer: 02262

- **Tourismusinformation**, Bürgerservice, ✆ 770700
- **Museum der Stadt**, Dr. Max-Burckhard-Ring 11, ✆ 72553, open: za 14-17, iedere 1e zo in de maand 9-12.
- **Raadhuis**, Hauptpl. Neogotisch gebouw, harmonisch afgestemd op de middeleeuwse stadstoren, ontstaan 1894-96. Bezienswaardig interieur.
- **Augustinerkirche**. 1745-48; vroegere kloosterkerk met rococo hoogaltaar en geschilderde schijnarchitektuur met een voorstelling van het Laatste Avondmaal door F.A. Maulpertsch (1770).
- **Kasteel Kreuzenstein**, 5 km noordwestelijk. De door het Zweedse leger verwoeste burcht werd in 1879 door Graf Wilczek als model van een 15e eeuws kasteel wederopgebouwd.

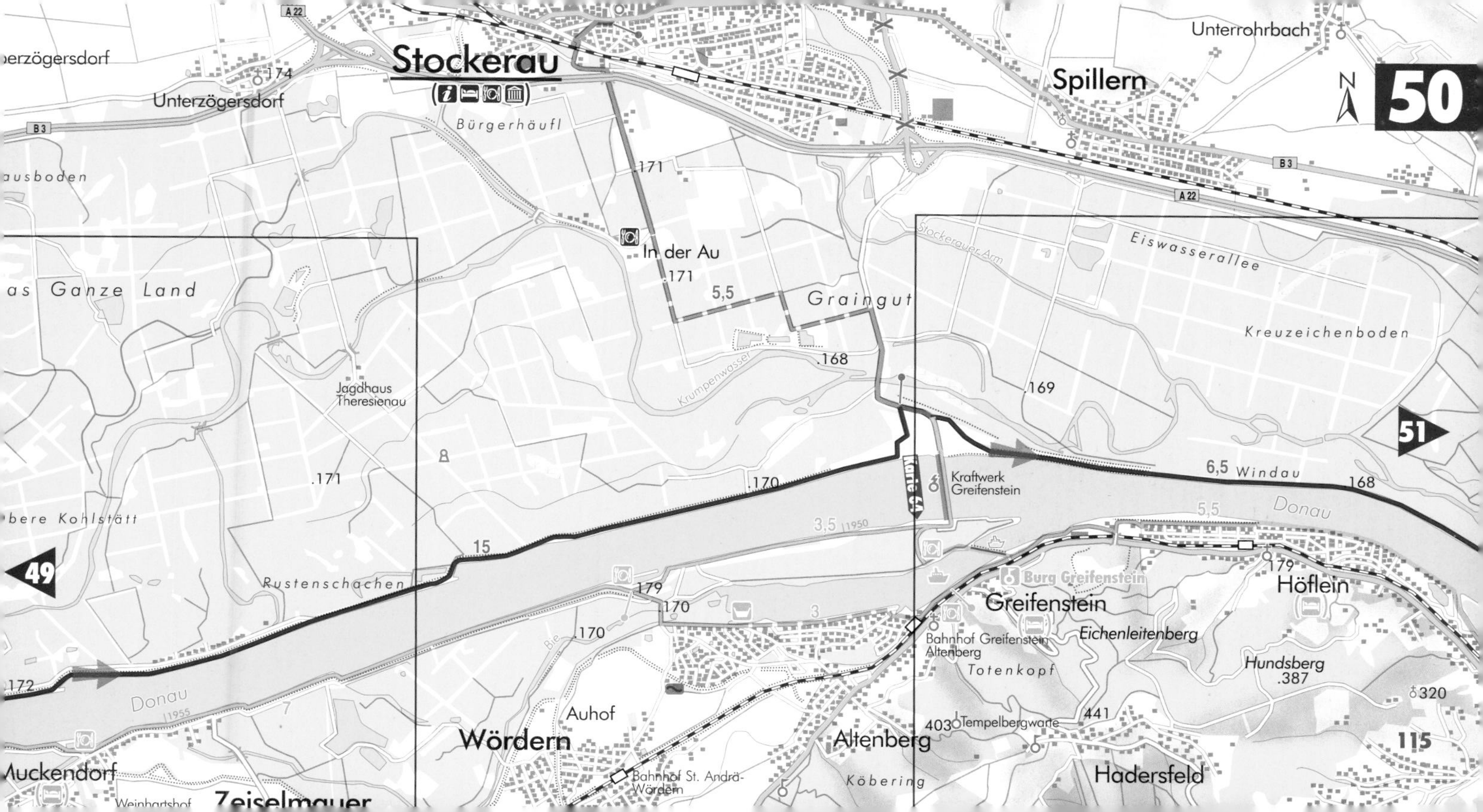

Stockerau
Unterzögersdorf
Oberzögersdorf
174
Bürgerhäufl
Unterrohrbach
Spillern
50
A 22
B 3
.171
In der Au
.171
5,5
Graingut
Eiswasserallee
Stockerauer Arm
Kreuzeichenboden
Das Ganze Land
Jagdhaus Theresienau
Krumpenwasser
.168
.169
51
.171
Obere Kohlstätt
.170
Karte 64
Kraftwerk Greifenstein
6,5 Windau
168
Donau
5,5
3,5
1950
15
49
Rustenschachen
179
.170
3
Burg Greifenstein
Höflein
179
Greifenstein
Bahnhof Greifenstein Altenberg
Eichenleitenberg
Hundsberg .387
Totenkopf
320
.170
.172
Donau
1955
Auhof
Wördern
403
Tempelbergwarte
441
Altenberg
115
Muckendorf
Bahnhof St. Andrä-Wördern
Köbering
Hadersfeld
Weinhartshof
Zeiselmauer

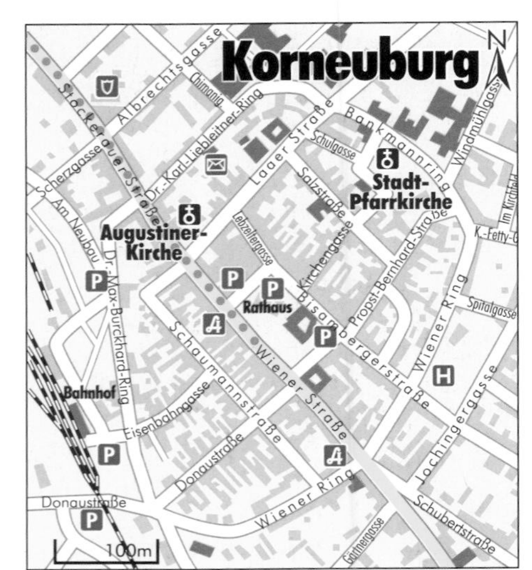

Weer op de weg naar Wenen begeleidt u kort de snelweg en dan slaat u rechtsaf. U fietst nu om een leuke oude werfnederzetting en bent dan weer terug aan de oever.

Tip: Na 1,5 km door het bedrijfsgebied kunt u de **pont naar Klosterneuburg** nemen (mrt.-nov. 6.30-zonsondergang, za, zo, fstd. 8-zonsondergang). Aan de overkant volgt u de brede asfaltweg stroomafwaarts door het bos. U bereikt na 2,5 km de hoofdroute in de buurt van het station **Klosterneuburg-Kierling**. (zie blz. 136)

Maar ook over de linkeroever kunt u verder. 500 Meter na de pont van Korneuburg bij het **Wirthshaus Tuttendörf** gaat u het jaagpad op. Op uw weg tussen Donau en snelweg passeert u de sluizen die het begin van de Neue Donau markeren. De nu volgende 9 km tot de Reichsbrücke in Wenen legt u het beste over de **Donauinsel** af.

De **Reichsbrücke** bereikt u na de Donauturm, hier rijzen ook de gebouwen van de UNO-city op. Bij de Reichsbrücke kunt u in de metro stappen, of het fietspad richting centrum volgen.

Tip: Om gemakkelijk per fiets door Wenen te fietsen raden wij het gidsje: „*bikeline* Rad-atlas Wien" aan met kaartjes 1:15 000

Het **Donaufietspad** is hier echter nog niet ten einde, naar Bratislava en Boedapest volgt u gewoon verder de Donau. Een goede

Kellergasse im Weinviertel

reisbegeleider is het bikeline-fietstoerenboek Donau-Radweg, Teil 3: Von Wien nach Budapest.

Aan het fietspad langs de Lassallestr. gaat het naar Praterstern, hier kunt u het wereldberoemde Praters met reuzenrad bezoeken. Dan verder via de Praterstr. tot aan Urania hier sluit u aan op het Ring-rond-fietspad. Deze route omcirkelt de oude binnenstad vanwaar praktisch alle bezienswaardigheden snel te bereiken zijn.

Wenen zie blz. 140

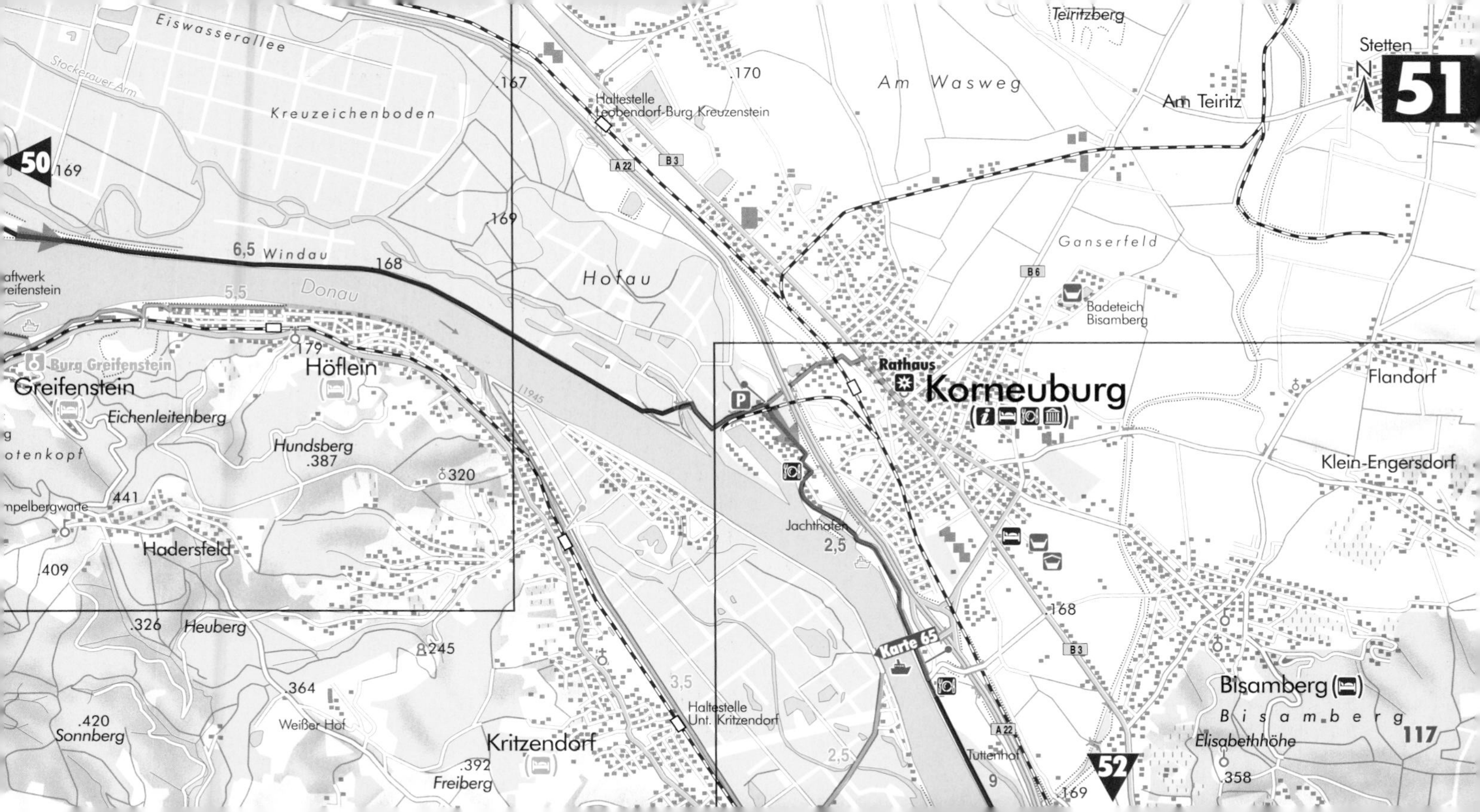
51
50
52
Eiswasserallee
Stockerauer Arm
Kreuzeichenboden
.169
.167
.169
6,5 Windau
.168
aftwerk
reifenstein
5,5
Donau
Burg Greifenstein
Greifenstein
179
Höflein
Eichenleitenberg
Hundsberg
.387
320
otenkopf
441
mpelbergwarte
Hadersfeld
.409
.326
Heuberg
245
.364
.420
Sonnberg
Weißer Hof
Kritzendorf
.392
Freiberg
3,5
Haltestelle
Unt. Kritzendorf
Hofau
1945
Haltestelle
Leobendorf-Burg Kreuzenstein
A 22
B 3
.170
Teiritzberg
Am Wasweg
Am Teiritz
Stetten
N
Ganserfeld
B 6
Badeteich
Bisamberg
Rathaus
Korneuburg
Flandorf
Klein-Engersdorf
Jachthafen
2,5
.168
Karte 65
B 3
A 22
2,5
Tuttenhof
9
.169
Bisamberg
Bisamberg
Elisabethhöhe
.358

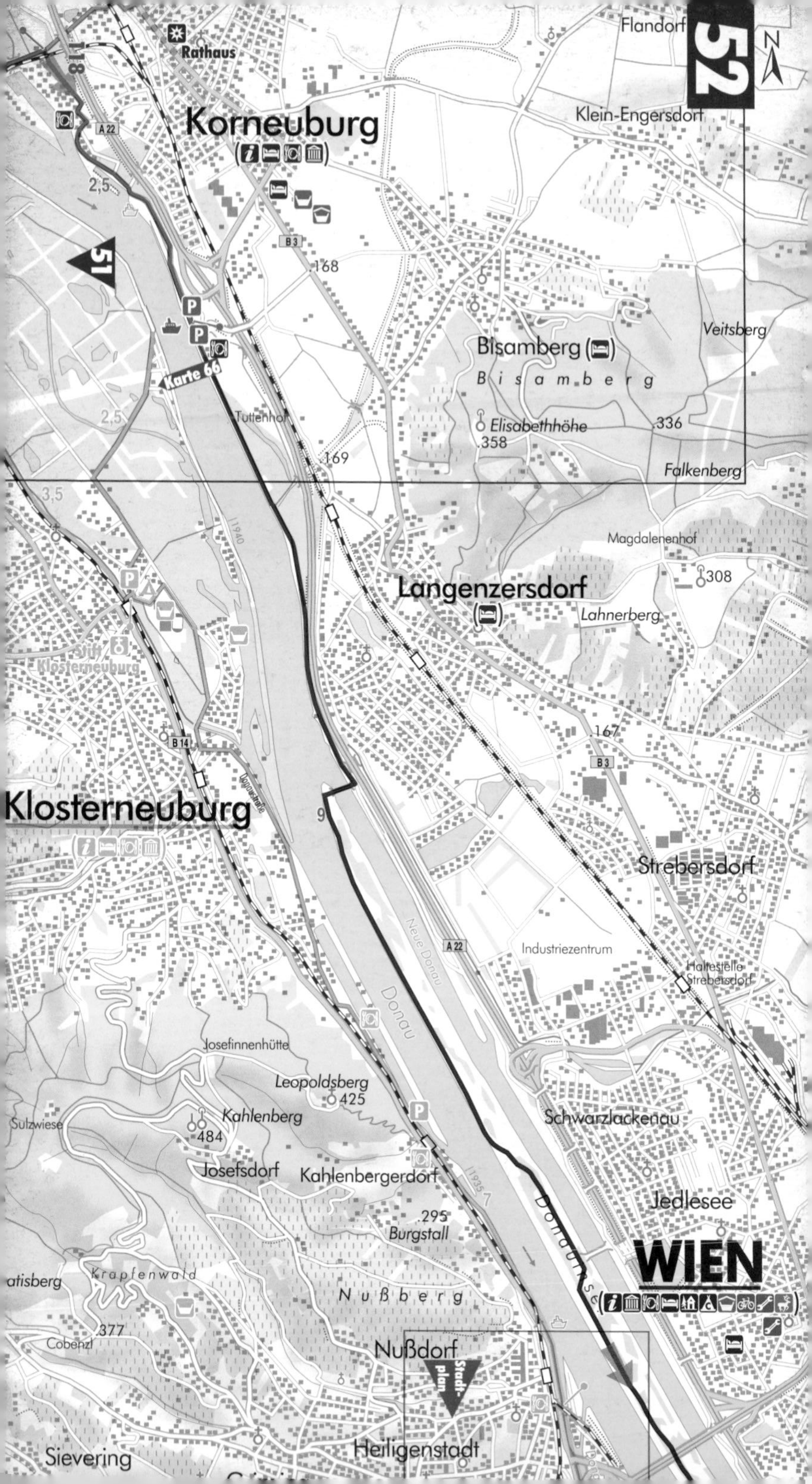

52
Flandorf
Rathaus
Korneuburg
Klein-Engersdorf
118
A 22
2,5
51
B3
168
Veitsberg
Bisamberg
B i s a m b e r g
Karte 66
Tuttenhof
Elisabethhöhe
358
336
169
Falkenberg
3,5
1940
Magdalenenhof
308
Langenzersdorf
Lahnerberg
Stift Klosterneuburg
B14
167
Klosterneuburg
Donaustraße
9
Strebersdorf
Neue Donau
A 22
Industriezentrum
Haltestelle Strebersdorf
Donau
Josefinnenhütte
Leopoldsberg
425
Kahlenberg
484
Sulzwiese
Schwarzlackenau
Josefsdorf
Kahlenbergerdorf
1935
Donauinsel
Jedlesee
295
Burgstall
WIEN
Krapfenwald
atisberg
Nußberg
377
Cobenzl
Nußdorf
Stadt-plan
Sievering
Heiligenstadt

Van Melk naar Wenen via de zuidoever 121 km

Met het Benedictijnenklooster van Melk in de rug, voert de Donauroute naar de bekendste wijnstreek van Oostenrijk: de Wachau. Vooral in het voorjaar wanneer de abrikozen in bloei staan ziet het er hier prachtig uit. Vanaf de ruine Aggstein heeft u een heerlijk uitzicht over het kleine juweeltjes van de Wachau: Spitz, Weissenkirchen en Durnstein. Voorbij Krems verandert het landschap zich volledig; de brede vlakte van Tullnerfeldes omsluit nu de Donau. Kort voor Wenen versmalt het dal nog een keer, de Donau stroomt door de Weense Poort aan de rand van het Weense Woud en begeleidt u via het Klooster Neuburg naar de Donaumetropool Wenen.

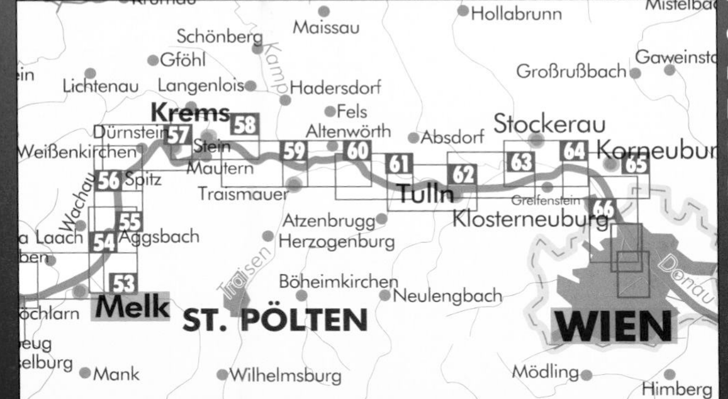

De route op de rechteroever loopt grotendeels op fietspaden en rustige B-wegen. Alleen het traject tussen Melk en Arnsdorf rijdt u op een drukke weg zonder fietsstrook. Stijgingen zijn er alleen bij de uitstapjes naar de ruine van Aggstein en het klooster van Göttweig.

Van Melk naar Mautern 35 km

U verlaat **Melk** via de **Wachauer Straße** en fietst onder de Donaubrug door richting Schönbühel. Het dorp Schönbühel met het gelijknamige kasteel bereikt u na ca. 2,5 km. Bij het **Amtshaus Schönbühel over de weg** weer rechts via de B33 bergop richting Aggsbach-Dorf.

Schönbühel ≈km 2032 R

postcode: 3392; netnummer: 02752

Gemeentehuis, ✆ 8619

Parochiekerk hl. Rosalia, Servitenkloster. Eenvoudige kerk met één schip, samen met het klooster 1666-74 ontstaan. De in 1737 zijdelings toegevoegde Peregrinkapel herbergt een koepel met een fresco van Johann Bergl (1767).

Slot Schönbühel. De geschiedenis reikt terug tot de 12e eeuw, het huidige vierhoekige complex stamt echter uit 1819-21, is in privébezit en kan niet worden bezichtigd.

Ongeveer 100m na de begraafplaats Schönbühel wordt het aan de rechterzijde liggende fietspad benut. Voordat het eilandje opgereden kan worden is er een kruising, dan op het jaagpad verder wat tot het fietspad verbreed is verder naar Aggsbach-Dorf.

Tip: Vanuit het plaatsje biedt een korte omweg naar het kartuizerklooster Aggsbach zich aan, 1,5 km verderop aan de Wolfsteinbach. 500 Meter na het scheepsstation verlaat u daartoe de hoofdweg en fietst door het dal naar het gewenste doel.

Aggsbach-Dorf ≈km 2027 R

postcode: 3642; netnummer: 02753

Gemeentehuis, ✆ 8269

Voorm. kartuizerklooster Marienpforte, 2 km oostelijk. Heidenreich van Maissau, landmaarschalk van Oostenijk stichtte het klooster in 1380 met 12 kartuizers. Na de neergang tijdens de Reformatie werd het in 1782 door Joseph II opgeheven. Tegenwoordig parochiekerk met klooster- en arbeidsruimtes uit de 16e-17e eeuw.

Kartuizerkerk Maria Himmelfahrt. eenschepig kerkje, gewijd in 1392. Bezienswaardig de figurale slotstenen, barokkansel met de vier evangelisten en het hoogaltaarstuk (17e eeuw).

Na **Aggsbach-Dorf** bereikt u **Aggstein** na een korte rit over de oeverweg.

Tip: Hier kunt u via een stijl bospad - 20% stijging - de ruïne van het beroemde kasteel bezoeken. Dit tochtje is een ieder aan te

Ruïne Aggstein

raden die houdt van romantische kastelen en wijdse panorama's. Vanaf het 300 meter hoge plateau heeft men een uitzicht op de gehele Wachau tot de Alpen (open: 1 apr.- eind okt. dag. 8-18, gezellig kasteelcafé).

De van ver reeds zichtbare ***ruïne Aggstein*** *werd in de 13e eeuw gesticht, door de Turken verwoest en in 1606 door Anna von Polheim wederopgebouwd. Over de eigenaar uit de 15e eeuw, Scheck von Wald, zijn gruwelijke geruchten in omloop: scheepsplundering, kabels over de Donau spannen, rooftol,* *zijn gevangenen moesten van de rotsen springen... Tegenwoordig zijn nog hoven, een hoofdweergang, een kerker, de kasteelkeuken, de kapel en de kerkers met 8 meter diep hongergat intakt.*

Na **Aggstein** volgt u verder het verloop van de Donauweg. Na 3,5 km bij de kerk in **St. Johann im Mauerthale** linksaf naar het oeverpad afslaan. Links rijst de **ruïne Hinterhaus** boven de Donau op.

Arnsdorf ≈km 2018 R

U passeert **Oberarnsdorf**, een wijndorp, en komt bij de pont naar **Spitz** (1 apr.-30 sept. indien noodzakelijk 6-21, zat/zo 7-21). Het jaagpad loopt langs abrikozengaarden verder en biedt een prachtig uitzicht op Spitz met zijn steile wijnbergen. Via één van de doorgangen bereikt men het volgende dorp, **Mitterarnsdorf**, een betoverend wijndorpje.

Tip: Aan de uitgestoken twijgenbossen (ausg'steckt) ziet u, waar u nieuwe wijn kunt drinken.

Verder gaat het over het fietspad naar Rossatz. Na 3,5 km lokt bij de **kapel St.Loren** de oeverweg, die u naar de **pont naar Weißenkirchen** (dag. 9-12 en 13.30-18.30, zat/zon/fstd. 9-18.30) leidt. Aan de rechteroever loopt een rustige boerenweg door de gaarden. In **Rührsdorf** gaat u de dorpsstraat op. Bij de eerste splitsing fietst u dan naar links en na een s-bocht

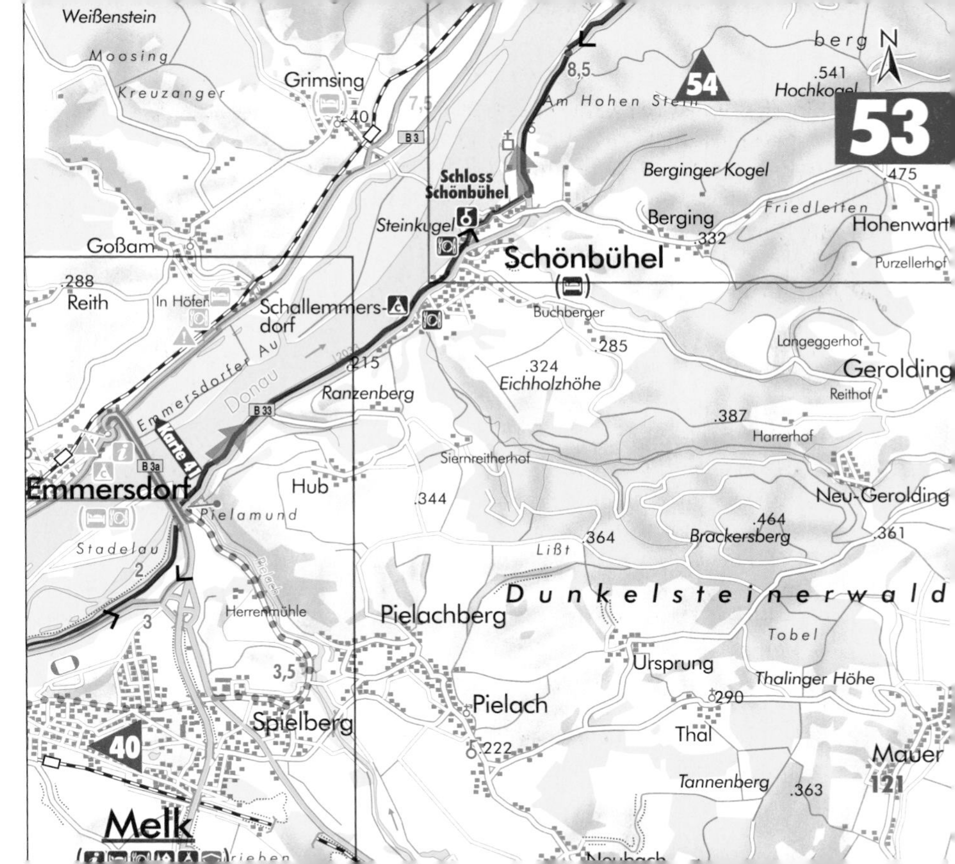

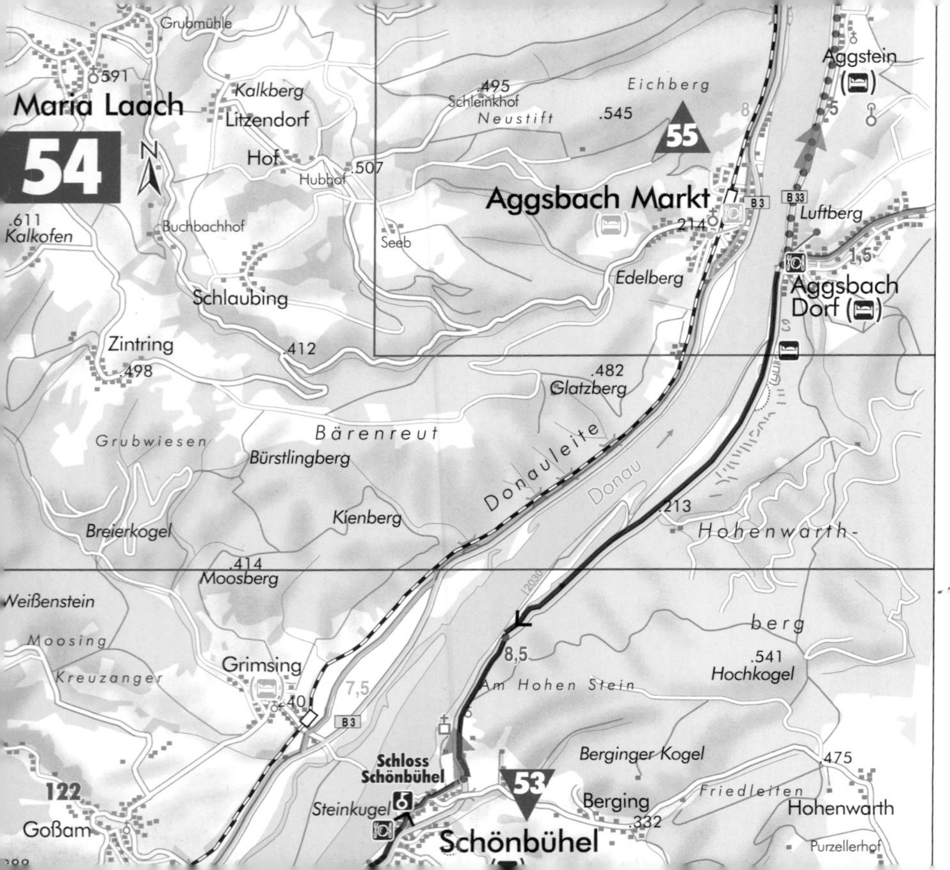

voor het dorp **Rossatz** nog eens naar links. Rechtsaf bereikt u het dorp.

Rossatz **≈km 2010 R**

postcode: 3602; netnummer: 02714

- Gemeentehius, ✆ 6217
- **Donauschifffahrt Wachau**, Rossatzbach 40, ✆ 6355. 13 apr.-27 okt. chartervaarten tussen Melk en Krems.
- **Veerpont Rossatz-Dürnstein**: ✆ 6355 0699-1144 1585 tijden; 28 april-30 juni, Sept.-7 okt.10.00-18.00u, juli-aug. 10.00-19.00u, ma-vrij 13.00-13.30u pauze

Links van Rossatz loopt de route en komt bij de camping weer terug bij de Donau, waar de **personenpont naar Dürnstein** aanlegt. Aan de overkant markeert de ruïne Dürnstein het waarschijnlijk beroemdste stuk Wachau. Na de pont fietst u rechtdoor langs de camping. Een mooi breed fietspad richting Mautern. Het laatste stuk fietspad loopt samen met de weg en na ca. 3,5 km, komt u in Hundsheim bij de eerste gelegenheid rechtsaf het dorp inslaan.

U fietst door Hundsheim en volgt dan de vrachtweg door de wijngaarden. De route komt al gauw weer terug bij de rijksweg. Over de parkeerplaats bij de Römerhalle naar de Donaubrug.

Tip: Wie naar Krems wil, kan het beste hier de rivier oversteken. Wie echter naar Tulln wil, moet op deze oever blijven. Hiervandaan kunt u ook een tochtje naar het **klooster**

Göttweig maken. Daartoe slaat u bij de brug rechtsaf en u bereikt het centrum van Mautern.

Mautern ≈km 2003,5 R

postcode: 3512; netnummer: 02732

- **Gemeentehuis**, Rathauspl. 1, ✆ 83151.
- **Römermuseum**, Schlossg. 12, ✆ 81155, open: apr.-okt. wo-zo 10-12, vr, za 16-18 en na vooraanmelding. Onder de vondsten uit de Romeinse tijd verdienen de muurschilderingen een eigen vermelding, tevens grote collectie prehistorische voorwerpen en romaanse en gotische fresco's.
- **Parochiekerk St. Stephan.** Gotische trappenkerk met polygonaal koor, ca. 1400; vooral de kruiswegschilderingen van M.J. Schmidt (1770) zijn bezienswaardig.
- **Voorm. Margarethenkapel**, Frauenhofg. Reeds vermeld in 1083, Romaanse langkerk met één schip en vierkant koor, thans Romeins museum.
- **Burgerhuizen**, St. Pöltner/ Kremser Str. Gesloten rij imposante huizen, met portalen, ronderkers en entréehallen in renaissancestijl, meest 16e eeuws.
- **Slot**. Eens administratieve zetel van het bisdom Passau, de vier vleugels behergen renaissance-elementen uit de 15e eeuw.
- **Janaburg**. Grotendeels nog in 16e eeuwse stijl, met renaissanceput in het hof.

Bij de Römerhalle en voorbij het kasteel via de Kremserstr. naar het centrum. Op de St. Pöltener Str. naar links voorbi het raadhuisplein verder naar de Südtiroler Platz. Links afbuigen naar Hotel Wagner-Bacher en dan rechts de **Grüner Weg** in. Bij de Raabskazerne voorbij en verlaat dan Mautern. Na

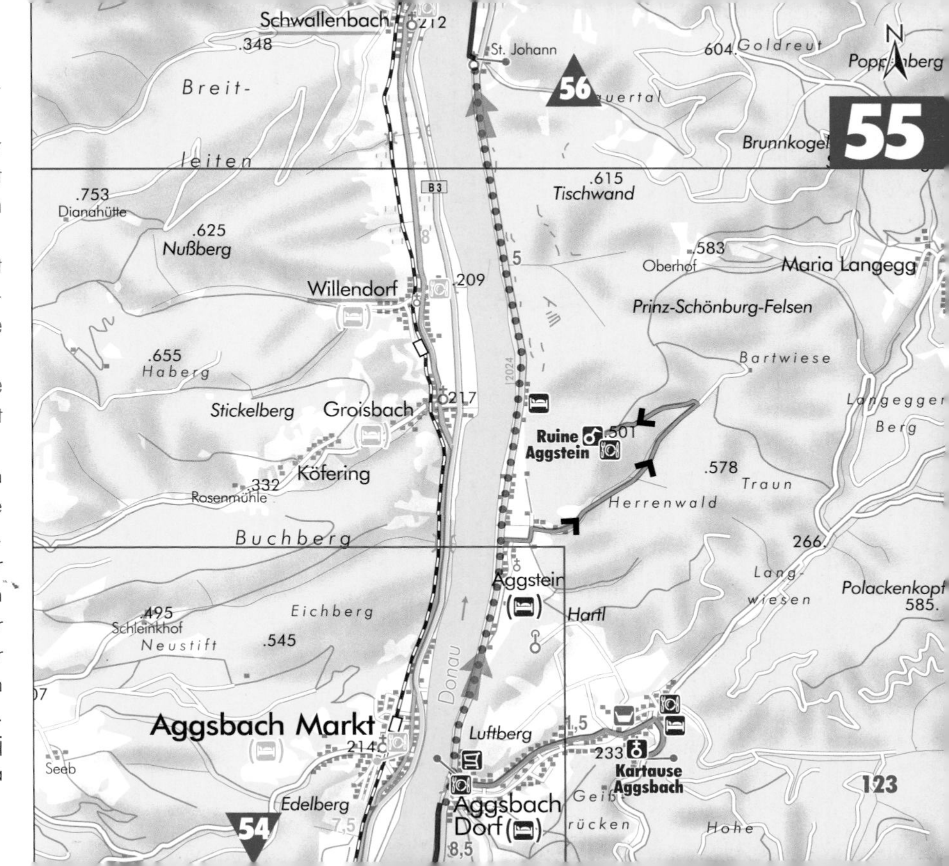

het spoor bij de dam van Fladnitz naar rechts bij de eerste mogelijkheid via een bruggetje over het riviertje.

Tip: Hier moet u beslissen of u linksafslaat, en na 2 km het Donaufietspad bereikt, of rechts langs de Fladnitz verder fietst naar het klooster Göttweig.

Naar het klooster Göttweig 10 km

U fietst onder de rijksweg door en ca. 1 km langs de Fladnitz. Bij het bruggetje komt u op de route naar Mautern. U draait links van de rivier weg en slaat bij de volgende kruising rechtsaf. U komt dan in **Palt**. Na de kerk houdt u rechts aan en slaat de tweede weg halflinks in. Aan de oever van de Fladnitz loopt een weggetje naar **Furth bij Göttweig**.

Machtig en eerbiedwaardig ligt het klooster boven het dorp. Naast de kerk verlaat de route het riviertje en slaat linksaf. Na het spoortunneltje begint de helling. Na ruim 1 km stijgen slaat u rechtsaf en beklimt de beboste kloosterheuvel. Vanaf het panoramaterras kunt u wellicht met een lekkere kop koffie of thee genieten van een prachtig uitzicht over het Donaudal.

Furth bei Göttweig **R**

postcode: 3511; netnummer: 02732

- **Gemeentehuis**, Untere Landstr. 17, ✆ 84622.
- **Benedictijnenklooster Göttweig**, ✆ 85581-231, open-rondleidingen: 21. mrt-15. nov. dag. 11 en 15. Het prachtige, van verre zichtbare kloosterslot ontstond

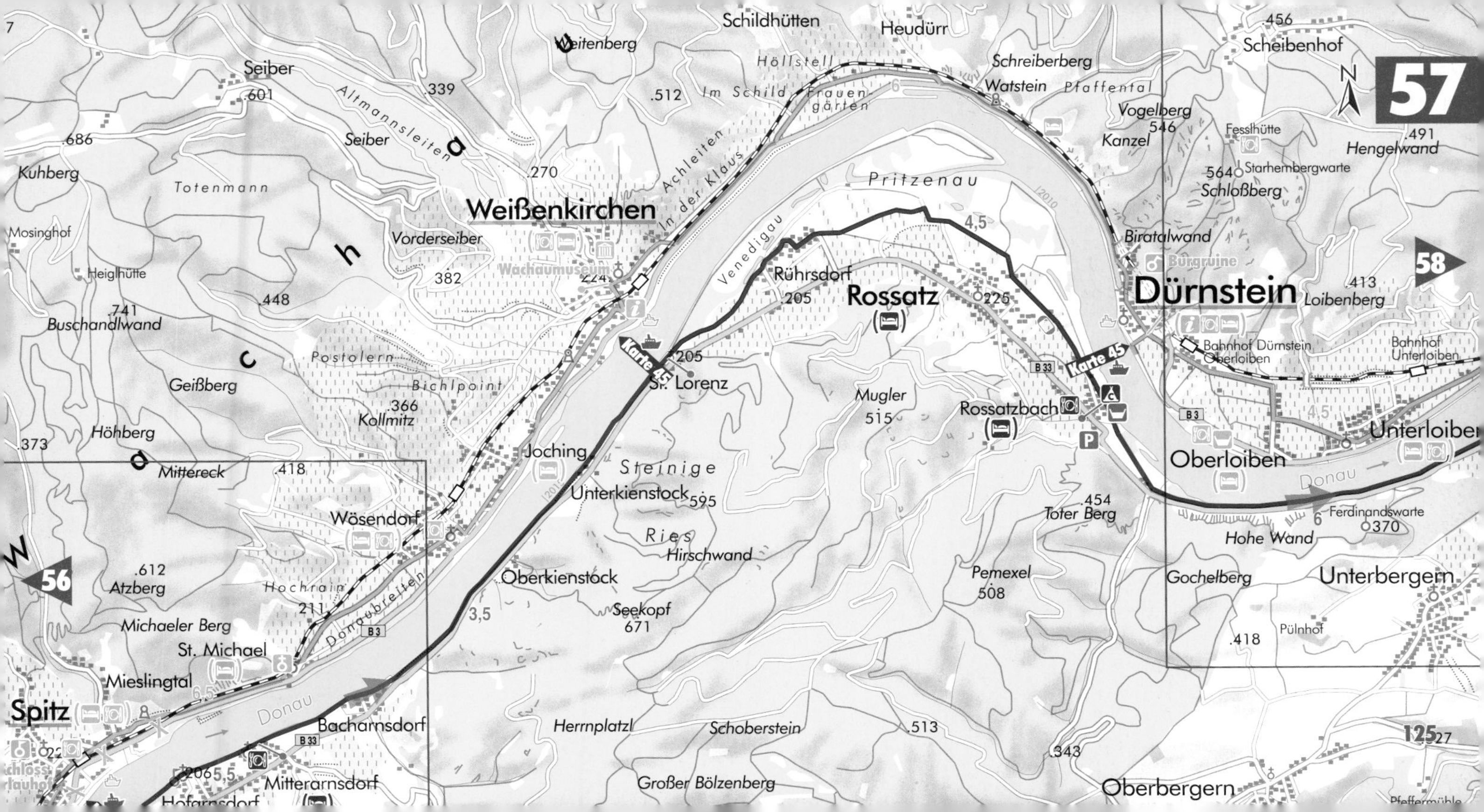
57
58
56
Schildhütten
Heudürr
Weitenberg
Seiber
Höllstell
Im Schild
Frauengärten
Altmannsleiten
Schreiberberg
Watstein
Pfaffental
Scheibenhof
Vogelberg
Kanzel
Fesslhütte
Hengelwand
Starhembergwarte
Schloßberg
Kuhberg
Totenmann
Weißenkirchen
Achleiten
In der Klaus
Pritzenau
Mosinghof
Vorderseiber
Wachaumuseum
Venedigau
Biratalwand
Burgruine
Dürnstein
Loibenberg
Heiglhütte
Rührsdorf
Rossatz
Buschandlwand
Bahnhof Dürnstein Oberloiben
Bahnhof Unterloiben
Postolern
Karte 45
St. Lorenz
Geißberg
Bichlpoint
Mugler
Kollmitz
Rossatzbach
Unterloiben
Höhberg
Joching
Oberloiben
Mittereck
Steinige
Unterkienstock
Donau
Toter Berg
Ferdinandswarte
Wösendorf
Ries
Hohe Wand
Hirschwand
Atzberg
Hochrain
Oberkienstock
Pemexel
Gochelberg
Unterbergern
Donaubreiten
Michaeler Berg
Seekopf
Pülnhof
St. Michael
Mieslingtal
Spitz
Bacharnsdorf
Herrnplatzl
Schoberstein
Mitterarnsdorf
Hofarnsdorf
Großer Bölzenberg
Oberbergern
Pfeffermühle
B 33
B 3

Stift Göttweig

volgens de (niet geheel uitgevoerde) plannen van Hildebrandt aan het begin van de 18e eeuw in barokstijl. Zeer bezienswaardig: de keizertrap, de 1770 ingerichte bibliotheek, de Altmannsaal en de kunstkamer met waardevolle middeleeuwse schatten.

♁ **Kloosterkerk Mariä Himmelfahrt**. Door Hildebrandt als grote koepelbouw gepland, 1750-65 echter anders gebouwd. Rijk interieur, in de crypta staat de stenen figuur van de hl. Altmann, een belangrijk werk uit de tijd rond 1540.

✲ **Wijngoed Dr. Unger**, Zellergraben 245 ✆ 85895, open: di-vr 8.00-12.00u en do. ook 13.00-17.00 Wijn om te kopen en na aanmelding rondleiding door de wijnkelder met wijnproeven.

Vanaf Göttweig keert u langs de Fladnitz weer terug naar het Donaufietspad.

Langs de Fladnitz richting Donau onder de rijksweg door.

Tip: Om na Krems weer naar de noordoever te komen, fietst u hier rechts langs de rijksweg over de brug naar de noordoever van de Donau (blz. 110).

Van Krems naar stuw Altenwörth — *25,5 km*

Na de monding van de Fladnitz in de Donau verloopt het **Donaufietspad** steeds dicht langs de waterkant. U fietst nog onder de Donaubrug door en dan om het haventerrein. Een bordje waarwschuwt u voor de eventuele kabels van de schepen waarover u zou kunnen struikelen. Een kilometer verderop, bij een huisje, kunt u de dijk weer opfietsen om meer uitzicht te hebben.

Tip: De Hoofdroute voert op het fijne fietspad langs de Donau verder; wie echter ook interesse heeft om kleine dorpjes van de route af te leren kennen kann dan de groen-witte bordjes volgen richting Thallern, Angern en Hollenburg. Deze route is in oranje ingetekend.

Hollenburg — ≈km km 1994 R

postcode: 3506; netnummer: 02739

♁ **Parochiekerk**. Drieschepige pijlerbasilica met netgewelf, karakteristieke westtoren en gotieke Madonna uit ca. 1420.

Na **Hollenberg** voert de dijkweg door een toenemend opener en vlakker landschap.

Tip: Na 6 km, bij een Gasthof aan de Donau, wordt de reis weer afwisselender, want hier kunt u van de dijk afslaan en over het Schubertfietspad door het Tullner Feld fietsen. Deze variant door Schuberts geliefde vakantiestreek is 14 km langer dan de hoofdroute aan de Donau en verloopt - bewegwijzerd - meest over rustige landwegen. Als u echter bij de Donau wilt blijven, dan is een omweg naar tenminste Traismauer toch de moeite waard.

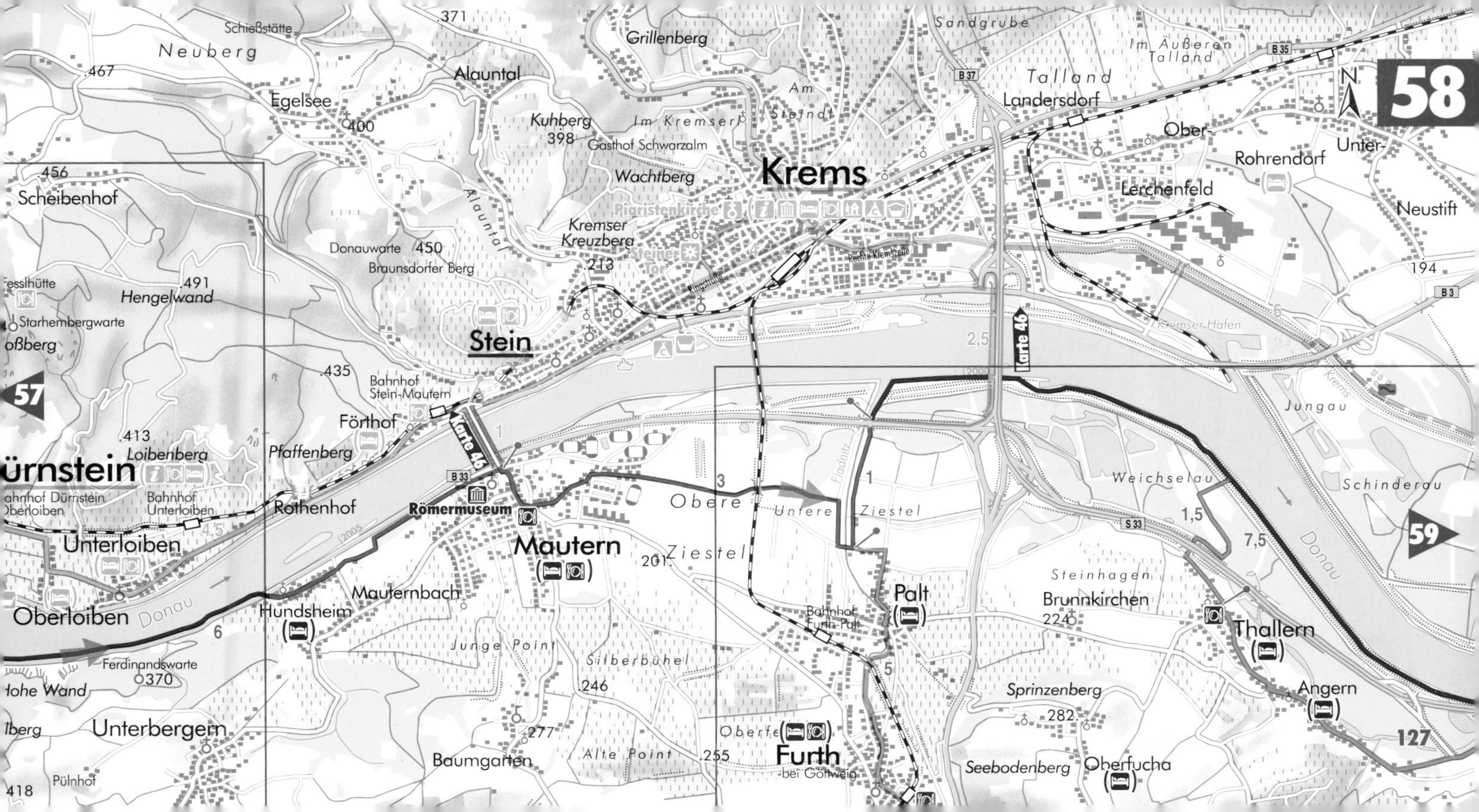

58
Krems
Stein
Mautern
Furth
bei Göttweig
Dürnstein
Unterloiben
Oberloiben
Unterbergern
Hundsheim
Mauternbach
Palt
Thallern
Angern
Brunnkirchen
Oberfucha
Landersdorf
Ober-
Unter-
Rohrendorf
Lerchenfeld
Neustift
Egelsee
Alauntal
Grillenberg
Neuberg
Kuhberg
Wachtberg
Gasthof Schwarzalm
Kremser Kreuzberg
Piaristenkirche
Steiner Tor
Römermuseum
Bahnhof Stein-Mautern
Förthof
Rothenhof
Bahnhof Dürnstein Oberloiben
Bahnhof Unterloiben
Bahnhof Furth-Palt
Scheibenhof
Hengelwand
Starhembergwarte
Loibenberg
Pfaffenberg
Donauwarte
Braunsdorfer Berg
Ferdinandswarte
Hohe Wand
Pülnhof
Baumgarten
Junge Point
Silberbühel
Alte Point
Obere Ziestel
Untere Ziestel
Weichselau
Schinderau
Jungau
Steinhagen
Sprinzenberg
Seebodenberg
Talland
Im Äußeren Talland
Sandgrube
Am Steindl
Im Kremserl
Kremser Hafen
Donau
Krems
Fladnitz
Schießstätte
Karte 46
57
59
B 33
B 35
B 37
B 3
S 33
127

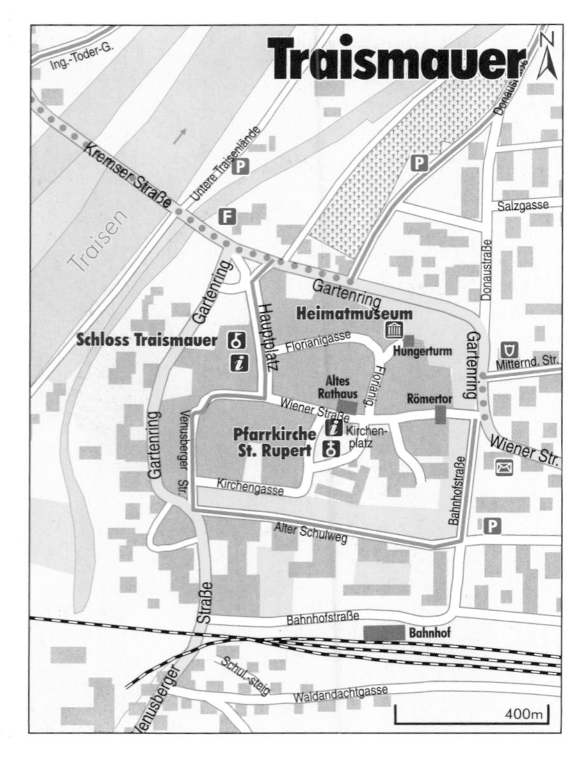

Traismauer

postcode: 3133; netnummer: 02783

- Informationsstelle, Hauptplatz 1, ✆ 8555. www.traismauer.at
- NÖ. Landesmuseum für Frühgeschichte, Hauptpl. 1, ✆ 8555, open: april-okt. di-zo 9-17. Archeologische vondsten documenteren het eerste christelijke jaarduizend.
- Saurierpark, Traisenaue ten noorden van de stad, tel. ✆ 20020, open: juni-aug. ma-zon. 09.00-18.00u, mrt-mei, sept. okt. 09.00-17.00u.Op een 2,5 ha groot terrein worden natuurgetrouwe modellen van de grootste en bekendste (fossiele) dieren op aarde, zoals bijv. de pteranadon, monoclonius en de saltasaurus getoond.
- Slot, Hauptpl. De oorspronkelijke burcht werd al in het Nibelungenlied genoemd, adminstratieve zetel van de bisschoppen van Salzburg en verbouwd in de 16e eeuw, de hofpergola's stammen uit deze tijd. April-okt. „Traismaurer Kultursommer"
- Parochiekerk hl. Rupert, Kirchenpl. De muren in het langhuis, de toren en het koor zijn nog laatromaans (13e eeuw), tijdens de late gotiek (eind 15e eeuw) ontstond een netribben gewelf, het fraaie interieur stamt uit de 17e eeuw.

Dinosauruspark Traismauer

Bij het Gasthof aan de Donau bij Traismauer loopt de hoofdroute verder; na 7 km bij het stuw Altenwörth kort voor de sluizen de oever verlaten. Voor de Traisen knikt de weg naar lins af en leidt naar een brug; naar Altenwörth gaat het hier naar links over de stuw.

Van de stuw Altenwörth naar Tulln 20,5 km

Aan de overkant van de Traisen rijdt u in een spitse bocht links naar beneden. U volgt het riviertje tot de monding.

59
58
60
Donau
Palt
Brunnkirchen
Thallern
Angern
Glockenberg
Kleedorf
Hollenburg
Ruine Bertholdstein
Oberfucha
Tiefenfucha
Krustetten
Ried
Neusiedl
Nußdorf
Wagram
St. Georgen
Saurierpark
Rittersfeld
Traismauer
Franzhausen
Höbenbach
Paudorf
Kleinwien
Predigtstuhl
Theiß
Donaudorf
Neureut
KW Theiß
Weichselau
Schinderau
Jungau
Weidacker
Theißer Au
Riedhaufenau
Steinhagen
Sprinzenberg
Seebodenberg
Grünberg
Hollenburger Wald
Goldbühel
Spatzenberg
Hungerfeld
In der Tränk
Runde Heide
Stauden
Parapluiberg
Schiffberg
Hopfengrund
Wuemsaum
Steinplanen
Mittersaum
Gassnerhaus
Würbelmühle
Fischerei
Romau
Venusberg
Eichholz
Riedlermühle
Adalbertrast
Pammerhof
Panholz
Herzogenburgerin
Tratwegerin
Obere Kammerwiesen
Stiftskalblsaum
Hinter dem Kamp
S 33
B 43

Twee energiecentrales bepalen op het jaagpad het uitzicht: de warmtekrachtcentrale Dürnrohr en de nooit in bedrijf genomen atoomcentrale Zwentendorf. Aan de horizon zijn de noordelijke uitlopers van het Wienerwald al te zien. Na 1,5 km slaat de route rechtsaf en voert ca. 500 meter onverhard door een schaduwrijk bos. Na het bruggetje over een zijrivier van de Donau komt de route uit op een asfaltweg, waar u links aanhoudt.

U fietst nu langs de kerncenrale. Dan mondt de weg in een toegangsweg en loopt over een brug. Aan de overkant slaat u linksaf, het jaagpad naar Zwentendorf op. Vlak voor stroomkilometer 1975 kunt u rechtsafslaan naar de camping of het centrum van Zwentendorf, de route verloopt rechtdoor aan de Donau.

Zwentendorf ≈km km 1974 R

postcode: 3435; netnummer: 02277

Gemeentehuis, ✆ 2209-0

Atomkraftwerk Zwentendorf. Oostenrijks enige en ook nooit in bedrijf genomen kerncentrale. Dat was het positieve resultaat van de volksstemming van 1979 en een kroon op het werk van de Oostenrijkse milieubeweging.

Tulln

Kort na Zwentendorf op een verharde weg rechtdoor; voor een betonblok naar rechts, direct daarna gaat u linksaf verder richting **Kleinschönbiegl**. Voorbij het plaatsje komt u langs het haventje en voor de Perschlingbeek naar rechts. Bij de volgende brug steekt u de beek over en volgt het fietspad naast de weg naar Pischelsdorf. Aan de rand van **Pischelsdorf** slaat u dan onder een grote linde linksaf. Wie in het dorp een café/rest. wil bezoeken, fietst rechtdoor.

Pischelsdorf

De route loopt om Pischelsdorf en slaat bij de boszoom linksaf. Dan steekt u een beek over en volgt verder het asfalt. Na ca. 2 km komt de weg bij **Langenschönbichl** op een voorrangsweg uit, die rechtdoor het dorp loopt. Aan het eind van het dorp slaat u linksaf naar Kronau. Over een weinig bereden, grotere weg rolt u door het landschap. In het dorpje **Kronau** gaat u dan rechtdoor de hoofdweg op.

Bij de kruising met de B19 voert het fietspad u onder de weg naar de „tuinstad" Tulln of u rijdt links naar beneden naar de donauoever om de 'tuinstad' heen richting centrum.

Tip: hier kunt u de op 30 april 2008 geopende permanente tuinstad Tulln bezichtigen. Tel. 02272-68188 www.diegartentulln.at tijden: 1 mei-26 okt. Ma-zon. 09.00-18.00u, vrij. 09.00-21.00u Allerlei tuinideeën om zelf nat te maken. Ecologische tuinontwerpen, seminars en thema's.

60
59
61
Hinter dem Kamp
Scheiben
Kamp
Mehrsiedel
Holzgasse
Lämmerweide
St. Johann
Sandlau
Marktfuhrhaufen
Totenlacke
Gigging
Untere Kammerwiesen
Obere Kammerwiesen
Spitalau
Großes Neureut
Traismauerin
Krieau
Altenwörth
Große Au
Krems
Dammboden
Stiftskalblsaum
Kalbsaumlacke
Kalblsaum
Donau
Blankhaufen
Anschütt
Donaukraftwerk Altenwörth
Obere Placken
Mitterhaufen
Traisen
Mitterau
Hasenhaufen
Roßauerl
Hanslhaufen
Schweizergrund
Sitzenberger Au
Gemeindeau
Jagdhaus Großer Grund
Großer Grund
St. Georgen
Saurierpark
Schweizerhof
Mitterteile
Binteile
Rittersfeld
Romau
Untere Krautau
Obere Krautau
Heidengründe
Auwiesen
Traismauer
Donaufeld
Stollhofen
Frauendorf
Preuwitz
Seefeld
Schubert-Radweg
Mitterndorf
B 43
Hilpersdorf
Maria Ponsee

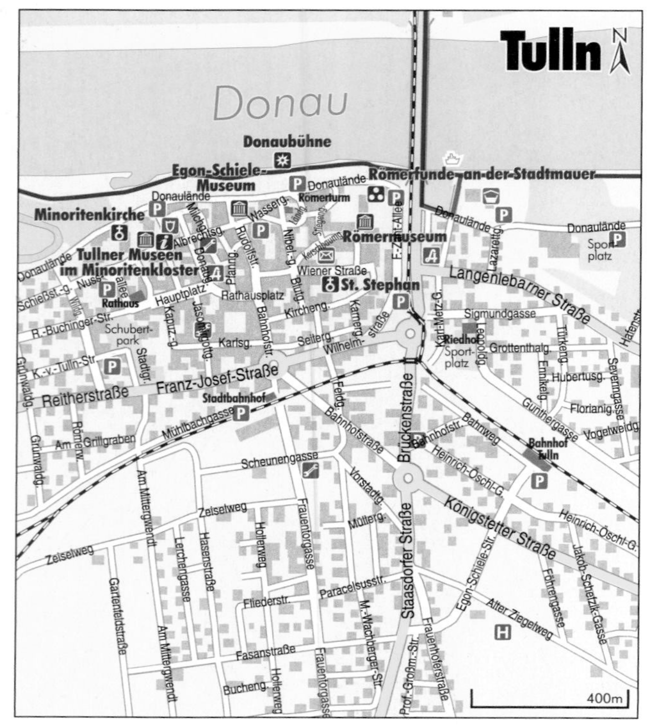

Tip: Vanuit de gasthaven kunt u het stadje verkennen door rechtsaf de **Klosterweg** in te slaan. Zo komt u langs het museum bij de **Hauptplatz**. Het **Egon-Schiele-Museum** daarentegen vindt u direct aan de Donau.

Meer toeren in het Weinviertel vindt u overigens in het bikeline-fietstoerenboek Weinviertel. Als u het fietsen zat bent, kunt u hier overigens ook in de S-Bahn naar Wenen stappen.

Tulln ≈km km 1963 R

postcode: 3430; netnummer: 02272

- **Tourismusinformation**, ✆ 67566
- **Egon-Schiele-Museum**, Donaulände 28, ✆ 64570, open: di-zo 10-12 en 13-17. In de vroegere stadsgevangenis hangen 90 werken van deze schilder, daaronder „Zerfallende Mühle" (1916) en „Blick über verschneite Weingärten auf Klosterneuburg" (1907). Verder dokumentatie over Schieles leven en tijd.
- **Römermuseum**, Marc Aurel Park 1b, ✆ 65922, tijden: di-zon. 10-12u, 13.00-17.00u. toont met vele originele vondsten, afbeeldingen, dia's het militaire en civiele leven in het romeinse „Camagenis" in de tijd tussen 90-488 na Chr.
- **Museen im Minoritenkloster**, Minoritenpl. 1, ✆ 61915, open: ma-zon. 10.00-17.00u, do. tot 21.00u. wisselende tentoonstellingen.
- **Parochiekerk St. Stephan**, Wiener Str. Nog rein romaans is het mooie westportaal van deze drieschepige pijlerkerk uit de 12e eeuw. Het wordt getooid door 6 halffiguren in rondboognissen (vermoedelijk de 12 apostelen). De waardevolste stukken in de kerk komen uit opgeheven kloosters, bijv. het kartuizerklooster Gaming.
- **Karner - Dreikönigskapelle**, naast St. Stephan. Het mooiste en rijkste Oostenrijkse voorbeeld van dit bouwtype verenigt laatromaanse met vroeggotieke elementen (13e eeuw). Opvallend zijn het trechterportaal en de 13e eeuwse schilderingen (vernieuwd in 1873).
- **Minoritenkirche**, Minoritenplatz. De van 1732-39 ontstane kloosterkerk biedt naast een opmerkelijke stilistische eenheid van interieur ook goede altaarplastieken. Naast de onderaardse barokke grafkelder bevindt zich ook een hermi-

61
Altenwörth
In den Weidäckern
Donaukraftwerk Altenwörth
Donau
Traisen
8,5
.184
Hochau
.181
B3
.181
Seewiesen
Harraßäcker
Utzenlaa
182
Jagdhaus Eleonorenhain
.183
Mistbutten
Brennten
.180
Bergau
Rondellenwasser
Kälberau
Gegenau
Kranawettenau
Michaelergrund
.185
Großer Grund
Eisteich
.183
60
.182
.181
Rabischwasser
B3
.178
ehemaliges Kernkraftwerk
.182
Mühlhäufl
Brunnader
.178
Plackenwasser
Roßwörthaufen
.186
9
1975
aria Ponsee
.181
Jagdhaus Plackenhaus
Kaindorf
Bärndorf
186
Placken
Goldwascher
tendorf
Zwentendorf
Donau
1970
Kleinschönbichl
Erpersdorf
62
133
Geschirrwasser
.186
Dürnrohr
Donau-Chemie
Umspannwerk-Dürnrohr
Perschling
Pischelsdorf
8
Langenschönbichl

tage, waarvan de wanden met schelpen, botten en stenen zijn versierd.

- **Römerturm** De „Römerturm" (vroeger ook ‚zouttoren' genoemd) de „Römerturm" is een hoefijzervormig naar voren springende flankentoren van het romeinse kamp „Comagenis" ter bescherming van de westelijke kampmuur die uit de tijd van 300 na Chr. stamt. Het behoort tot 1 van de oudst (intakt) gebleven gebouwen in Oostenrijk.
- **Stadsgezicht**. Huizen met één verdieping, vaak met middeleeuwse kern en met een landelijk karakter bepalen het beeld.
- **Aubad en ontspanningspark**
- **2rad Wegl**, Jasomirgottg. 4, ✆ 62695

Tip: Van Tulln kunt u weer wisselen naar de noordroute van de Donau (blz. 112, kaart 49) Om op de noordoever te komen buigt u rechtsaf en rijdt via de oprit de brug over, een smal fietspad leidt u naar de andere oever.

Over de zuidoever Van Tulln naar Wenen 38 km

Voor de zuidoevervariant fietst u in **Tulln** onder de brug door en volgt de dijk naar Greifenstein(ca. 15 km). Nadat u om het haventje bent gefietst kunt u rechts in het **Aubad** verkoeling zoeken. Over de dijk rijdt u nu verder richting Greifenstein.

Na ca. 3 km. komt u langs de Donaukade van **Langenlebarn** en de *Dorflacke* van de Kleine Tulln. Langs een recreatiegebied fietst u verder over de dijk naar Muckendorf. Aan de horizon verschijnt het silhouet van het **slot Greifenstein**. Na nog eens 4 km komt u bij de **stuw Greifenstein.**

Tip: Hier is een splitsing: rechtdoor richting stuw, waar u tot zonsondergang naar de overkant kunt komen (´s avonds met deurtelefoon), of rechtsaf, het dorp Greifenstein in.

Op de hoofdroute vanaf de centrale rechts naar het Gasthaus Jarosch, via de oude zijrivier van de Donau steekt u dan over via een nieuwe brug. Langs het spoor fietst u dan langs het **veerstation**, waar u ook rechtsaf naar het centrum van Greifenstein kunt gaan. Boven de mooie huizen, waaronder reeds villa's in Weense landhuisstijl, troont de oude burcht.

Greifenstein ≈km km 1949 R

postcode: 3422; netnummer: 02242

- **Gemeentehuis**, Hauptstr. 43, ✆ 32231of gemeentekantoor St. Andrä-Wördern tel. 31300.
- **Pontje** naar de stuw: dag. 9-21 naar behoefte.
- **Burcht**. Door vorst Johann Liechtenstein wederopgebouwd op de resten van een vroegere vesting. In deze typische burcht met kantelen, belfort en hoofdgebouw zijn nog 12e eeuwse elementen behouden gebleven. Momenteel is de burcht gesloten.

Vanaf **Greifenstein** fietst u verder langs het spoor en de route keert terug naar de Donau. Tenslotte bereikt u een dwarsstraat, waar u linksaf het jaagpad inslaat. Bij het begin van **Höflein** wordt het fietspad kort omgeleid, keert echter onmiddellijk weer terug naar de oever. Vlak na de afslag in het dorp verlaat u de woonstraat en fietst u naar beneden, naar het jaagpad. Een kort stuk fietst u nog langs de Donau, die zich hier zuidwaarts draait en door de **Wiener Pforte** stroomt. Dan draait het pad van de Donau weg.

Kritzendorf

Bij het station Kritzendorf kunt u rechtsaf

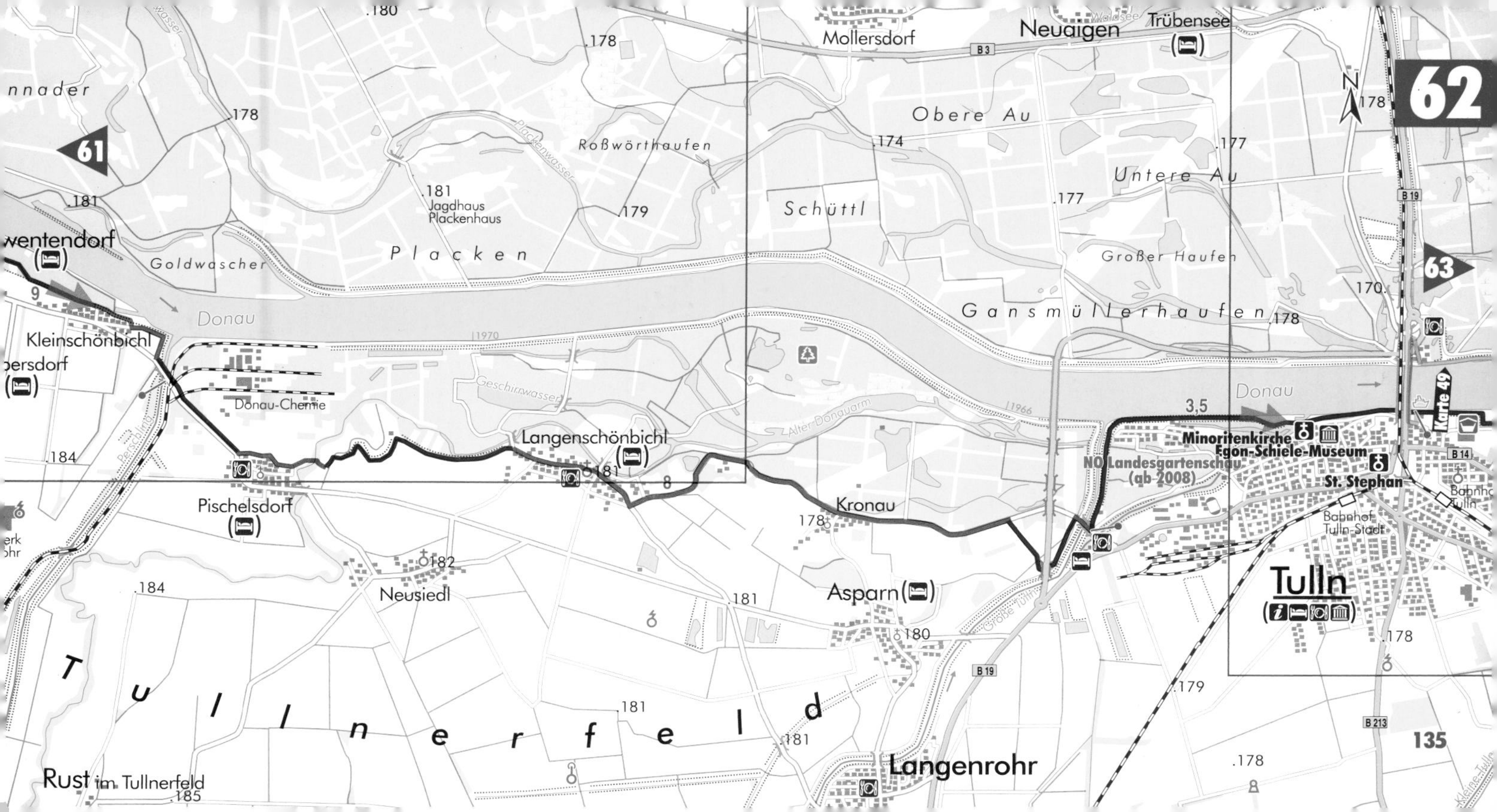

62
61
63
Karte 49
Neuaigen
Trübensee
Mollersdorf
B 3
Obere Au
Untere Au
Roßwörthaufen
Jagdhaus Plackenhaus
Plackenwasser
Schüttl
Placken
Großer Haufen
Gansmüllerhaufen
wentendorf
Goldwascher
Donau
Kleinschönbichl
persdorf
Donau-Chemie
Geschirrwasser
Alter Donauarm
Langenschönbichl
Pischelsdorf
Kronau
Minoritenkirche
Egon-Schiele-Museum
NÖ Landesgartenschau (ab 2008)
St. Stephan
Bahnhof Tulln
Bahnhof Tulln-Stadt
B 19
B 14
B 213
Neusiedl
Asparn
Große Tulln
Tulln
Tullnerfeld
Rust im Tullnerfeld
Langenrohr
Perschling
Kleine Tulln

het dorp inslaan, of rechtdoor naar Klosterneuburg fietsen. Na 3,5 km bereikt u dan het station Klosterneuburg-Kierling. Hier fietst u naar links over de Klosterneuburger Durchstich.

Vóór u echter verderfietst naar Wenen, kunt u het prachtige klooster van Klosterneuburg niet onbezichtigd laten. Daartoe fietst u bij het **station** onder het spoor door, steekt de **Niedermarkt** over en komt dan over de **Straße Hundskehle** direct naar de Rathausplatz en door naar het klooster.

Klosterneuburg **≈km km 1940 R**

postcode: 3400; netnummer: 02243

Tourismus-Verein, Niedermarkt 4, ✆ 32038.

Mährisch-Schlesisches Heimatmuseum, Schießstattg. 2, open: di 10-16, za 14-17, zon. 10-13. De kollektie stamt grotendeels uit het oostelijk Sudetenland en Beskidenland, toont religieus leven, gebruiken en gewoonten.

Kloostermuseum, Stiftspl. 1, ✆ 411154, open: mei-nov. di-zo 09.00-18.00u. Gotische paneelschilderingen en sculpturen, bronzen beeldjes uit de renaissance, ivoor en kleinplastiek 10e-18e eeuw. Werk van Giovanni Bellini, Rudolf von Alt en Schiele.

Klosterneuburg

Essl Museum, Moderne kunst. An der Donau Au 1, di-zon. 10.00-18.00u, woe. 10.00-21.00u. grootste privéverzameling van Oostenrijk. 3200m² met beeldentuin.

Archeologisch museum - Unterkirche St. Martin, Martinstr. 38, open: zo 10-12 en na afspraak. Duizendjarige kerkgeschiedenis. De oudste opgravingen duiden op een Frankische houten kerk van ca. 900. Opvallend het laatgotische doopvont.

Kloosterkerk Unsere Liebe Frau. Romaans bouwwerk van 1114-1136, interieur uit de 18e eeuw. In de Leopoldskapel staat het beroemde altaar van Verdun, met zijn 51 bijbelse scènes misschien het indrukwekkendste emailwerk uit de middeleeuwen.

Parochiekerk St. Martin, Martinstr. 38. De parochie ontstond voor het midden van de 11e eeuw, binnen vallen vooral de 16 meer dan levensgrote, vergulde houtbeelden op korbelen op.

Middeleeuws kloostergebouw. Vanaf 1108 gesticht op de plaats van een Romeins kasteel en verder uitgebouwd in de 15e-19e eeuw. Slechts toegankelijk met rondleiding.

Voordat de Babenbergers verder doordrongen in de door Hongaren en Slaven beheerste Donauvlakte van Wenen, verplaatsten ze in 1106 hun palts eerst van Melk naar Klosterneuburg. Ook nadat de residentie midden 12e eeuw naar Wenen was verplaatst, bleef de beschutte heuvel in de bergen van het Wienerwald retraite voor de keizer. Na beëindiging van de Turkenoorlogen werd door Donato Felice d'Allio een kloosterslot naar het voorbeeld van het Spaanse Escorial gebouwd.

Na het station **Klosterneuburg-Kierling** fietst u dus over de Klosterneuburger Durchstich en slaat dan direkt rechtsaf naar het schuttershuis. Nu komen ook degenen,

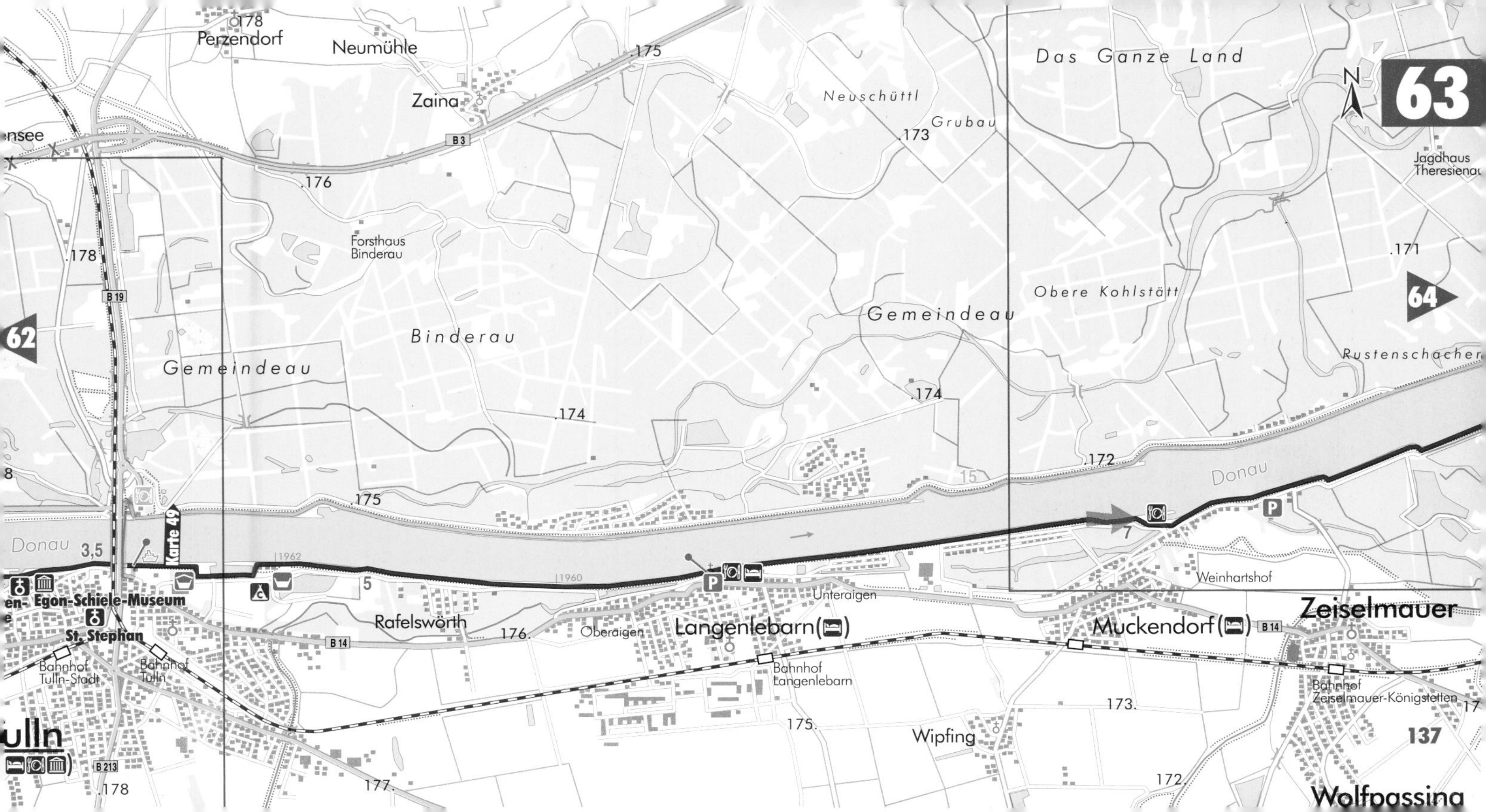

63
Perzendorf
Neumühle
Zaina
B 3
Das Ganze Land
Neuschüttl
Grubau
Jagdhaus
Theresienau
Forsthaus
Binderau
B 19
62
64
Gemeindeau
Binderau
Gemeindeau
Obere Kohlstätt
Rustenschacher
Donau
Donau
Karte 49
3,5
5
7
15
Egon-Schiele-Museum
St. Stephan
Bahnhof
Tulln-Stadt
Bahnhof
Tulln
Tulln
B 213
Rafelswörth
B 14
Oberaigen
Unteraigen
Langenlebarn
Bahnhof
Langenlebarn
Weinhartshof
Muckendorf
Zeiselmauer
Bahnhof
Zeiselmauer-Königstetten
Wipfing
Wolfpassing
137

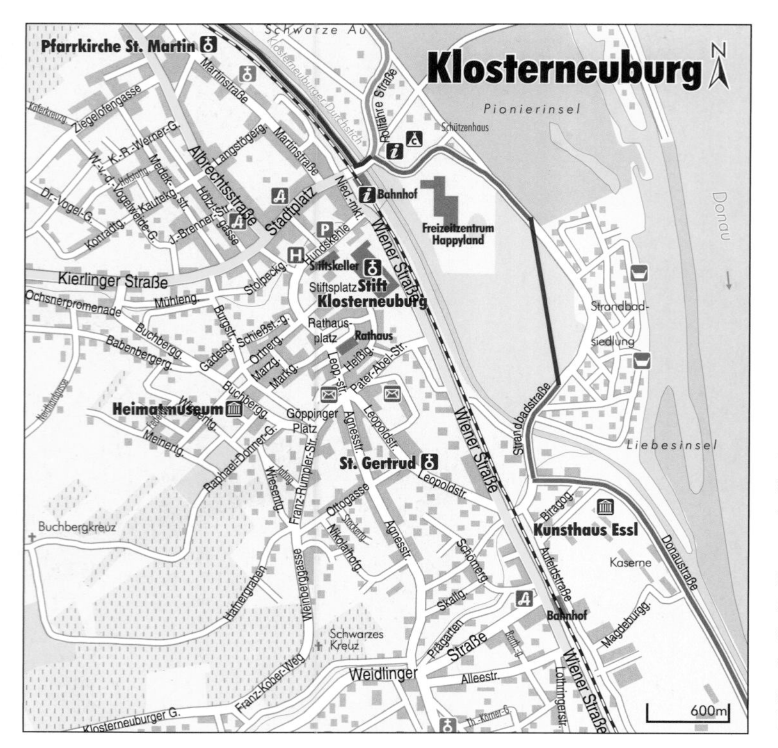

die de variant via Korneuburg hebben genomen, weer op de **hoofdroute**. Over een weg met matig verkeer fietst u om een recreatiecentrum heen. Na de strandhuisjes kunt u linksafslaan naar het openluchtbad. De route gaat echter naar rechts en steekt nog eens de Klosterneuburger Durchstich over. Vervolgens fietst u over de Weidlingbach en dan direct naar links.

Rechts ziet u de **Kahlenberg** en de **Leopoldsberg**, op wiens zuidelijke hellingen de Weense wijnbouw plaatsvindt. Deze uitstekende wijenen worden geschonken in de beroemde *Heurige* van Grinzing, Nußdorf en Kahlenbergerdorf. Maar ook op de linkeroever van de Donau gedijen druiven, bijv. op de **Bisamberg**.

U doorkruist een bedrijfsgebied over de Donauweg en heeft dan de stadsgrens van Wenen bereikt. De Donauweg komt uit in de Kuchelauer Hafenstraße, die u links volgt. Tenslotte voert de weg onder het spoor door naar Kahlenbergerdorf, een wijndorp met romantische trappetjes.

Kahlenbergerdorf R

De route naar het centrum loopt hier rechtdoor over het fietspad links van het spoor. Hiervandaan loopt het, nauwelijks te missen, direct naar het centrum van Wenen. U komt door een lang park en bent aldus weer korte tijd aan de Donau. Dan neemt u afscheid van de rivier en volgt het Donaukanaal. Voor de sluizen gaat u via een spoortunneltje naar **Nußdorf**.

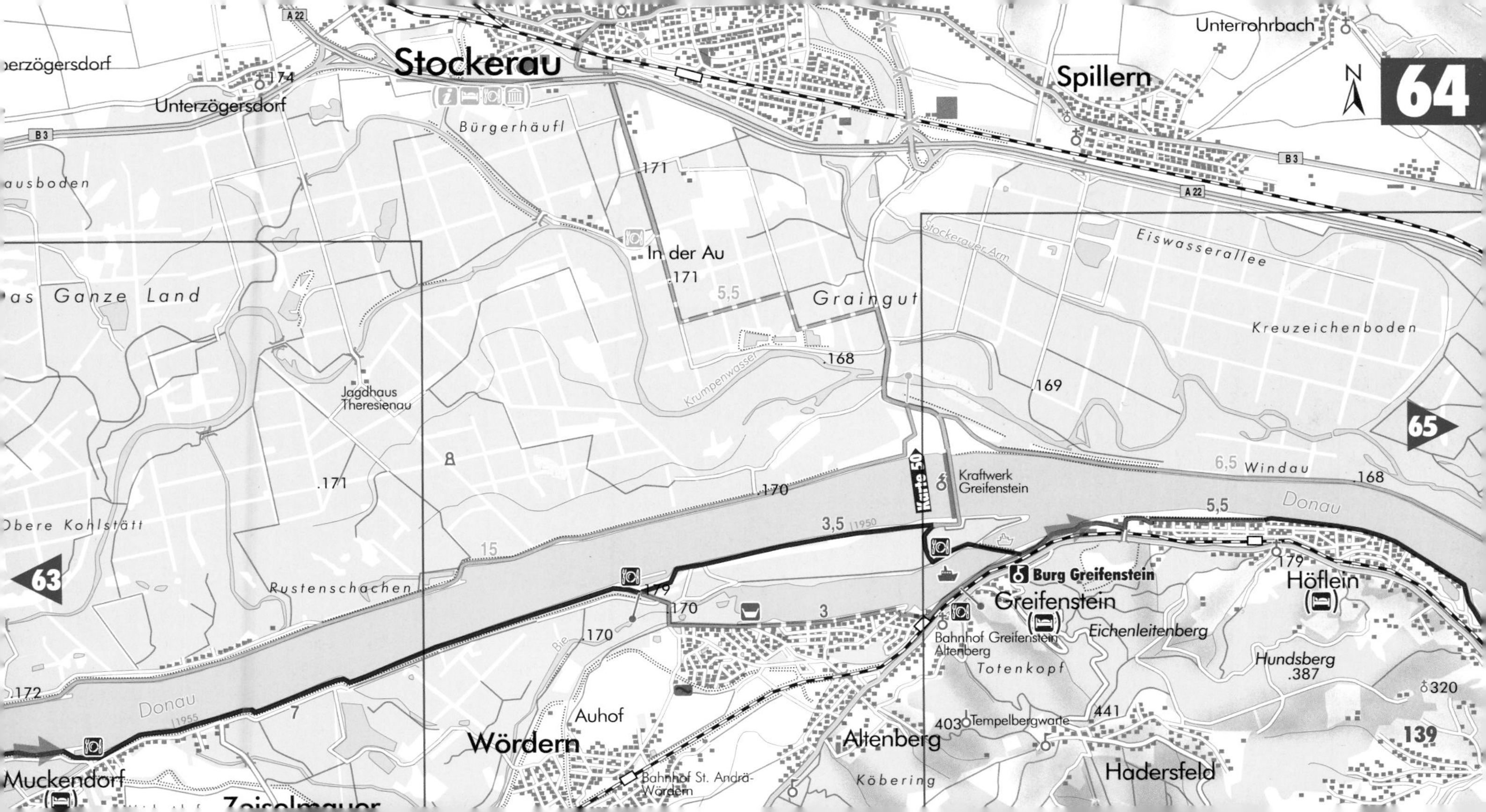
Stockerau
Unterzögersdorf
Unterrohrbach
Spillern
64
A 22
B 3
174
Bürgerhäufl
171
In der Au
Eiswasserallee
Stockerauer Arm
Das Ganze Land
5,5
Graingut
Kreuzeichenboden
168
Krumpenwasser
169
Jagdhaus Theresienau
65
Karte 50
Kraftwerk Greifenstein
6,5
Windau
170
Obere Kohlstätt
3,5
Donau
15
63
Burg Greifenstein
Höflein
Rustenschachen
179
Greifenstein
3
Eichenleitenberg
Bahnhof Greifenstein Altenberg
Totenkopf
Hundsberg
387
320
172
7
Auhof
441
403
Tempelbergwarte
Wördern
Altenberg
Hadersfeld
Muckendorf
Bahnhof St. Andrä-Wördern
Köbering
139

Over een kleine stijging passeert u de door Otto Wagner gebouwde sperinstallatie voor het Donaukanaal en u slaat na een kort stuk bergaf vóór de spoortunnel linksaf. De bordjes geven nu de *Urania*, een Weense volksuniversiteit, als doel aan. Via de bordjes „Donaukanal-Radweg“ komt u onder ontelbare bruggen door. Het fietspad leidt u langs de vuilverbranding die fraai versierd is door Friedensreich Hundertwasser.

Tip: de stad wordt steeds dichter en u kunt besluiten hoe verder te gaan. (zie ook de tekst bij de Linkeroever) via het Donaufietspad verder naar Bratislava dan steekt u het Donaukanaal over via de Aspernbrug en rechtdoor via het fietspad de Praterstr. naar Praterstern. Vandaar kunt u of de Prater Hauptalee op of de Lasallestr. richting Donau kiezen. De beschrijving tot aan Budapest vindt u in het gidsje: „*bikeline* Radtourenbuch Donau-Radweg Teil 3.

Langs het donaukanal komt u verder in de stad. Voorbij de **Roßauer Kaserne**, bij de Schttenring kunt u de **Ring-Rund-Radweg**,

Stephansdom, Wien

deze loopt om het centrum heenen voert langs vele Weense bezienswaardigheden.

Het Weense Westbahnhof kunt u het beste per fiets over de Ring bereiken. Naast het kunsthistorische museum slaat u af op een fietspad naast de Babenbergerstr. en u komt in de meest geliefde winkelstraat van Wenen, de Mariahilfer Str. het gaat hier rechtdoor met veel verkeer en zonder echte fietsroute naar het Westbahnhof.

Tip: Wanneer u het verkeer van de Mariahilferstr. wat wilt ontwijken, slaat u dan rechtsaf de Stiftgasse in en dan weer links de Lindengasse in, die naar de ring voert. Na links komt u op het ringfietspad die naar het Westbahnhof gaat. Eventueel kunt u ook met de U-bahn gaan (U6, U4, U3) zie voor de tijden bij de plaatsinfo hieronder.

Wenen (Wien) **≈km km 1929**

netnummer: 01

- **Tourist-Information**, Albertinaplatz/Ecke Maysedergasse, dagelijks 09.00-19.00u www.wien.info.
- **Wien-Tourismus**, Hotelreservierungen, ☎ 24555, info@wien.info
- **Fahrradbüro**, Frankenbergg. 11 ☎ 5058435
- **Albertina**, 1, Albertinapl. 1, ☎ 53483510, open: dag. 10-18, wo 10-21. de grafische collectie behoort tot de grootste ter wereld en omvat werk van Dürer, Leonardo, Raphael, Michelangelo enz.

🏛 **Kunsthistorisch museum**, 1, Maria-Theresien-Platz, ✆ 525240, open: di-zo 10-18, do 10-21. behoort tot de beduidendste musea in de wereld. De kern van de schilderijengalerie bestaat uit werk van Titiaan, Rubens, Dürer en Brueghel d.O. (grootste Brueghel-collectie ter wereld). Verder bezienswaardig: Egyptisch/Oriëntaalse en antieke verzamelingen, muntenkabinet.

🏛 **Natuurhistorisch museum**, 1, Maria-Theresien-Platz, ✆ 521770, open: wo-ma 9-18. Het gewicht ligt op de mineralencollectie met zeldzame ruwe diamanten, 15.000 fossiele skeletten en prehistorische collectie met de „Venus van Willendorf", antropologische collectie van Jongpaleolithicum tot heden.

🏛 **Österreichisches Museum für angewandte Kunst (MAK)**, 1, Stubenring 5, ✆ 711360, open: di-zo 10-18, do 10-21. Tentoonstellingen van Oost-Aziatische en Islamitische kunst; bibliotheek en tijdschriften. Glas en keramiek, metaalhandwerk, Wiener Werkstätte, meubel- en houtkollekties, textiel en tapijten.

🏛 **Jüdisches Museum der Stadt Wien**, 1, Dorotheergasse 11, ✆ 5350431, open: zo-vr 10-18, do 10-21. 60 Jaar na het einde van de oorlog is er weer een joods museum in Wenen. De wisselende exposities tonen joodse cultuur- en literatuurgeschiedenis, beeldende kunst en fotografie.

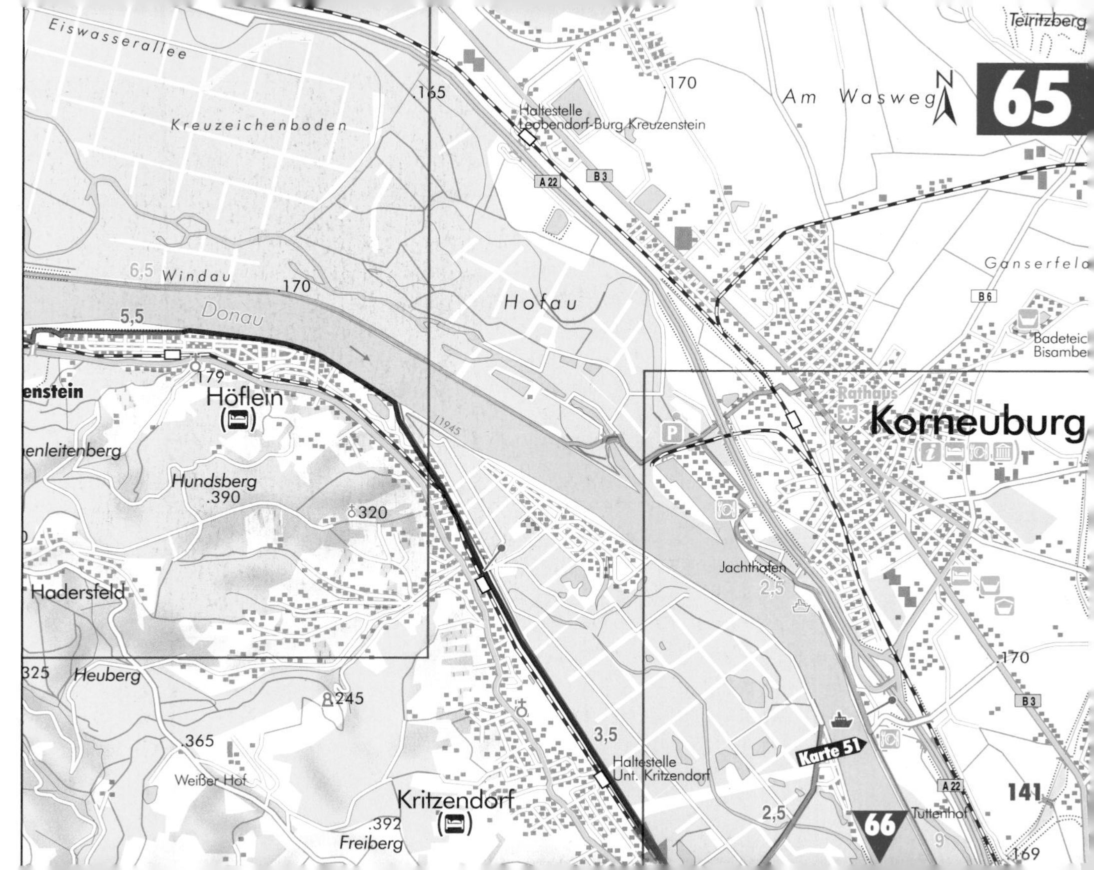

Museum für Völkerkunde, 1, Neue Burg/Heldenplatz, ✆ 534300, open: wo-ma 10-16. Permanente - de Mexicocollectie van keizer Maximilian met de omstreden verenkroon van Montezuma, de Polynesische collectie van James Cook en de bronzen beelden uit Benin.

Österreichische Nationalbibliothek, 1, Josefsplatz 1, ✆ 534100, open: mrt.-half mei, ma-za 10-14, 15 mei-26 okt., ma-za 10-16, zo-fstd. 10-13. Vader en zoon Fischer von Erlach schiepen van 1723-1737 in de pronkzaal één van de hoogtepunten van de barok. De plafondschilderingen zijn van Daniel Gran. Centraal staan echter de 15.000 goudgedrukte banden van de de librofiele prins Eugen van Savoyen.

KunstHausWien, 3, Untere Weißgerberstraße 13, ✆ 7120491, open: dag. 10-19. Vooral werk van Hundertwasser (schilderijen, architectuur en sculpturen) valt er hier te bekijken. Daarnaast wisselende exposities van 20e eeuwse kunstenaars.

Kunsthalle Wien, 7, Museumquartier ✆ 521890, open: dag 10-18, do 10-20. Wisselende exposities van hedendaagse kunst.

Haus der Musik, Seilerstätte 30, ✆ 5164851 dag. 10.00-22.00u Thema: Alles rondom muziek, veel zelf uit te proberen.

Schatzkammer, 1, Hofburg-Schweizerhof, ✆ 5337931, open: wo-ma 10-18. Één van de rijkste schatkamers ter wereld bewaart o.a. de keizerkroon van het heilige Romeinse Rijk (rond 962), de Oostenrijkse keizerkroon, de schat der Bourgondiërs en de schat van de Orde van het Gulden Vlies.

Böhmischer Prater

Österreichische Galerie Belvedere 3, Ober. Belvedere, Prinz-Eugen-Str. 27, ✆ 795570. open: di-zo 10-17. Overzicht van de Oost. schilderkunst van biedermeier tot jugendstil. Naast Klimt, Kokoschka en Schiele ook Waldmüller, Wotruba, Romako en Makart.

Heeresgeschichtliches Museum, 3, Arsenal, Objekt 18, ✆ 795610, open: za-do 10-16. In oriëntaals-klassische stijl van 1857, het eerste geplande museum van Wenen,met waardevolle collecties over Oost. militaire geschiedenis van de 30-Jarige Oorlog tot W.O. I.

Sigmund-Freud-Museum, 9, Berggasse 19, ✆ 3191596, open: juli-sept., dag. 9-18, okt.-juni, dag. 9-16. Van 1891 tot 1938 woonde hier de grondlegger van de psycho-analyse, totdat hij Oostenrijk moest verlaten. Freuds vroegere praktijk is tegenwoordig als museum ingericht.

Secession, 1, Friedrichstr. 12, ✆ 5875307, open: di-vr 10-18, za, zo-fstd. 10-16. Volgens plannen van Joseph Olbrich gebouwd van 1897-98 voor de progressieve kunstenaars van de "Wiener Sezession". Naast wisselende exposities kan men hier de 34 m lange Beethovenfries van Klimt bezichtigen.

Straßenbahnmuseum, 3, Erdbergstr. 109, ✆ 790944900, open: mei-4 okt., za, zo-fstd. 9-16. Meer dan 80 historische trams vanaf 1871, autobussen en wagons van de vroegere Wiener Stadtbahn.

Uhrenmuseum, 1, Schulhof 2, ✆ 5332265, open: di-zo 9-16.30. 3000 horloges, met daarbij vele curiositeiten.

Theatermuseum, 1, Lobkowitzpl. 2, ✆ 51288000, open: di-zo 10-17. Toneelmodellen, kostuums, rekwisieten, foto's en tekeningen.

Lipizzanermuseum in der Stallburg, 1 Reitschulg. 2, ✆ 5264184 open: ma-zo 9.00-18.00u Thema: op 400m2 schilderijententoonstelling is het platform van het kunsthistorisch museum, archief van de Spaanse rijschool; bezoek van de hofstallen met Lipizzaanse paarden.

MuseumsQuartier Wien, 7, Museumspl. 1, info: ✆ 5235881. spektakulair kultuurgebied aan de rand van de Weense binnenstad, 1 van de 8 grootste kunstwijken ter wereld.

Korneuburg
Klein-Engersdorf
A 22
2,5
65
Karte 52
B 3
168
Veitsberg
Bisamberg
B i s a m b e r g
Elisabethhöhe
358
336
Falkenberg
Tuttenhof
169
3,5
1940
Magdalenenhof
308
Langenzersdorf
Lahnerberg
Stift Klosterneuburg
167
B 14
Donaustraße
Klosterneuburg
Strebersdorf
Neue Donau
A 22
Industriezentrum
Haltestelle Strebersdorf
Donau
Josefinnenhütte
Leopoldsberg
425
Kahlenberg
484
Sulzwiese
Schwarzlackenau
Josefsdorf
Kahlenbergerdorf
1935
Jedlesee
295
Burgstall
Donauinsel
WIEN
atisberg
Krapfenwald
N u ß b e r g
377
Cobenzl
Nußdorf
Stadtplan
Heiligenstadt
Sievering
Grinzing
Donaukanal
66

Sisi Museum, Hofburg-Kaiserappartements, Michaelerkuppel, ✆ 8111335, open dagelijks 09.00-17.00u, juli-aug. 17.30u. Goed vormgegeven tentoonstelling van de jeugdjaren van Sisi in Bayern, de verrassende verloving met de keizer en de aspecten van haar rol als keizerin.

Liechtenstein Museum, de vorstenlijke verzamelingen, Fürsteng. 1, ✆ 31957670, open: vrij-ma. 09.00-17.00u één van de belangrijkste privéverzamelingen ter wereld in het barokke kasteel van de familie Liechenstein, maakt kunstschatten van wereldklasse toegankelijk die tot voor 50 jaar niet te bezichtigen waren. Meesterwerken van Rubens, van Dyk en Mantegna en Susini.

Stephansdom, 1, Stephansplatz, ✆ 515523526, rondleidingen: ma-za 10.30 en 15.00, zo-fstd. 15.00u. Oostenrijks belangrijkste gotische bouwwerk, naast het reuzenrad hét uithangbord van de stad, representeert 800 jaar (bouw)-geschiedenis. Bezienswaardig: het roodmarmeren grafmonument van keizer Frederik III, Anton Pilgrams kansel uit 1514/15, het „Wiener Neustädter Altar" uit 1447. Wijd vertakt katakombenysteem onder de dom met waardevolle historische teksten, rondleidingen: ma-za 10, 11, 11.30, 14, 14.30, 15.30, 16, 16.30 en zo/fstd. 14, 14.30, 15.30, 16, 16.30

Slot Schönbrunn, 13, Schönbrunner Schloss-Straße (metrostation), ✆ 81113, open: april-okt., dag. 8.30-17, nov.-mrt., dag. 8.30-16.30. Het oorspronkelijk door Fischer v. Erlach groter en machtiger dan Versailles geplande slot met 1441 kamers en zalen ontstond van 1696-1730. Zomerresidentie van de Habsburgers, schouwplaats van het Weens Congres.

Wiener Riesenrad, Prater

Prater, de Weense Prater is het oudste pretpark ter wereld en is vrij toegankelijk, vele attracties met het beroemde reuzenrad (mrt, april,okt. 10.00-22.00u, mei-sept. 09.00-24.00u., nov-feb. 10.00-20.00u.

Wüstenhaus Schönbrunn, in de dierentuin Schönbrunn, open: mei-sept. 09.00-18.00u. en okt. –april 09.00-17.00u.

Spaanse Rijschool, 1, Hofburg, Innerer Burghof, „ochtendtraining": sept.-half dec. en feb.-juni, di-za 10-12. Zonder kaarten te reserveren kan men hier de training van de Lippizaners bijwonen.

Ringstraße. Ontstaan van 1857-58 na de sloop van de vroegere stadswallen. Eén van de mooiste boulevards , waaraan o.a. Burgtheater, parlament, raadhuis, universiteit, kunsthistorisch museum enz.liggen.

Belvedere, Prinz-Eugen-Straße 27. Gebouwd werd dit barokke prachtslot vanaf 1700 onder leiding van Lukas von Hildebrandt als zomerresidentie voor Eugen van Savoyen. Gecompletteerd wordt het door een schitterende terrassentuin.

Spittelberg. Het buurtje tussen Breite Gasse en Stiftgasse is een modelvoorbeeld voor revitalisering met behoud van de historische (in dit geval biedermeier) bouwsubstantie. Tegenwoordig café- en kunstbuurt met flair.

Naschmarkt, Wienzeile tussen Getreidemarkt en Kettenbrückengasse. De grootste fruit- en groentemarkt van Wenen is de sfeervolle antithese tot de supermarkt en is een trefpunt voor vele culturen. Za. Grote vlooienmarkt.

Fiets & metro. mo-vr 9-15 en vanaf 18.30, za vanaf 9, zo-fstd. de gehele dag. Voor het transport heeft u een Halbpreisticket nodig. Slechts bij deuren met fietssymbool instappen, in de U6 alleen in lagevloerwagons.

Fiets & Schnellbahn, ma-vr 9-15 en vanaf 18.30, za vanaf 9, zo-fstd. de gehele dag. In treinen, die in de dienstregeling zijn voorzien van een fietssymbool, kunnen altijd fietsen worden

Wien (Nord)
Donau
Donauinsel
Donaukanal
Nussdorf
Bhf. Nussdorf
Heiligenstadt
Unter-
döbling
Brigittakapelle
St. Thomas
St. Jakob
Bahnhof Heiligenstadt
Meteorologische Zentralanstalt
Müllverbrennungs-
anlage
Döblinger Bad
Wertheimstein-
park
Heiligenstädter Park
Setagaya Park
Nussdorfer Friedhof
Zum Weißen Kreuz
Absperrwerk
Nußdorfer Schleusenbrücke
Am Brigittenauer Sporn
Brigittaspitz
J.-v.-Schemmerl Brücke
Nordbrück
Heiligenstädter Straße
Heiligenstädter Str.
Heiligenstädter Lände
Nussdorfer Lände
Brigittenauer Lände
Grinzinger Straße
Hohe Warte
Barawitzkagasse
Gallmeyergasse
Klabundgasse
Kahlenberger Straße
Hammerschmidtgasse
Armbrustergasse
Eroicagasse
Eroicag.
Probusgasse
Pfarrpl.
Zahnradbahnstr.
Nußberggasse
Dennweg
Schreiberbach
Bernatzikg.
Steinbüchlweg
Boschstraße
Mooslackeng.
Muthgasse
Eisenbahnstr.
Sickenbergg.
Bach.-g.
Diemg.
Kreilplatz
Greinergasse
Halteraug.
12.-Feb.-Platz
Hinterg.-g.
Geweyg.
Wollerg.
Steinfeldg.
Pernerg.
Aussichtsweg
Stürzergasse
Püchlg.
Geistg.
Böhmmühlg.
Gebhardtg.
Pokornygasse
Osterleitengasse
Bau.-g.
Weilg.
Nussdorfer Platz
Griegstraße
Leystraße
Kornhäuselgasse
Forsthausg.
Hopsag.
Aignerstraße
Adalbert-Stifter-Straße
Lorenz-Müller-G.
Heiligst.-Br.
Passetistr.
Meldemannstraße
Schottenaustr.
Dresdner Straße
Höchstädt-platz
Leithastr.
Universumstr.
Stromstraße
Jägerstraße
Jägerstr.
Raffaelg.
Pappenheimg.
Leipziger Str.
Wexstr.
Spielmanngasse
Burghardtgasse
Klosterneuburger Straße
Dietmayrg.
Zrinyig.
Hartlg.
Döblinger Steg
Gürtelbrücke
Spaung.
K.-Czerny-G.
Holzg.
400m

meegenomen. In de centrumzone Wenen (zone 100) heeft men hiertoe een Halbpreis-Fahrschein, overal elders een Fahrrad-Tageskarte nodig.

Fietsrondleidingen: Pedal Power Tours, Ausstellungsstr. 3, ✆ 7297234. en Vienna Bike Wasag. 28/2/5, ✆ 3191258. Ontdekkingsreizen met de fiets door Wenen.

Wien-Karte, 72- urenkaart voor het openbaar vervoer, inkl. kortingen bij vele musea en bezienswaardigheden in Wenen. Verkrijgbaar o.a. bij de VVV, hotels en bij de grotere metrostations.

Zoo - Tiergarten Schönnbrunn, Schlosspark bij het metrostation Hietzinger Tor, ✆ 87792940, open: dag., mrt. 9-17.30, apr. 9-18, mei-sept., dag. 9-18.30, okt. en feb. 9-17, nov-jan. 9-16.30. In een barokke parkomgeving ligt één van de oudste dierentuinen ter wereld met moderne ideeën over de leefomgeving voor de dieren.

Fahrradhaus Dorfinger, 21 Galvanig. ✆ 19 2711447

Wenen. *Hoe kan men een metropool, die meer dan 7 eeuwen residentiestad en lang het middelpunt van een wereldrijk was en traditioneel tot de culturele centra van Europa behoort, in het kort beschrijven zonder daarbij clichées te herhalen of wezenlijke dingen te vergeten? Misschien door iets te vertellen over de relatie van stad en rivier.*

Wie Wenen zegt, zegt Donau en toch zoeken bezoekers tevergeefs naar een stad, die met de rivier is vergroeid. Slechts de Kleine Donau, eigenlijk een kanaal, stroomt door het centrum van de Donaumetropool. Wenen verloor het karakter van een rivierstad in de 19e eeuw, toen door een rivierbedomleiding de nauwe binding met de stroom verloren ging. Een loodrechte doorsteek - ambtelijke schoonheidsleer - temde het tot dusverre kroezige rivierverloop. Tijdens de openingsrede van 1875 werd dit geprezen als een briljante Oostenrijkse ingenieursprestatie. Ook de naamgevende rivier de Wien zoekt sinds de eeuwwisseling zijn weg naar de Donau in een kale stenen geul.

Wenen en de Donau, een onverzoenlijke tegenstelling? Landschap is in ieder geval maakbaar en aan de rivier kan het leven weer terugkeren; een verdere ingreep in het jongste verleden demonstreert dit. In de lange overstromingszone naast de recht gemaakte Donau werd een afloopgeul gegraven en uit de opgebaggerde grond verrees de Donauinsel. Deze is tegenwoordig de Weense recreatiehemel en wie hier ligt, vergeet, dat de Donau binnenkort nóg veel langzamer zal stromen. Als namelijk over een paar jaar de volgende stuw in bedrijf gaat.

Het doet ons plezier dat u voor uw fietstocht langs de Donau voor onze routegids hebt gekozen en hopen dat u hiermee tevdreden bent geweest. Het zou ons ook plezieren wanneer u bij een volgende fietstocht weer een boekje uit onze serie wilt kiezen. Goede thuisreis toegewenst!

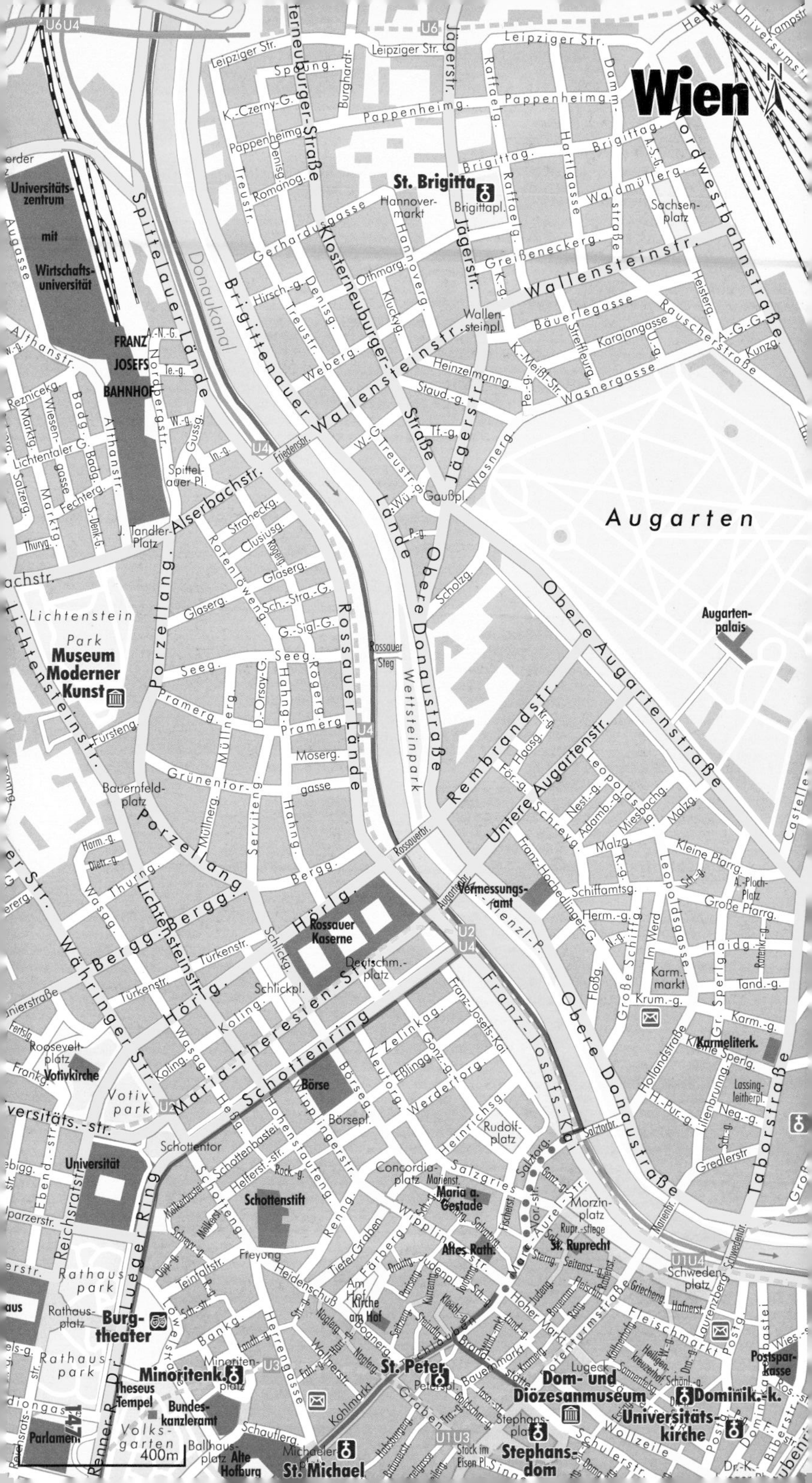

Wien
Augarten
Augarten-palais
Nordwestbahnstraße
Obere Augartenstraße
Untere Augartenstr.
Rembrandtstr.
Taborstraße
Große Sperlg.
Große Schiffg.
Karmeliterk.
Karm. markt
Hollandstraße
Obere Donaustraße
Franz-Josefs-Kai
Wettsteinpark
Rossauer Steg
Rossauer Lände
Rossauer Kaserne
Deutschm.-platz
Brigittenauer Lände
Klosterneuburger-Straße
Wallensteinstr.
Jägerstr.
St. Brigitta
Hannover-markt
Dammstraße
Hartlgasse
Raffaelg.
Pappenheimg.
Leipziger Str.
Treustr.
Denisg.
Donaukanal
Spittelauer Lände
Nordbergstr.
Porzellang.
Alserbachstr.
Lichtensteinstr.
Lichtenstein Park
Museum Moderner Kunst
FRANZ JOSEFS BAHNHOF
Althanstr.
Universitätszentrum mit Wirtschaftsuniversität
Augasse
Währinger Str.
Berggasse
Hörlg.
Maria-Theresien-Str.
Schottenring
Börse
Wipplingerstr.
Hohenstaufeng.
Schottenstift
Schotteng.
Freyung
Herrengasse
Votivpark
Votivkirche
Universität
Universitäts.-str.
Reichsratstr.
Rathauspark
Burgtheater
Dr.-Karl-Lueger-Ring
Minoritenk.
Bundeskanzleramt
Volksgarten
Theseus Tempel
Ballhausplatz
Alte Hofburg
St. Michael
Kohlmarkt
Graben
St. Peter
Stephansdom
Dom- und Diözesanmuseum
Universitätskirche
Dominik.-k.
Postsparkasse
Wollzeile
Fleischmarkt
Schwedenplatz
Rotenturmstraße
St. Ruprecht
Maria a. Gestade
Altes Rath.
Judenpl.
Am Hof
Kirche am Hof
Hoher Markt
Morzinplatz
Salztorbr.
Vermessungsamt
Schlickpl.
Servitengasse
Müllnerg.
Hahng.
Rotenlöweng.
Seeg.
Pramerg.
Wasag.
Koling.
Türkenstr.
Rudolfplatz
Concordiaplatz
Schottentor
400m
147
Parlament

Wien
Zentrum (I.)
Sigmund-Freud-Museum
Rossauer Kaserne
Votivkirche
Börse
Schottenring
Universitätsstr.
Landesgericht
Universität
Schottenstift
Maria a. Gestade
St. Ruprecht
Altes Rathaus
Kirche a. Hof
Burgtheater
Rathaus
Rathauspark
St. Peter
Dom- und Diözesanmuseum
Minoritenkirche
St. Michael
Theseus Tempel
Bundeskanzleramt
Parlament
Volksgarten
Alte Hofburg
Hofreitschule
Schatzkammer
Nationalbibliothek
Stephansdom
Jüd. Museum
Universitätskirche
Dominik.-k.
Museum f. Angew. Kunst
Neue Hofburg
Burgtor
Heldenplatz
Naturhistor. Museum
Kunsthistor. Museum
Maria Theresia Denkmal
Volkskundemuseum
Kapuzinergruft
Albertina
Staatsoper
Goethe Denkmal
Volkstheater
Justizpalast
Mechitaristen Kirche
Kleinstes Haus Wiens
Messepalast
Tabakmuseum
Westbahnhof
Theater an der Wien
Secession
Kunstakademie
Kunsthalle
Künstlerhaus
Musikverein
Karlsplatz
Südbahnhof
Opernring
Kärntner Ring
Schubertring
Parkring
Stadtpark
Schubert-Denkmal
Bruckner-Denkmal
Johann-Strauß-Denkmal
Kursalon
Konzerthaus
Akademietheater
Am Heumarkt
Bahnhof Wien Mitte
Krankenhaus St. Elisabeth
Beethovenhaus
Landstraßer Hauptstr.
Pfarrkirche Peter u. Paul
Rochuspark
Hundertwasserhaus
Kunsthaus Wien
Rechnungshof
Urania
Uraniastr.
Reg.-gebäude
Karmeliterkirche
Karmelitermarkt
Obere Donaustr.
Untere Donaustr.
Donaukanal
Franz-Josefs-Kai
Praterstraße
Bahnhof Wien Nord
Praterstern
Dogenhof
Volksprater
Planetarium
Riesenrad
Prater-museum
Ausstellungsstraße
Schüttelstr.
Weißgerberlände
Sportanlage STAW
Schweizerhaus
Erdbergstr.
Dr.-K.-Lueger-Ring
Dr.-K.-Renner-R.
Burgring
Mariahilfer Str.
IX
VIII
VII
II
III
I

Overnachtingsregister

In het vervolg zijn hotels (H), hotel garni (Hg), Gasthöfe (Gh), boerderijen (Bh), pensions (P) en privékamers (Pz), vakantiewoning (Fw), maar ook Jeugdherbergen en campings opgenomen langs de Donau en de routes van de uitstapjes. De plaatsen zijn niet in alfabetische volgorde, maar in volgorde van doorkomst gerangschikt.

Het register is niet allesomvattend en vermelding is geen aanbeveling. belangrijkste criterium is de afstand tot de route, in steden zijn vooral bedrijven in het centrum en in de buurt van de route uitgekozen. Bedrijven, die fietsers van de route afhalen, zijn gekenmerkt.

Het Romeinse cijfer (I-VII) na het telefoonnummer verwijst naar de prijscategorie van het betreffende bedrijf:

I	minder dan €15,–		
II	€ 15,–	tot	€ 23,–
III	€ 23,–	tot	€ 30,–
IV	€30,–	tot	€ 35,–
V	€ 35,-	tot	€ 50,–
VI	€50,-	tot	€ 70,-
VII	meer dan € 70,–		

De prijsgroepen hebben betrekking op de de prijs per persoon in een 2-persoonskamer met douche of bad. Bedrijven, die kamers zonder bad of douche aanbieden, worden aangeduid met het symbool na de prijscategorie.

Omdat wij dit register up to date willen houden, zijn we voor uw suggesties dankbaar. De registratie is kostenloos.

Schärding

postcode: 4780; netnummer: 07712

H Biedermeier Hof, Passauerstr. 8, ✆ 3064, IV
H Gesundheitshotel Gugenbauer, Kurhausstr. 4, ✆ 31910
H Forstinger, Unterer Stadtpl. 3, ✆ 2302
H Zur Stiege, Schlossg. 2, ✆ 3070
H Das Schiff, Andiesen 9, ✆ 3310
H Schützenhof, Innbruck Str. 6-8, ✆ 4404
H Servus Europa, Etzelshofen 125, ✆ 31620
Hg Stadthotel, Kircheng. 19, ✆ 36139
P Fibensteiner, Unterer Stadtpl. 14, ✆ 2069
P Am Weberspitz, Adalbert-Stifter- Str. 40, ✆ 29004
P Beim Lachinger, Silberzeile 13, ✆ 2268
Pz Haus Luger, Adalbert-Stifter-Str. 11, ✆ 5434
Pz Haus Wagner, Innbruckstr. 25, ✆ 6034
Pz Haus Mayr, Silberzeile 8, ✆ 3080

Passau (D) R

postcode: 94032-36 netnummer: 0851

Tourist-Information, Rathauspl. 3, ✆ 955980
Tourist-Information, Bahnhofstr. 36, ✆ 955980
H Golf- und Tagungshotel am Jesuitenschlössl, Kapuzinerstr. 32, ✆ 386401, V-VI
H Holiday Inn Passau, Bahnhofstr. 24, ✆ 59000, V-VII
H Weisser Hase, Heiliggeistg. 1, ✆ 92110, VI
H Dreiflüssehof, Danziger Str. 42/44, ✆ 72040, V
H Passauer Wolf, Rindermarkt 6, ✆ 931510, V-VII
H Atrium, Neue Rieser Str. 6, ✆ 9886688, V-VI
H Achat, Neuburger Str. 79, ✆ 95180, V
H Schloss Ort, Am Dreiflusseck, ✆ 34072, V-VI
H Wilder Mann, Am Rathauspl., ✆ 35071, V-VI
H Altstadt, Bräug. 23-29, ✆ 3370, V-VI
H Kabinenhotel Rotel Inn - Der Ruhende Mensch, Hbf. Donaulände, ✆ 95160, III
H Wienerwald 2000, Gr. Klingerg. 17, ✆ 33069, IV
Hg Herdegen, Bahnhofstr. 5, ✆ 955160, V
Hg Residenz, Fr.-Schäffer-Promenade, ✆ 989020, V-VII
Hg König, Untere Donaulände 1, ✆ 3850, V-VI
Hg Spitzberg, Neuburger Str. 29, ✆ 955480, IV-V
Hg Deutscher Kaiser, Bahnhofstr. 30, ✆ 9556615, IV-V
Gh Rosencafé, Donaustr. 23 (Nordufer), ✆ 42811, II-III
Gh Zur Brücke, Landrichterstr. 13 (Ilzstadt-Hals), ✆ 44341, II
Gh Kuglwirt, Heuburger Str. 119, ✆ 9669766, III
Gh Zur Triftsperre, Triftsperrstr. 15, ✆ 51162, II-IV
Gh Blauer Bock, Höllg. 20, ✆ 34637, III-V
P Zur goldenen Sonne, Unterer Sand 18, ✆ 2730, III-IV
P Rößner, Bräug. 19, ✆ 931350, II-III
P Vilsmeier, Lindental 28a (Innstadt), ✆ 36313, III
P Frickinger, Christdobl 13, ✆ 41222, III
P Fahrad-Pension, Am Güterbahnhof, ✆ 34784, II
Pz Fichtel, Halserstr. 27a, ✆9441594, III
Jugendherberge, Veste Oberhaus 125, ✆ 493780
Zeltplatz Ilzstadt, Halser Str. 34, ✆ 41457

Passau-Haibach R

postcode: 94032; netnummer: 0851

P Gambrinus, Haibach 20 (Südufer), ✆ 2905, III
H Ferienidyll Maxhöhe, Gut Wolfersdorf 1, ✆ 91110
H Lindenhof, Kurpromenade 12, ✆ 8080, III
Gh Zum Kirchenwirt, St.-Basius-Str. 1, ✆ 8116, II-III
Gh Kernmühle, bei Kellberg (Nordufer), ✆ 567, II-III
Gh Hofbauer Stubn, Kapfham 15, ✆ 325, II
P Am König-Max-Stein, Wingersdorf 15, ✆ 486, II
P Bauer, Fattendorf 26, ✆ 509, II
P Zum Grüß Gott, Prof.-Dr.-Schedel-Str. 1, ✆ 760, II
P Zum Toni, Fattendorf 1, ✆ 469, II

Hinding R
postcode: 4785; netnummer: 07713
Tourismusverband Freinberg, ✆ 8244
H Faberhof, Hinding 18, ✆ 20975, III-IV
P Pfeiffer, Hinding 46, ✆ 8218, II
Pz Bachl, Hinding 43, ✆ 8107, I-II

Pyrawang R
postcode: 4092; netnummer: 07714
Gemeindeamt Esternberg, ✆ 665510
Pz Holzapfel, Esternberg Nr. 18, ✆ 6178, I
Pz Grasegger, Esternberg Nr. 29, ✆ 6170, I
Pz Grassegger, Esternberg Nr. 12, ✆ 6208, I
Pz Fischer, Esternberg Nr. 9, ✆ 6504, I
Camping Fischer, Pyrawang 9, ✆ 6504

Erlau (D) L
postcode: 94130 netnummer: 08591
Gh Zur Post, Hauptstr. 22, ✆ 91490, II-III
Gh Zum Edlhof, Edlhofstr. 10, ✆ 466, III-V
Pz Haus Erlautal, Erlautal 8, ✆ 912871, III

Obernzell (D) L
postcode: 94130 netnummer: 08591
Tourist-Info, Marktpl. 42, ✆ 9116119
H Fohlenhof, Matzenberger Str. 36, ✆ 939464, V
H Donautal, Lukas-Kern Str. 32, ✆ 939170, III
H Alte Schiffspost, Marktpl. 1, ✆ 1030, III
Gh Zum Freischütz, Bachstr.7, ✆ 1863, II
P Zur Brücke, Bachstr. 13, ✆ 1379, II
P Jell, Siedlungsstr. 10, ✆ 1319, II
P Haus Sybill, Max-Moser-Str. 4, ✆ 751, II

Kasten R
postcode: 4091 netnummer: 07714
Tourismusverband Vichtenstein, ✆ 80550
Gh Klaffenböck, Kasten 15, ✆ 6505, II
P Donautal, Kasten 22, ✆ 63100, II
Bh Schusterbauer, Kasten 3, ✆ 6549, I
Bh Reierbauer, Kasten 8, ✆ 6531, I
Bh Petern, Kasten 13, ✆ 6529, I
Campingplatz an der Donau, Gemeindeamt, ✆ 8055

Vichtenstein R
postcode: 4091 netnummer: 07714
Tourismusverband Vichtenstein, ✆ 80550
Gh Zum Koller, Nr. 37, ✆ 80150
Pz Gimp, Hütte 65, ✆ 0664/1633619
Pz Ferienhaus Leitensepphof, Wenzelberg 15, ✆ 089/8120139
Gh Haugsteinstüberl, Wenzelberg 1, ✆ 07717/20172

Jochenstein (D) L
postcode: 94107 netnummer: 08593
Tourist-Information Untergriesbach, ✆ 08593/1066
Gh Kornexl, Am Jochenstein 10, ✆ 1802, I-II
Gh Fesl, Kohlbachmühle 1, ✆ 320, II-III
Camping Kohlbachmühle, ✆ 320

Engelhartszell R
postcode: 4090 netnummer: 07717
Tourismusverband, Marktpl. 61, ✆ 8055-16
H Zum Goldenen Schiff, Nibelungenstr. 2, ✆ 8009, III-IV
Gh Mühlböck, Marktstr. 35, ✆ 8013, II
Gh Zum Haugstein, Stadl 8, ✆ 7318
Gh Fischerhof, Nibelungenstr. 45, ✆ 0664/6307165, II
Gh Pizzeria da Gino, Marktpl. 23, ✆ 20163
Pz Aichinger Donaublick, Sauwaldstr. 122, ✆ 8172, II
Pz Jausenstation Zum Jochenstein, Maierhof 17, ✆ 8123, I
Pz Hufschmiede, Nibelungenstr. 11, ✆ 8059, II
Pz Hackner, Brunng. 250, ✆ 0699/81215137, II
Pz Ecker, Maierhof 31, ✆ 8173, I-II
Pz Familie Landl, Maierhof 8, ✆ 7836, II
Bh Huber, Nibelungenstr. 40, ✆ 8285, I
Bh Jager a. Bach, Flenkental 7, ✆ 7555, I
Radpension Hl. Antonius, Nibelungenstr. 68, ✆ 20080
Freibad-Camping, Marktpl. 61, ✆ 0664/8708787

Engelszell R
postcode: 4090 netnummer: 07717
Gh Engelszeller Stüberl, Nibelungenstr. 20, ✆ 8037

Kramesau L
Gh Luger, Kramesau 4, ✆ 07285/507, III

Niederranna L
postcode: 4085 netnummer: 07285
Marktgemeindeamt Hofkirchen ✆ 7011
Pz Knogler, Nr. 31, ✆ 562, I-II
Gh Draxler, Nr. 3, ✆ 511, II-III
P Pumberger, Au 1, ✆ 6317, II
Pz Leitner, Nr. 46, ✆ 519, II
Pz Ecker, Nr. 60, ✆ 516, I
Zeltplatz Ratzenböck, Freizell, ✆ 226

Marsbach
postcode: 4085 netnummer: 07285
Marktgemeindeamt Hofkirchen, ✆ 255
H Falkner, Nr. 2, ✆ 223, VI-VII
Gh Pühringer, Nr. 4, ✆ 293, II-III

Dorf
postcode: 4133 netnummer: 07286
Bh Schlagnitweit, Dorf 10 (Abhol.), ✆ 7994, II

Niederkappel L
postcode: 4133 netnummer: 07286
Gemeindeamt, Nr. 48, ✆ 85550
Gh Leitenbauer, Nr. 32, ✆ 8594, III

Grafenau
postcode: 4133 netnummer: 07286
Gh Gierlinger, Grafenau 17, ✆ 7213, II
Bh Bumberger, Grafenau 3, ✆ 7633, II

Wesenufer R
postcode: 4085 netnummer: 07718
Tourismusverband Waldkirchen-Wesenufer, ✆ 7255
H Seminarhotel Wesenufer, Wesenufer 1, ✆ 2009, V-VI
Gh Schütz, Wesenufer 17, ✆ 7208, III
Gh Zum Schiffmeister, Wesenufer 19, ✆ 7220, I-II
P Feiken, Wesenufer 65, ✆ 7506, II
Pz Donaubauer, Wesenufer 44, ✆ 7206, I
Nibelungen-Camping, Wesenufer 73, ✆ 7589

Au

postcode: 4085 netnummer: 07285
Pz/⛺ Zur Fährfrau, Au 1, ✆ 6317, II

Haibach-Schlögen R

postcode: 4083 netnummer: 07279
ℹ Tourismusverband, ✆ 8235,
H Donauschlinge, Schlögen 2 ✆ 8212, III-IV
Pz Schönhuber, Haibach 61 ✆ 8237
Pz Knogler, Moos 2 ✆ 8522, II
Pz Gaisbauer, Linetshub 6 (Abholung) ✆ 8245,
Bh Niedernhager, Sieberstal 4 (Abholung) ✆ 8340, I-II
Bh Wolfartner, Linetshub 3 (Abholung) ✆ 8359, I-II
Bh Straßl, Linetshub 2 ✆ 8358
⛺ Terrassencamping Donauschlinge, ✆ 8241

Kobling

Gh Zur Überfuhr, Kobling 1, ✆ 0699/12100005, III

Inzell R

postcode: 4083; netnummer: 07279
Gh Steindl „Zum Hl. Nikolaus", Inzell 6, ✆ 8328
Gh Reisinger, Inzell 13, ✆ 8581
P Reisinger E., Inzell 9, ✆ 8581, I-II
Pz Pointner, Inzell 10, ✆ 8297, I-II
Bh Busch, Inzell 2, ✆ 8715, I-II
⛺ Camping Steindl, Inzell 6, ✆ 8328

Obermühl L

postcode: 4131 netnummer: 07286
ℹ Tourismusverband Obermühl-Kirchberg, Gasthof Aumüller, ✆ 7216
Gh Aumüller, Obermühl 13, ✆ 7216, II
Gh Bruckwirt, Graben 6 (in Kreuzung n. Altenfelden), ✆ 83210, II-III
Gh Gierlinger, Grafenau 17, ✆ 7213, II
Bh Grafenauer Hof, Grafenau 3, ✆ 7633, II

Haizing R

postcode: 4081; netnummer: 07273
Pz Martina u. Alois Wolkerstorfer, Haizing 23, ✆ 7397

Aschach a.d. Donau R

postcode: 4082; netnummer: 07273
ℹ Tourismusverband, Kurzwernhartpl. 5, ✆ 7000
ℹ Rad-Info, Ortseinfahrt, ✆ 7000
Gh Aschacher Hof, Ritzbergerstr. 7, ✆ 6360, III
Gh Kaiserhof, Kaiserau 1, ✆ 62210, II-III
Gh Zur Sonne, Kurzwernhartpl. 5, ✆ 6308, III
Pz Stibal, Ziegeleistr. 27, ✆ 7177, 🚭
Pz Rammelmüller, Siernerstr. 72, ✆ 8982, I 🚭

Hartkirchen

Gh Stadler, Kirchenpl 12, ✆ 6367
Pz Knogler, Schmiedstr. 6, ✆ 6454, II
Bh Gruber, Vornholz 7, ✆ 6651, I 🚭

Oberlandshaag L

postcode: 4101; netnummer: 07233
Gh Fischerhof, Oberlandshaag 42, ✆ 7412, III
Pz Jonach Oberlandshaag 76, ✆ 7480 II

Unterlandshaag

Pz Pichler, Unterlandshaag 13, ✆ 7466, I 🚭
Pz König, Unterlandshaag 12, ✆ 7463, II

Feldkirchen an der Donau L

postcode: 4101 netnummer: 07233
ℹ Tourismusinformation, Hauptstr. 1, ✆ 7190
H TOP-RAD-STOP Faustschlössl, Aschach, Oberlandshaag 2, ✆ 7402
H Schloss Mühldorf, Mühldorf 1, ✆ 7241, VI
Gh Wirt in Pesenbach, Pesenbach 32, ✆ 7273, III
Gh Wögerer, Marktpl. 18, ✆ 72230
Pz Hummer, Bad Mühllacken 12, ✆ 6843, II
Pz Falkner, Himmelreich 27, ✆ 7521, II
Pz Wolfsteiner-Lackner, Bad Mühllacken 60, ✆ 7281, I
Pz Mayer, Wolfsbach 52, ✆ 6787, I-II
Pz Ehrlinger, Wolfsbach 49, ✆ 6789, II
Pz Leitner, Weidet 7, ✆ 7516, II
Pz Kneidinger, Bad Mühllacken 13, ✆ 6844, II
Pz Kneidinger Martina, Reicherlweg 1, ✆ 7695, II
Pz Petermüller, Bad Mühllacken 16, ✆ 6686, II
Pz Rothbauer, Audorfer Str. 14, ✆ 6733, II 🚭
Pz Luger, Im Feld 1, ✆ 6486, II 🚭
Pz Weissenberger Erika, Schulstraße 8 ✆ 6758, II
Pz Zauner, Lauterbachstr. 2, ✆ 6331, II
Pz Eder-Schilhuber, Pesenbachtal 12, ✆ 6339, II
Pz Ehrengruber Himmelreich 27, ✆ 7521 II
Pz Rabeder Bad Mühllacken 18, ✆ 6681 II
Bh Rechberger-König, Unterlandshaag 60, ✆ 7463, II
Bh Hengstschläger, Oberndorf 14, ✆ 6671, II
Bh Schöppl, Bad Mühllacken 19, ✆ 6688, II
⛺ Campingplatz Puchner, Golfplatzstr. 21, ✆ 7268

Goldwörth

Pz Baumgartner, Ahornw. 19, ✆ 82021, II
Pz Satzinger, Donaustr. 2, ✆ 2801, I-II 🚭
Pz Übermasser, Goldwörther Str. 14, ✆ 29172, I-II 🚭

Brandstatt R

postcode: 4070 netnummer: 07272
Gh Dieplinger, Brandstatt 2 + 4, ✆ 2324, III
P Webinger, Brandstatt 1, ✆ 4279

Eferding R

postcode: 4070 netnummer: 07272
ℹ Tourismusverband, ✆ 5555160
H Brummeier, Stadtplatz 31, ✆ 2462, V
Gh Zum Goldenen Kreuz, Schmiedstr. 29, ✆ 424748, II

Ottensheim L

postcode: 4100 netnummer: 07234
ℹ Tourismusinformation, Donaulände 4, ✆ 83622
H Donauhof, An der Fähre, ✆ 838180, III
Gh Rodlhof, Rodl 11, ✆ 83790, II
Gh Bergmayr, Walding Nr. 9, ✆ 82308, III
Gh Schwarzer Adler, Marktpl. 19, ✆ 82224, III
Gh Zur Post, Linzer Str. 17, ✆ 82228, II
Pz Hemmelmayr, Sternstr. 9, ✆ 83031, I-II
Pz Brandstätter, Ludlg. 5, ✆ 83816, II
Pz Ruttmann, Hambergstr. 15, ✆ 82066, I-II
Pz Schwendtner, Linzer Str. 34, ✆ 83115, II
Pz Stallinger, Jungbauernhügel 7, ✆ 85063, II
⛺ Camping Hofmühle, Höflein 20 (1,5 km westl.), ✆ 82418

Wilhering L

postcode: 4073 netnummer: 07226
ℹ Tourismusbüro Marktpl. 10, ✆ 0720/516635

Gh Zur Alm, Linzer Str. 32, ✆ 2212, III
Gh Zur Post, Höfer Str. 5, ✆ 2214
Gh Bründl, Fallerstr. 28, ✆ 2186
Bründl, Fallerstr. 28, ✆ 2186

Puchenau L

postcode: 4040 netnummer: 0732
Pz Kepplinger, Großambergstr. 17, ✆ 221759

Linz R

postcode: 4020 netnummer: 0732
Tourist-Information, Hauptpl. 1, ✆ 70701777
H Schillerpark, Schillerplatz, ✆ 6950, VI
H Zum grünen Wald Wolfsegger, Prager Bundesstr. 12, ✆ 50400, V
H City-Hotel, Schillerstr. 52, ✆ 652622, VI
H Dom-Hotel, Baumbacherstr. 17, ✆ 778441, VI
H Novotel Linz, Wankmüllerhofstr. 37, ✆ 347281, V-VI
H Prielmayerhof, Weissenwolffstr. 33, ✆ 774131, V-VII
H Courtyard by Marriott, Europapl. 2, ✆ 69590, V-VI
H Spitz Hotel, Linz-Urfahr, Fiedlerstr. 6, ✆ 733733, VII
H Steigenberger Hotel Linz, Am Winterhafen 13, ✆ 78990, V-VII
H Arcotel Nike, Untere Donaulände 9, ✆ 76260, V-VII
H Austria Classic Hotel Drei Mohren, Promenade 17, ✆ 7726260, VII
H Hotel Lokomotive, Weingartshofstr. 40, ✆ 654555, V
H Nibelungenhof, Scharitzerstr. 7 (Bahnhofsnähe), ✆ 656047, VI
H Austria Classic Hotel Wolfinger, Hauptplatz 19, ✆ 7732910, VI
H Kolping, Gesellenhausstr. 5, ✆ 661690, V-VI
H Goldener Adler, Linz-Urfahr, Hauptstr. 56, ✆ 731147, V
H Sommerhaus, Julius-Raab-Str. 10 (Katzbach), ✆ 2457376, V
H Ibis, Kärntner Str. 18-20 (Bahnhofsnähe), ✆ 69401, V
H Zum Schwarzen Bären, Herrenstr. 9-11, ✆ 7724770, V-VI
H Mühlviertlerhof, Graben 24-26, ✆ 772268, VVI
H Haselgraben, Leonfeldnerstr. 322, ✆ 254148, V
H Landgraf Hotel & Loft, Hauptstr. 12, ✆ 700712-400, VII
H Kleinmünchen, Wiener Str. 404-408, ✆ 301313, IV
P Wienerwald, Freinbergstr. 18, ✆ 777881, II
H Nöserlgut, Landwiedstr. 69, ✆ 683326, V
Gh Goldenes Dachl, Hafnerstr. 27, ✆ 775897, III-IV
Gh Rothmayr, St. Margarethen 17 (vor Linz), ✆ 774849, V
Gh Donautal, Obere Donaulände, ✆ 795566, IV
Gh Goldener Anker, Hofgasse 5, ✆ 771088, III-V
P Wilder Mann, Goethestr. 14 (Bahnhofsnähe), ✆ 656078, III
H St. Magdalena – Das Bildungszentrum, Schatzweg 177, ✆ 2530410, V
P Rosenhof, Wegscheider Str. 76, ✆ 387069, III
Jugendgästehaus Linz, Stanglhofweg 3, ✆ 664434, II
Herberge Linz, Kapuzinerstr. 14, ✆ 0699/11807003, II
Youthhotel Linz, Wankmüller Str. 39, ✆ 342361
Campingplatz Pichlinger See, Wiener Str. 937, ✆ 305314
Pleschinger See, Seeweg 11, ✆ 247876

Steyregg L

postcode: 4221 netnummer: 0732
Stadtgemeindeamt, Weißenwolffstr. 3, ✆ 640155
P Würzburger, Stadtpl. 20, ✆ 640118, II
Pz Buchberger, Weih-Leite 4, ✆ 641671, I
Pz Mayr-Preslmayr, Plesching 1, ✆ 0699/12270602, II

Windegg

Pz Osterkorn, Nr. 23, ✆ 640197, II
Pz Reisinger, Nr. 24, ✆ 0650/6403680, II
Campingplatz Pleschinger See, ✆ 247870

Luftenberg-Abwinden L

postcode: 4222 netnummer: 07237
Gh Radlwirt, Abwinden-Dorf 7, ✆ 2479, III
P Frühstück bei Stefanie Abwinden-Dorf 227 ✆ 4530 II
Pz Reiter, Abwinden-Dorf 3, ✆ 2455, II

St. Georgen a. d. Gusen L

postcode: 4222 netnummer: 07237
Marktgemeinde, Marktpl. 2, ✆ 22550
Gh Pfandl, ✆ 0664/4584915
P Kogler, Linzer Str. 28, ✆ 2214

Langenstein L

postcode: 4222 netnummer: 07237
Gemeindeamt, Hauptstr. 71, ✆ 2370
Pz Bindreiter, Hauptstr. 42, ✆ 2212
Pz Primetzhofer, Hackstiegelweg 2, ✆ 4345

Mauthausen L

postcode: 4310 netnummer: 07238
Fremdenverkehrsverband, Heindlkai, ✆ 2243
Rad-Infostelle, Heindlkai, ✆ 3860
Gh Mühlviertlerhof, Heindlkai 5, ✆ 2230, III
Gh Zur Traube, Heindlkai 15, ✆ 20230, III-IV
Gh Neuhofer, Hinterbergstr. 42 (Bahnhof), ✆ 2245, III
Gh Maly, Machlandstr. 1, ✆ 2249, II-III
Gh Weindlhof, Kirchenberg 12, ✆ 2641, III
P Kurz, Reiferdorf 1, ✆ 3660, III
Pz Freudenthaler, Nelkenweg 3, ✆ 4811, I
Pz Großauer, Albern 23, ✆ 3555, I
Pz Ressl, Am Sonnenhang 26, ✆ 29118, I
Pz Erhart, Hinterholz 14, ✆ 4485
Bh Peterseil, Reiferdorf 11, ✆ 2864, I
Bh Walenta, Hinterbergstr. 33, ✆ 2308
Bh Auböck, Haid 3, ✆ 4410

Au a. d. Donau L

postcode: 4331 netnummer: 07262
Gh Jägerwirt, Oberer Markt 24, ✆ 58514, III
Gh Stadler, Marktstr. 19, ✆ 58591, I-II
Gh Pühringer, Marktstr. 42, ✆ 58513, II
Pz Froschauer, Marktstr. 28, ✆ 58509, I-II
Campinganlage, Hafenstr.1, ✆ 53090

Naarn L

postcode: 4331 netnummer: 07262
Gemeindeamt, Pergerstr. 2, ✆ 58255
Gh Zur Traube, Pergerstr. 4, ✆ 58274, II

Gh Lettner, Marktpl. 1, ✆ 58250, III-IV
Pz Landhaus Hackner, Bäckerfeld 2, ✆ 53806, II

Ruprechtshofen

Gh Machland Gasthof, Nr. 6, ✆ 58288, I-II

Staffling

Gh Kastner, Staffling 16, ✆ 57872, II

Asten R

postcode: 4481 netnummer: 07224
Gh Reisinger Zur Krone, Wienerstr. 6, ✆ 6122, II
Gh Stögmüller, Wienerstr. 13, ✆ 66797, II

St. Florian R

postcode: 4490 netnummer: 07224
ℹ Tourismusverband, ✆ 8955
H Erzh. Franz Ferdinand, Marktpl. 13, ✆ 42540, IV
Gh Zur Kanne, Marktpl. 7, ✆ 4288, III-IV
Gh Zur Grünen Traube, Tillysburg 14, ✆ 07223/3644, III
Pz Zum Goldenen Pflug, Speiserberg 3, ✆ 4226, II-III

Enns R

postcode: 4470 netnummer: 07223
ℹ Tourismusverband, Hauptpl. 1, ✆ 82777
H Lauriacum, Wiener Str. 5-7, ✆ 82315 VI
H Am Limes, Stadlg. 2b, ✆ 86401, III
H Zum Goldenen Schiff, Hauptpl. 23, ✆ 86086, IV
H Zum Schwarzen Bären, Mauthausener Str. 12, ✆ 82671, III-IV
Hg Zum Römer, Mauthausener Str. 39, ✆ 84900, IV
Gh Rosenhof, Bahnhofweg 16, ✆ 85317, III
Gh Binder, Enghagen 17, ✆ 85203, II
Gh Wurdinger, Vilma-Eckl-Pl. 5, ✆ 82866, III
Gh Ennser Pfandlstube, Mauthausenerstr. 37, ✆ 83875, III
Pz Leitner, Schulgraben 4, ✆ 82683, II
P Zum Römer, Mauthausener Str. 39, ✆ 84900, IV
P Rittberger, Mauthausener Str. 11, ✆ 82532, II
Pz Berndl, Hauptpl. 10, ✆ 82278, II
Pz Lehner, Waldstr. 3, ✆ 83613, II

Lorch

Bh Radlerbauernhof, Lorch 12, ✆ 86743

Ennsdorf-Pyburg

postcode: 4482 netnummer: 07223
Gh Stöckler, 4482, Wiener Str. 5, ✆ 82600, III-IV

St. Pantaleon

postcode: 4303 netnummer: 07435
Gh Winklehner, Ringstr 14, ✆ 7584

Wallsee-Sindelburg R

postcode: 3313 netnummer: 07433
ℹ Gemeindeamt, Marktpl. 2, ✆ 2216
Gh Grünling, Marktpl. 7, ✆ 2231, III
Gh Sengstbratl, Marktpl. 21, ✆ 2203, III
Gh Hehenberger, Sindelburgerstr. 1, ✆ 2207, III
Gh Wallseerhof, Alte Schulstr. 12, ✆ 2223, III
Pz Hickersberger, Altarmstr. 17, ✆ 2550, II
Pz Feirer, Altarmstr. 11, ✆ 0650/3313011, II
Pz Baumgartner, Schlossberg 10, ✆ 0664/7875766, II
Pz Haus Hagler, Am Sonnenhang 21, ✆ 0664/2624966, II
Pz Waser, Sommerau 2, 2 km nach Wallsee, ✆ 2786, II
Mostheuriger Zeillinger, Mühlenstr. 2, ✆ 2383
Waser, Sommerau 2, 2 km nach Wallsee, ✆ 2786
Mostheuriger Bruckhof (Lampersberger), Bruckhof 1, ✆ 07478/434

Mitterkirchen L

postcode: 4343 netnummer: 07269
ℹ Marktgemeindeamt, Mitterkirchen 50, ✆ 82550
Gh Häuserer, Mitterkirchen 10, ✆ 8325, II
Gh Haberl, Mitterkirchen 18, ✆ 8423, III
Gh Stadlbauer, Hörstorf 4, ✆ 8322, III
Bh Moser, Mitterkirchen 27, ✆ 8311, II
Bh Langeder, Mitterkirchen 26, ✆ 83130, II
Pz Stemmer Hörstorf 6, ✆ 8187, II

Wörth

Pz Heiml, Wörth 13, ✆ 8250, I

Hörstorf

postcode: 4343 netnummer: 07269
Gh Stadlbauer, Hörstorf 4, ✆ 8322, II
Pz Stemmer, Hörstorf 6, ✆ 8187, II
Pz Frei, Hörstorf 43, ✆ 8219, II

Baumgartenberg

postcode: 4342 netnummer: 07269
ℹ Marktgemeindeamt Baumgartenberg, ✆ 2550
Gh Zum Klosterwirt, Baumgartenberg 3, ✆ 210

Klam L

postcode: 4352 netnummer: 07269
ℹ Gemeindeamt, Klam 43, ✆ 7255
Gh Fraundorfer, Klam 1, ✆ 7206, II
Pz Lettner, Klam 10, ✆ 7195, II

Ardagger Markt R

postcode: 3321 netnummer: 07479 ℹ Gemeindeamt, Ardagger Markt 58, ✆ 73120
Gh Zum Schatzkastl, Ardagger Markt 120, ✆ 7500, III
Gh Zur Donaubrücke, Kollmitzberg 49 (Donaubrücke), ✆ 6119, III
Gh Altes Schiffsmeisterhaus, Ardagger Markt 16, ✆ 6318, IV
Pz Pressl, Ardagger Markt 29, ✆ 7445, II
Pz Kneissl, Markt 3, ✆ 6182, II
Pz Hölzl, Markt 8, ✆ 6618, I-II

Stift Ardagger

Gh Stiftstaverne, Ardagger Stift 3, ✆ 6565 III

Grein a. d. Donau L

postcode: 4360 netnummer: 07268
ℹ Tourismusverband, ✆ 7055
H Goldenes Kreuz, Stadtpl. 8, ✆ 316, V
Gh Aumühle, Panholz 17, ✆ 8130, IV
Gh Binderalm, Herdmann 4 (Abholung), ✆ 434, III
Gh Zur Traube, Greinburgstr. 6, ✆ 312, IV
Gh Strandgasthof Anibas, Donaulände 4, ✆ 252, V
Gh Strudengau, Kreuzener Str. 13, ✆ 226, V
P Faltinger, Kaiser-Fried.-Str. 1, ✆ 374, II
P Martha, Hauptstr.12, ✆ 345, III-IV
Pz Tirol, Spitzfeldstr. 16, ✆ 256, II
Pz Temper, Jubiläumsstr. 36, ✆ 209, II
Pz Hametner, Brucknerstr. 19, ✆ 386, II
Pz Langthaler, Jubiläumsstr. 34, ✆ 500, II
Pz Strasser, Hauptstr. 42, ✆ 394, I

Pz Kloibhofer, Brucknerstr. 1, ☎ 378, II
Pz Eder, Jubiläumsstr. 38, ☎ 410, II
Pz Prinz, Brucknerstr. 11, ☎ 7918, II
Pz Lumesberger, Groißgraben 13, ☎ 7256, II
Pz Kamleitner, Wienerweg 47, ☎ 7975, III
Pz Kleinbruckner, Jubiläumsstr. 30, ☎ 501, I
Pz Hunstorfer, Klosterg. 4, ☎ 275, II
Pz Hauser, Hauptstr. 38, ☎ 7836737
Bh Maierhofer, Panholz 2, ☎ 204, II
Bh Wurzergut, Herdmann 10 (Abholung), ☎ 456, II
Campingplatz Grein, ☎ 21230

Hößgang

postcode: 3323 netnummer: 07479
H Donau ARTE, Hößgang 15, ☎ 0676/4381903

St. Nikola L

postcode: 4381 netnummer: 07268
i Gemeindeamt, ☎ 8155
H Zur Post, Nr. 31 , ☎ 8140, III-V
Bh Wörthbauer, Struden 26, ☎ 8025, II
Pz Haus Gießenbachmühle, Struden 37, ☎ 0699/ 13030421 II

Sarmingstein

postcode: 4381 netnummer: 07268
P Strudengauhof, Sarmingstein 13, ☎ 8302, II
Pz Haus Monika Sarmingstein 11, ☎ 8232 II

Ybbs a. d. Donau R

PL: 3370 netnummer: 07412
i Touristinformation, ÖZ: Mai-Okt., ☎ 55233
Gh Zum Braunen Hirschen, Rathausg. 9, ☎ 52245, III
Gh Lindenhof, Stauwerkstr. 45, ☎ 53003, II-III
Gh Fischerhaus, Stauwerkstr. 71, ☎ 54443, III
Gh Babenbergerhof, Wiener Str. 10, ☎ 54334, IV
Gh Zum Goldenen Adler, Kircheng. 15, ☎ 52232, II
Gh Florianistubn, Sarling 10, ☎ 56220, II
Gh Mang Herreng. 8 ☎ 52498
Pz Fleischerei Moser, Stauwerkstr. 3, ☎ 52434, II
Bh Glöcklhof, Bergingstr. 10, ☎ 52823, II
Camping-Gasthaus Zur Alm, Oberegging 32, ☎ 522130

Säusenstein

postcode: 3370 netnummer: 07412
Gh Donauhafen, Sarling, ☎ 5474618

Ysperdorf

postcode: 3680 netnummer: 07414
Gh Donaublick, Ysperdorf 3, ☎ 7228

Persenbeug L

postcode: 3680 netnummer: 07412
i Marktgemeindeamt, Rathauspl. 1, ☎ 52206
Gh Böhm, Hauptstr. 16, ☎ 58930, III
Pz Hochstöger, Pappelstr. 3, ☎ 53515, II
Pz Slawitscheck, Nibelungenstr. 62, ☎ 58955, I-II

Hagsdorf

Pz Leeb, Hagsdorf 19, ☎ 54718, II

Metzling

Gh Donaurast Nimführ, Wachaustr. 28, ☎ 52438, IV
Gh Zum goldenen Groschen, Wachaustr. 57, ☎ 52443, I-II
Pz Donaublick, Wachaustr. 91, ☎ 52254, II
Pz Köck, Donaustr. 34, ☎ 52843, I
Pz Pressl, Donaustr. 38, ☎ 53353, I

Priel

postcode: 3680 netnummer: 07412
P Porranzl, Harland 263, ☎ 55484

Marbach L

postcode: 3671 netnummer: 07413
i Tourismusinformation Marbach 28, ☎ 7045
H Nibelungenhof, Donau 10-11, ☎ 227, III
H Wachauerhof, Nr. 43, ☎ 7035, IV-V
Gh Zur schönen Wienerin, Nr. 48, ☎ 7077, III
Pz Hofmann, Auratsberg 44, ☎ 7044, II
Pz Loidhold, Marbach 19, ☎ 343
Pz Obermüller, Marbach 7, ☎ 7031
Camping Marbach, ☎ 0664/5581815

Krummnußbaum a.d. Dub

Gh Zum Alten Richter, Krummnußbaum 6, ☎ 355, II
Pz Zeilinger, Krummnußbaum 126, ☎ 7610, II
Pz Fam. Obermüller, Krummnußbaum 78, ☎ 7031

Maria Taferl L

postcode: 3672 netnummer: 07413
i Marktgemeinde, ☎ 7040
H Krone & Kaiserhof, Nr. 24, ☎ 6355, V
H Rose, Nr. 20, ☎ 304, IV-V
Gh Goldener Löwe, Hauptstr. 6, ☎ 340, II-III
P Regina, Nr. 42, ☎ 266, II
P Schüller, Nr. 5, ☎ 303, II
Pz Hinterleitner, Nr. 28, ☎ 7839, I
Pz Rameder-Hackl, Nr. 25, ☎ 7039, I
Bh Weiss, Obererla 49, ☎ 388, II
Bh Iber, Untererla 8, ☎ 267, I-II

Thalheim

Pz Reisinger, Unterthalheim 34, ☎ 7910, I-II

Artstetten-Pöbring L

postcode: 3661 netnummer: 07413
i Gemeindeamt, Artstetten 8, ☎ 8235
H Schlossgasthof, Nr. 12, ☎ 8303, III
Gh Kloihofer, Nr 19. , ☎ 8301

Leiben L

postcode: 3652 netnummer: 02752
i Marktgemeinde, ☎ 71287
Gh Traube, Leiben 7, ☎ 71252, II
Pz Kaufmann, Kempasser Siedlung 3, ☎ 72352, I

Krummnußbaum R

postcode: 3375 netnummer: 02757
i Gemeindeamt, ☎ 2403
P Jürgen, Bahnhofstr. 5, ☎ 7304, III
P Lechner, Hauptstr. 51, ☎ 7793, I
Bh Kinderbauernhof Kloimüller, Hauptstr. 9, ☎ 2525, II

Kleinpöchlarn L

postcode: 3660 netnummer: 07413
Gh Zum Dorfwirt, Marktpl. 2, ☎ 8420, II
Gh Schauer-Lahmer, Kremser Str. 6, ☎ 8224, II
Gh Zur Fähre, Zur Fähre 6, ☎ 8361, II
P Kammerer, Linzerstr. 8, ☎ 8297, II
Campingplatz Klein-Pöchlarn, ☎ 830010

Ebersdorf L

postcode: 3652 netnummer: 02752
Gh Düregger, Ebersdorf 4, ✆ 71415, III
Gh Gruber, Lehen 6, ✆ 71225, II

Weitenegg

Gh Gruber, Weitenegg 10, ✆ 71445, II-III

Pöchlarn R

postcode: 3380 netnummer: 02757
Fremdenverkehrsstelle, ✆ 231011
H Moser, Bahnhofpl. 3, ✆ 2448, III-IV
H Nibelungenmotel, Manker Str. 54, ✆ 21112 III-IV
P Haus Barbara, Wiener Str. 4, ✆ 2321, II
Pz Waldbauer, Wiener Str. 36, ✆ 8553, II
Zelt oder im Rudervereinshaus, ✆ 0664/4013593
Naturfreunde Bootshaus, Zelt und Lagerquartier mit Stockbetten für 15 Pers. (Du,Wc), ✆ 0650/6835820

Melk R

postcode: 3390 netnummer: 02752
Touristen-Information, Babenbergerstr. 1, ✆ 52307410
H Wachau, Am Wachberg 3, ✆ 52531, V
H Café Central, Hauptpl. 10, ✆ 52278, III
H Stadt Melk, Hauptpl. 1, ✆ 52547, V
H Wachauerhof, Wiener Str. 30, ✆ 52235, IV-V
H Zur Post, Linzer Str. 1, ✆ 52345, V
Gh Goldener Stern, Sterng. 17, ✆ 52214, II-V
Gh Zum schwarzen Wirt, Rathauspl. 13, ✆ 52257, III
Gh Zum Fürsten, Rathauspl. 3, ✆ 52343, III-V
P Weißes Lamm, Linzer Str. 7, ✆ 0664/2315297, II
Pz Medelicke, Linzer Str. 18 A, ✆ 51220, III-IV
Pz Langthaler, Pövering 10, (Fahrradabholung), ✆ 54438, II
Pz Lechner, Wiener Str. 11, ✆ 52859, II
Pz Wagner, Spielberger Str. 22, ✆ 52662, I
Pz Horak, Wiener Str. 82, ✆ 50101, II-III
Pz Hangl, Biragostr. 18, ✆ 54766, II
Pz Jensch, Kolomaniau 3, ✆ 53291, III
Jugendherberge, Abt-Karl-Str. 42, ✆ 52681
Melker Fährhaus-Camping, ✆ 53291

Emmersdorf L

postcode: 3644 netnummer: 02752
Gemeindeamt, ✆ 71469
Infostelle, ✆ 70010
H Donauhof, Nr. 40, ✆ 717770, V-VI
Gh Zum Schwarzen Bären, Nr. 7, ✆ 71249, IV-V
P Fleischmann, Am Kirchenberg 9, ✆ 71972, II
P Hollerer, Birkeng. 9, ✆ 71608, II
P Kremser, Rote-Kreuz-Str. 9, ✆ 71878, II
P Sundl, Rote-Kreuz-Str. 18, ✆ 71419, II
Pz Lindenhofer, Hofamt 22, ✆ 71482, II
Pz Rothensteiner Birkeng. 7, ✆ 72142, II
Pz Fahrnberger, Schallemmersdorf 11, ✆ 71459, II
Pz Frank, Hain 32, ✆ 71826, I
Bh Schwalbenhof, Grimsing 7, ✆ 72114, I-II
Bh Pemmer, Hofamt 24, ✆ 71291, II

Luberegg

H Landhotel Wachau, Luberegg 20, ✆ 72572, V

St. Georgen

P Brunner, Hain 28, ✆ 71767, II
Donaucamping, Emmersdorf 22, ✆ 71707

Schönbühel R

postcode: 3392 netnummer: 02752
Gemeindeamt, ✆ 8619
Gh Stumpfer, Nr. 7, ✆ 8510, II
Pz Miedler, Nr. 81, ✆ 8421, I
Pz Handler, Nr. 120, ✆ 8580, II
Camping Stumpfer, Nr. 7, ✆ 8510

Berging

Pz Krammel, Nr. 16, ✆ 8796, II

Aggsbach-Dorf R

postcode: 3642 netnummer: 02753
Gemeindeamt, ✆ 8269
H Donauterrasse, Nr. 19, ✆ 8221, III
Gh Zur Kartause, Nr. 38, ✆ 8243, II-III
P Haidn, Nr. 100, ✆ 8277, II
Pz Reisinger, Nr. 20, ✆ 8372, II

Aggstein

Bh Kienesberger, Nr. 8, ✆ 8455, II
Pz Ringseis, Nr. 21, ✆ 8428, II
Herberge Ruine Aggstein, ✆ 8228

Aggsbach-Markt L

postcode: 3641 netnummer: 02712
Gemeindeamt, ✆ 214
Gh Zum Kranz, Nr. 161, ✆ 210, III
Pz Angela, Nr.90, ✆ 541, II
Pz Donaublick, Nr. 139, ✆ 225, II
Pz Imme, Nr. 136, ✆ 548, II
Pz Mariandl, Nr. 128, ✆ 716, II
Pz Waldesruhe, Nr.118, ✆ 204, II
Pz Anna, Nr. 24, ✆ 253, II
Pz Haus Johanna, Nr. 153, ✆ 0664/4516201, III

Groisbach

postcode: 3641 netnummer: 02712
Gemeindeamt Aggsbach, ✆ 214
Pz Prankl, Nr. 33, ✆ 552, II
Pz Rehberger, Nr. 22, ✆ 713, II
Pz Weingut Herlinde, Nr. 30, ✆ 551, II
Pz Gästehaus Wilhelm Nr. 20, ✆ 557, II

Willendorf L

postcode: 3641 netnummer: 02712
Gemeindeamt Aggsbach, ✆ 214
Gh Steinbrunner, Nr. 36, ✆ 290, III
Pz Schrutz, Nr. 63, ✆ 556, II

Spitz a. d. Donau L

postcode: 3620 netnummer: 02713
Gästeinformation, ✆ 2363
H Mariandl, Kremser Str. 2, ✆ 2311, IV
H Wachauerhof, Hauptstr. 15, ✆ 2303, IV-V
H Weinhotel Wachau, Ottenschlägerstr. 30, ✆ 2254, IV-V
H Ulrike, Rote Torg. 15, ✆ 26540, V
Hg Winzerin, Am Hinterweg 11, ✆ 2938, IV
Hg Barock-Landhof Burkhardt, Kremser Str. 19, ✆ 2356, IV-V
Hg Weinberghof, Am Hinterweg 17, ✆ 2939, V

Gh Goldenes Schiff, Mitterg. 5, ✆ 2326, IV-V
Gh Prankl, Hinterhaus 16, ✆ 2323, IV-V
Gh Ruine Hinterhaus, Hinterhaus 8, ✆ 2831, IV
P Café Bruckner, Hauptstr. 9, ✆ 2329, III
P Donaublick, Am Schopperpl. 3, ✆ 2552, III
P Donauschlösserl, Donaulände 3, ✆ 0699/10333825, III
P Haus Oestreicher, Hauptstr. 26, ✆ 2317, III-IV
P 1000-Eimerberg Marktstr. 3, ✆ 2334, III-IV
Hg Alte Post, Hauptstr. 24, ✆ 2060, V
Pz Ruinenblick, Kirchensteig 1, ✆ 0664/9378057, III
Pz Geppner, In der Spitz 1b, ✆ 2340, III
Pz Leberzipf, Laaben-Heidg. 2, ✆ 2553, II-III
Pz Datzinger, Rote Torg. 13a, ✆ 2493, III
Pz Donabaum J., Laaben 15, ✆ 2488, III
Pz Eibl, ✆ 2906, II
Pz Gebetsberger, Hauptstr. 34, ✆ 2096, II
Pz Hofstätter, Quitten 2, ✆ 2614, II
Pz Kobald, Mieslingtal 2, ✆ 2270, II
Pz Machhörndl, Gärtnerweg 4, ✆ 2400, II-III
Pz Nothnagl, Radlbach 7, ✆ 2612, II
Pz Rixinger, Gut am Steg 8, ✆ 2304, III
Pz Donabaum Ch., Mieslingtal 126, ✆ 2600, II
Pz Donabaum E., In der Spitz 3, ✆ 72912, II
Pz Donabaum M., In der Spitz 3, ✆ 2644, III
Pz Gritsch R., Radlbach 11, ✆ 2208, III
Pz Özelt, Kirchenpl. 3, ✆ 2302, III
Pz Stummvoll, Mieslingtal 26, ✆ 2582, III
Pz Will, Mieslingtal 26, ✆ 2919, III
Pz Lindmayer, Rote Torg. 18, ✆ 2168, III-IV
Pz Riether, Hauptstr. 11, ✆ 2501, III-IV
Pz Stierschneider, Siedlung Erlahof 47, ✆ 0664/2778266 III-IV
Pz Stierschneider, Gut am Steg 3, ✆ 2980, III
Pz Bracher, Marstal 7, ✆ 2528, II
Pz Kausel, Am Hinterweg 10, ✆ 2514, II

Mühldorf L

postcode: 3622 netnummer: 02713
ℹ Gemeindeamt, ✆ 8230
H Burg Oberranna, Oberranna 1, ✆ 8221, V-VI
Gh Schwarzer Adler, Nr. 15, ✆ 8203, II
Gh Weißes Rößl, Nr. 8, ✆ 8257, II-III
Gh Vorspannhof, Nr. 45, ✆ 8202, II
Gh Munk, Elsarn 12, ✆ 8206, I-II

Arnsdorf R

postcode: 3621 netnummer: 02714
Gh Zur Wachau, Mitterarnsdorf 55, ✆ 8217, III
Gh Wurzberger, Oberarnsdorf 7, ✆ 8439, II
P Hubmaier, Hofarnsdorf 26, ✆ 8448, II-III
P Pammer, Bacharnsdorf 18, ✆ 6545, II
Pz Wessner, Oberarnsdorf 61, ✆ 8480, I-II
Pz Fuchsbauer, Hofarnsdorf 20, ✆ 8358, I-II
Pz Hick, Oberarnsdorf 58, ✆ 8214, II
Pz De Pleijt, Mitterarnsdorf 77, ✆ 58319, II-III
Pz Wintner, Oberarnsdorf 66, ✆ 8364, I
Pz König, Oberarnsdorf 35, ✆ 8471, II
Pz Sommer, Oberarnsdorf 60, ✆ 0676/47884863
Pz Dolezalek-Lauw, Oberarnsdorf 27, ✆ 20027
Pz Hubmayer, Mitterarnsdorf 76, ✆ 0676/7249313

Wösendorf L

postcode: 3610 netnummer: 02715
Pz Gruber, Nr. 50, ✆ 2744, II
Pz Lengsteiner, Nr. 53, ✆ 2224, II-III
Pz Machherndl, Nr. 105, ✆ 2402, II-III
Pz Geith, Prof.-Gruberg. 35, ✆ 2356, II
Pz Fellner, Bachg. 5, ✆ 2698, II
Pz Wangler, Nr. 65, ✆ 2337, II

Weißenkirchen L

postcode: 3610 netnummer: 02715
ℹ Gästeinformation, ✆ 2600
H Donauwirt, Wachaustr. 47, ✆ 2247, V-VI
H Raffelsbergerhof, Nr. 54, ✆ 2201, VI-VII
H Holzapfel, Joching 45, ✆ 2235, VII
H Kirchenwirt, Kremser Str. 17, ✆ 2332, VI-VII
Hg Mandl, Wachaustr. 298, ✆ 2353, V-VI
Gh Achleitenstube, Nr. 5, ✆ 2540, II-III
Gh Weiße Rose, Nr. 24, ✆ 2371, III
P Heller, Nr. 14, ✆ 2221, III-V
Pz Bernhard, Seiberstr. 158, ✆ 2564, II-III
Pz Lehensteiner, Nr. 7, ✆ 2284, III-V
Pz Punz, Altau 332, ✆ 2334, III
Pz Schmelz, Nr. 79, ✆ 2388, IV-V
Pz Mang, Nr. 340, ✆ 2239, III
Pz Leitner, Nr. 55, ✆ 2320, II
Pz Meyer, Nr. 20, ✆ 2256, III-IV
Pz Zottl, Am Weitenberg 105, ✆ 2325, III-V
Pz Zottl A., Rollfährenstr. 46, ✆ 2880, II-III
Pz Rosenberger, Nr. 140, ✆ 0664/2013850 IV-V
Pz Rosenecker, Nr. 31, ✆ 2459 II
Pz Probst, Nr. 4, ✆ 20024 III

St. Michael

postcode: 3610 netnummer: 02713
Pz Hauenschild, Nr. 3, ✆ 72919, II-III
Pz Huber, Nr. 10, ✆ 2282, II-III

Joching

postcode: 3610 netnummer: 02715
Pz Ebner, Joching 23, ✆ 2379, II-III
Pz Jamek, Joching 33, ✆ 2596, II
Pz Brustbauer, ✆ 02732/87300
Pz Pesendorfer, Nr. 9, ✆ 2520

Rossatz R

postcode: 3602 netnummer: 02714
ℹ Gemeindeamt, Nr. 29, ✆ 6217
Gh Naumann, Nr. 21, ✆ 6297, II
Pz Ivan-Sigl, Rührsdorf 38, ✆ 6301, II-III
Pz Frischengruber, Rührsdorf 19, ✆ 6354, II-III
Pz Zorn, Rührsdorf 14, ✆ 6439, II-III
Pz Ernst, Rührsdorf 13, ✆ 6294, II-III
Pz Sonnleitner, Rührsdorf 11, ✆ 6404, II-III
Pz Brauneis, Nr. 47, ✆ 6366, II-III
Pz Supperer, Nr. 51, ✆ 6396, II-III
Pz Wendler, Nr. 66, ✆ 6542, II-III
Pz Weidenauer, Rossatzbach 46, ✆ 6580, II-III
Pz Baumgartner, Nr. 16, ✆ 6261, II
Pz Graf, Rührsdorf 35, ✆ 6434, I
Pz Hofer, Rührsdorf 3, ✆ 6322, I-II
Pz Steinmetz, Nr. 53, ✆ 6307, II

Pz Schlager, Nr. 172, ✆ 6362
Pz Subenhof, Nr. 16, ✆ 6252, II
Rossatzbach, ✆ 317

Dürnstein

postcode: 3601 netnummer: 02711
Gemeindeamt, ✆ 219
Gästeinformation, ✆ 200
H Schlosshotel, Dürnstein 2, ✆ 212, VII
H Richard Löwenherz, Dürnstein 8, ✆ 222, VII
H Gartenhotel & Weingut, Dürnstein 122, ✆ 206, V-VI
H Sänger Blondel, Dürnstein 64, ✆ 253, V-VI
P Altes Rathaus, Dürnstein 26, ✆ 252, III-IV
P Böhmer, Dürnstein 22, ✆ 239, III-IV
P Stockingerhof, Dürnstein 240, ✆ 384, IV-V
Pz Stöger, Dürnstein 57, ✆ 396, III
Pz Weixelbaum, Dürnstein 52, ✆ 422, III
Pz Böhmer, Dürnstein 239, 244 ✆ 237, II
Pz Pritz, Dürnstein 111, ✆ 302, II
Pz Schreiber, Dürnstein 119, ✆ 314, II
Pz Wagner, Dürnstein 29, ✆ 256, II

Oberloiben

postcode: 3601 netnummer: 02732
Pz Schweighofer, Oberloiben 11, ✆ 84337, II-III
Pz Granner, Oberloiben 19, ✆ 71754, II
Pz Doppler, Oberloiben 47, ✆ 73711, II
Pz Mörtinger, Oberloiben 20, ✆ 76152, II
Pz Dietz-Teufel, Oberloiben 50, ✆ 73429, II-III
Pz Schmelz Oberloiben 12, ✆ 81781 II
Pz Granner, Oberloiben 13, ✆ 717545, II

Unterloiben

postcode: 3601 netnummer: 02732
Pz Edlinger, Unterloiben 6, ✆ 70600, III
Pz Schmelz, Unterloiben 87, ✆ 78159, II
Pz Scheibenpflug, Unterloiben 58, ✆ 72411, II
Pz Stierschneider, Unterloiben 8, ✆ 71422, II

Stein a. d. Donau

postcode: 3500 netnummer: 02732
Krems Tourismus Pegasus Incoming, Schillerstr. 12, ✆ 82676
H Gourmet-Hotel Am Förthof, Förthofer Donaulände 8, ✆ 83345, VI
P Einzinger, Steiner Landstr. 82, ✆ 82316, III
P Heiss, Peisper Backtalstr. 82, ✆ 777162, III
P Gästehaus Schauhuber Steiner Landstr. 16, ✆ 85169, III-IV
P Hofer, Reisperbachtalstr. 84, ✆ 8639, II
Pz Stasny, Steiner Landstr. 22, ✆ 82843, II-III
Pz Lurger, Kollmanng. 3, ✆ 0664/2044043, II
Pz Kleine Mühle, Reisperbachtalstr. 50, ✆ 76193, III
Pz Gerstner, Landstr. 56, ✆ 82379, III
Pz Fiala, Reisperbachtalstr. 24, ✆ 77581, I
Pz Petz, Förthofstr. 7, ✆ 81466, II
Pz Scheibenpflug, Pfaffenbergweg 10, ✆ 71423, I-II

Krems

postcode: 3500 netnummer: 02732
Krems Tourismus Pegasus Incoming, Schillerstr. 12, ✆ 82676
H Steigenberger Avance, Am Goldberg 2, ✆ 71010, VI
H Parkhotel Krems, E. Hofbauerstr. 19, ✆ 87565, V
H Alte Post, Ob. Landstr. 32, ✆ 82276, III-V
H Klinglhuber, Wienerstr. 2, ✆ 82143, V-VI
H Unter den Linden, Schillerstr. 5, ✆ 82115, IV-V
H Orange Wings Krems, Hofrat-Erben-Str. 4, ✆ 78010, III
H Unter den Linden, Schillerstr. 5, ✆ 82115, III-IV
Gh Kaiser, Landersdorfer Str. 34, ✆ 83265, II
Gh Zum goldenen Engel, Wiener Str. 41, ✆ 82076, V
P Weingut-Heuriger Zöhrer, Sandgrube 1, ✆ 83191, III-IV
P Schwarzes Rößl, Langenloiser Str. 7, ✆ 82192, IV-V
P Hietzgern, Unt. Landstr. 53, ✆ 0676/3534480, II-III
P Hutter, Weinzierlbergstr. 10, ✆ 82006, III
P Hammerschmied, Langenloiser Str. 84, ✆ 83653, IV
P Zöhner, Sandgrube 1, ✆ 83191, III
P Am Steindl, Am Steindl 20, ✆ 84340, III
P Rösslein, Hollenburger Hauptstr. 56, ✆ 2052
Pz Kremsleithenhof, Kraxenweg 15, ✆ 85671, II
Pz Laistler, Hafenstr. 29, ✆ 0650/5146748
Pz Aigner, Weinzierl 49, ✆ 84558, III
Jugendherberge Krems, Ringstr. 77, ✆ 83452 o. 02622/64210
ÖAMTC Donaupark-Camping, Donaulände, ✆ 84455

Rohrendorf

postcode: 3500 netnummer: 02732
Pz Widhalm, Hans-Heppenheimerstr. 4, ✆ 73601, III
Pz Winzerhof Bogner, Obere Hauptstr. 24, ✆ 84460, III
Pz Weber, Untere Hauptstr. 52, ✆ 84452, II-III
Campingplatz Ettenauer, ✆ 86405

Mautern

postcode: 3512 netnummer: 02732
Gemeindeamt, Rathauspl. 1, ✆ 83151
H Landhaus Bacher, Südtirolerpl. 2, ✆ 82937, VII
H Zum Grünen Baum, Rathauspl. 2, ✆ 829090, II-V
Gh Nosko, Südtirolerpl. 3, ✆ 85824, III
P Winzerhof Eder, Hundsheim 7, ✆ 74949, II
P Weinhof am Römerw., Mauternbach 11, ✆ 72848, II
P Severinhof, Frauenhofg. 12, ✆ 84643, II-III
P Winzerhof, Baumgarten 21, ✆ 78979 II-III
Pz Kaiser, Grüner Weg 45, ✆ 87429, II
Pz Redl, Hundsheim 10, ✆ 72948, II
Pz Schweigl, Hundsheim 20, ✆ 85750, II
Pz Brauneis, Grüner Weg 37, ✆ 85188, II-III
Pz Buchinger, Mauterbach 25, ✆75085, II
Pz Hofer, Mauterbach 51, ✆ 78219

Furth bei Göttweig

postcode: 3511 netnummer: 02732
Gemeindeamt, Untere Landstr. 17, ✆ 84622
H Zur Goldenen Krone, Untere Landstr. 1, ✆ 84666, III-V
P Brandl-Göstl, Rudolf-Müllauer-Str. 455, ✆ 84882, II
Pz Lipp, Untere Landstr. 373, ✆ 70946, I
Pz Leitner, Herreng. 37, ✆ 87278, II
Pz Schwarzhapl-Ramler, Landwidweg 394, ✆ 73763, II

Aigen

Pz Dürauer, Aignerstr. 11, ✆ 76203, III

Kleinwien

netnummer: 02736

Gh Schickh-Salzer, Avastr.2, ✆ 02736/7218, IV

Oberfucha

netnummer: 02739

P Parzer, Oberfucha 55, ✆ 02739/2414, II

Palt

netnummer: 02732

Hg Weinresidenz Sonnleitner, Zeughausg. 239, ✆ 70446, VI

Gh Hofbauer, Wienerstr. 41, ✆ 0664/4290280 III-IV

Pz Edlinger, Lindengasse 22, ✆ 02732/77622, II

Thallern

postcode: 3511 netnummer: 02739

Pz Beranek, Thallener Hauptstr. 75, ✆ 2065, II

Angern

postcode: 3506 netnummer: 02739

P Rethallerhof, Angern 5, ✆ 2232, II

P Weinhof Aufreiter, Angern 7, ✆ 2205, III

Pz Wolfsberghof Fa Kogler, Wolfsbergstr. 5, ✆ 2919, II

Hollenburg R

postcode: 3506 netnummer: 02739

P Fidelsberger, Holenberger Hauptstr. 2, ✆ 2241, III

Pz Bitto, Quelleng. 2, ✆ 2340, II

Pz Seel, Hauptstr. 34, ✆ 2929

Pz Rössl, Untere Hollenburger Str. 56, ✆ 2052

Wagram o. d. Traisen

postcode: 3133 netnummer: 02783

Gh Zum Schwarzen Adler, Wachaustr. 43, ✆ 8481

Pz Neuhold, Bäckerg. 6, ✆ 394, II

Traismauer R

postcode: 3133 netnummer: 02783

i Tourismusinformation, Hauptpl. 1, ✆ 8555

Gh Zur Weintraube-Nibelungenhof, Wiener Str. 23, ✆ 6349, III-IV

Gh Zum Schwan, Wiener Str. 12, ✆ 6236, IV

Gh Venusberg, Venusberger Str. 65, ✆ 6357, III

Gh Zum schwarzen Adler, Wachaustr. 43, ✆ 8481, III

Gh Schöller, Wagram 10, ✆ 535

Gh Traisentalerhof In der Traisenau 1 ✆ 8563, ab II

Pz Muck, Schwemmg. 2, ✆ 6246, II

Pz Schopper, Kremser Str. 84, ✆ 8885, II

Pz Raderer, Kremser Str. 82, ✆ 8903, II

Pz Kaiblinger, Kriemhildstr. 6, ✆ 6391, II

Pz Schreiblehner, Unt. Siebenbrunneng. 15, ✆ 7471, II

Pz Kirchner Frauendorf 23, ✆ 0650/2104730 II

Pz Maissner Friedhofstr. 3 ✆ 6814 II

Bh Troll OT Stollhofen, Kellerg. 6 ✆ 8572, II

Wagram

Pz Neuhold, Bäckerg. 6, ✆ 6394, II

Gemeinlebarn

postcode: 3133 netnummer: 02276

Gh Zum Jägerwirt, Tullner Str. 24, ✆ 2289, II

Pz Schmid, Ortsstr. 13, ✆ 2388, II

Sitzenberg-Reidling R

postcode: 3454 netnummer: 02276

i Gemeindeamt, ✆ 2241

Gh Schmid, Schlossbergstr. 20, ✆ 2274, II

Pz Marschik, Weinbergg. 6, ✆ 2557, II

Pz Maier, Weinbergg. 11, ✆ 2762, II

Pz Scharl, Schlossbergstr. 28a, ✆ 6577, II

Hasendorf R

postcode: 3454 netnummer: 02276

i Gemeindeamt Sitzenberg-Reidling, ✆ 2241

Bh Jilch, Hasendorf 40, ✆ 6733, II

Michelndorf

postcode: 3451 netnummer: 02275

i Marktgemeinde Michelhausen, ✆ 5241

H Messerer, Michelndorf 22, ✆ 5278, III

Mitterndorf R

postcode: 3451 netnummer: 02275

i Marktgemeinde Michelhausen, ✆ 5241

H Hütt, Mitterndorf 12, ✆ 5254, IV

Atzelsdorf R

postcode: 3451 netnummer: 02275

Gh Zum Grünen Baum, Atzelsdorf 30, ✆ 6812, II

Gh Burchhart, Atzelsdorf 29 ✆ 6802

Altenwörth L

postcode: 3474 netnummer: 02279

Pz Weinbauernhof Waltner, Sigmarstr. 23, ✆ 2851, III-IV

Zwentendorf R

postcode: 3435 netnummer: 02277

i Gemeindeamt, ✆ 2209

P Rosencafe, Ing. August-Kargl-Str. 21, ✆ 70111, V

Pz Richter, Allee 28, ✆ 3624, II

Pz Jeschko, Barbarag. 13, ✆ 2263, II

Pz Maierschmied, Tullnerstr. 10/132, ✆ 0664/1767378, II

Pz Pawelka, Ing- August-Kargl-Str. 1, ✆ 2747, II

Pz Zelenka, Mariahilferg. 16, ✆ 2960, II

Bh Fa. Zelenka, Moosbierbaumstr. 7, ✆ 2931, II

Campingplatz Zwentendorf, Rathauspl. 4, ✆ 22090

Pischelsdorf

postcode: 3435 netnummer: 02277

Gh Hinterwallner, Nr. 33, ✆ 2484, II

Pz Reiter, Nr. 37, ✆ 2554, II

Pz Marschall, Nr. 16, ✆ 2480, II

Erpersdorf

Pz Schreiblehner, Kalmanng. 11, ✆ 3283, II

Langenschönbichl R

postcode: 3442 netnummer: 02272

P Bauer, Hauptstr. 33, ✆ 7261, II

Bh Familie Kerschner, Hauptstr. 13, ✆ 7258, II

Tulln a. d. Donau R

postcode: 3430 netnummer: 02272

i Touristeninformation, ✆ 67566

H Römerhof, Langenlebarner Str. 66, ✆ 62954, V

H Nibelungenhof, Donaulände 34, ✆ 62658, V

Gh Zum Schwarzen Adler, Rathauspl. 7, ✆ 62676, III
P Zum Springbrunnen, Hauptpl.14a, ✆ 63115, III-IV
P Renate, Langenlebarner Str. 92, ✆ 65077, III
P Doppler, Donaulände 68, ✆ 0676/7937497, III
P Albrechtsstube, Albrechtsg. 24, ✆ 64650, IV
Pz Hirsch, Am Mittergwendt 33, ✆ 65496, II
Pz Kainz, Mauthausg. 4, ✆ 62237, III
Pz Sabo, A. Bruckner-Str. 9a, ✆ 82698, II
Pz Aigner, Kremser Str. 4, ✆ 67204
Junges Hotel Tulln, Marc Aurel-Park 1c, ✆ 65165, II-III
Donaupark Camping, Hafenstraße, ✆ 65200

Trübensee L

Pz Leisser, Trübensee 6, ✆ 64702, II
Pz Familie Berthold, Trübensee 18, ✆ 63778, II

Staasdorf

Gh Tullnerfelderhof, Tullnerfeldstr. 23, ✆ 66440, III

Nitzing

postcode: 3430 netnummer: 02272
Gh Zum Meilenstein, Teichstr. 5, ✆ 64104, III

Langenlebarn

postcode: 3425 netnummer: 02272
H Buchinger's Donauhotel, Wiener Str. 5, ✆ 62527, III
Gh Zum Roten Wolf, Bahnstr. 58, ✆ 62567, III
Pz Augustin, E.-Pollak-Str. 3, ✆ 81955, II

Muckendorf

postcode: 3424 netnummer: 02242
Gemeindeamt Muckendorf-Wipfing, Schulg. 32, ✆ 702140
Gh Rödl, Tullner Str. 1, ✆ 70223, III
Pz Svoboda, Leopold-Bonengl-G. 13, ✆ 70636, II

Greifenstein

postcode: 3422 netnummer: 02242
Gemeindeamt Greifenstein, Hauptstr. 43, ✆ 32231
Gemeindeamt St. Andrä-Wördern, ✆ 31300
P Villa Neuwirth, Hadersfelder Str. 11, ✆ 33589, III
Pz Sappert, Hadersfelder Str. 3, ✆ 32828, II

Höflein

postcode: 3400 netnummer: 02243
Gh Zum Goldenen Anker, Hauptstr. 134, ✆ 80134, II
Gh Zum Roten Hahn, Hauptstr. 117, ✆ 80180, III

Stockerau

postcode: 2000 netnummer: 02266
Stadtgemeinde, Rathaus, ✆ 695
H Best Western Drei Königshof, Hauptstr. 29-31, ✆ 62788, V-VI
H City-Hotel, Hauptstr. 49, ✆ 62930, V-VI
H Kolpinghaus, Adolf Kolpingstr. 1, ✆ 62600, III
Hg Lenaustuben, J. Wolfikstr. 10, ✆ 62812, III
Gh Zum schwarzen Elefanten, J. Wolfik Str. 22, ✆ 62618, II-III

Korneuburg

postcode: 2100 netnummer: 02262
Tourismusbüro, ✆ 770700

Bisamberg

H Ökotel, Kaiserallee 31, ✆ 75002, II

Langenzersdorf

postcode: 2103 netnummer: 02244
Gh Roderich, Wiener Str. 59, ✆ 2415, III

Kritzendorf

postcode: 3420 netnummer: 02243
H Appartements Kritzendorf, Hauptstr. 90-92, ✆ 33884, III
Pz Zuber, Schubertg. 22, ✆ 32914, III

Klosterneuburg

postcode: 3400 netnummer: 02243
Tourismusverein, Niedermarkt 4, ✆ 32038
H Schrannenhof, Niedermarkt 17-19, ✆ 32072, V-VI
H Anker, Niedermarkt 5, ✆ 32134, V
Hg Appartementhaus Andrea, Medekstr. 15, ✆ 25022, V
Hg Höhenstraße, Kollersteig 6, ✆ 32191, V
P Alte Mühle, Mühleng. 36, ✆ 37788, IV
P Strohmer, Kierlinger Str. 94b, ✆ 26090, III
Pz Bürgerhaus Salmeyer, Stadtpl. 17, ✆ 0699/10406060, IV-V
Pz Urbanek, Hölzlg. 4, ✆ 32373, III
Pz Wurm, Karl Domanigg. 3, ✆ 37255, III
Pz Heigl, Klosterneuburgerg. 20-22, ✆ 35672, II
Pz Wallentin, Josef Schöffel Str. 58, ✆ 38825, III
Pz Fux, Doppelng. 55, ✆ 26942,
Pz Zich, Wiener Str. 54, ✆ 36949, III
Pz Lechner, Erzherzog Rainerg. 3, ✆ 37241, II
Pz Tiefenbacher, Schubertg. 20, ✆ 36712, III
Donaupark Camping ÖAMTC Betriebe GmbH, In der Au, ✆ 25877

Weidling

Pz Auer, Hauptstr. 7, ✆ 22111, II
Pz Kaiservilla, Dehmg. 32, ✆ 35244, III
Pz Villa Kreuthhof Reicherg. 1, ✆ 0676/3169818, IV

Wenen (Wien)

postcode: 1xx0 (xx = Bezirk) netnummer: 01
In Wenen heeft u een groot aanbod van Hotels en Pensions, laat u zich goed informeren bij het Wien-Tourismus.
Wien-Tourismus, ✆ 24555, www.wien.info

Plaatsindex